Timo Feldhaus

Mary Shelleys Zimmer

Als 1816 ein Vulkan die Welt verdunkelte

ROWOHLT

Originalausgabe
Veröffentlicht im Rowohlt Verlag, Hamburg, Mai 2022
Copyright © 2022 by Rowohlt Verlag GmbH, Hamburg
Satz Utopia bei CPI books GmbH, Leck, Germany
Druck und Bindung GGP Media GmbH, Pößneck, Germany
ISBN 978-3-498-00236-7

Für Mila und Maurin

1

LONDON

Mary Godwin saß an einen Grabstein gelehnt auf dem Friedhof St. Pancras. Es war der 26. Juni 1814, ein Sonntag, und einer dieser unentschiedenen Tage, die noch die Nässe des Frühlings mit dem schon tiefgoldenen Licht des Sommers kombinieren. Vögel sangen ein paar Lieder. Mehrmals die Woche pilgerte die Sechzehnjährige hierher, um zu lesen, zu schreiben oder einfach, um vor der sich rasant zum Mittelpunkt der Welt entwickelnden Stadt ihre Ruhe zu haben. Mary trug ein hochgeschlossenes Kleid von spröder Eleganz. Sie war groß und dünn, ihre blondbraunen Haare flatterten im Wind wie eine Flagge über einem seltsamen schönen Haus.

Nun öffnete sich leise das eisenbeschlagene Friedhofstor, und ein Mann trat ein. Er hieß Percy Bysshe Shelley und warf eine Nuss in die Luft, die einer eleganten Kurve folgend in seinem Mund landete. Percy war überzeugter Vegetarier. Begleitet wurde er von Marys Halbschwester Jane, die ihn als geheimer Kurier herbringen sollte und sich nun losmachte, um Räder schlagend im Grün zu verschwinden. Marys Herz klopfte, als sie sich aufrichtete. Percy sah sie, hüpfte kurz etwas auf und beschleunigte seinen Gang. Der hochintelligente Student hatte die Eliteschulen Eton und Oxford besucht und erst vor Kurzem öffentlich der Religion abgeschworen, dadurch die Institution der Universität hinter sich gelassen, beziehungsweise sie ihn, und so durchaus mutwillig den Bruch mit der eigenen Familie vollzogen. In diesem Moment hatte der 20 Jahre alte Percy das flirrende Gefühl im Körper, wenn ein in der eigenen Epoche noch nie gedachter, also völlig neuer Gedanke einen Menschen überfällt. Nämlich, dass er sich nach Religion, Familie und Staat nun auch von dem die marode Gesellschaft zusammenhaltenden verbliebenen Ideal der Zweierbeziehung frei machen würde. Die Liebe würde nur größer, weil wahrer, dachte er euphorisch und noch mehrmals aufhüpfend. Percy stand beinahe vor Mary, er wollte ihr schnell und viel erzählen von dem, was ihm flammend im Schädel herumwirbelte. Doch Mary Godwin nahm seinen Kopf in beide Hände und küsste ihn auf den Mund. Sie hatte sich das gut überlegt und war jetzt dennoch unglaublich erschrocken. Es war der erste Kuss ihres Lebens. «Ich will dich», flüsterte sie heiser, und ihr Kopf zersprang.

Der ungestüme und sehr zärtliche Kuss, der genau eine Minute und 24 Sekunden dauerte, fühlte sich spektakulär an. Kurz darauf schrieb Percy einem Freund über Mary: «Ich glaube nicht, dass es größere Vollkommenheit gibt, zu der die menschliche Natur gelangen könnte. Wie tief empfand ich meine Unterlegenheit, wie bereitwillig gab ich zu, dass sie mich an Originalität, echter Erhabenheit und Brillanz weit übertraf, ehe sie einwilligte, ihre geistigen Fähigkeiten mit mir zu teilen.»

Mary lachte ihm ins Gesicht, er konnte nichts sagen. P. B. Shelley, der übrigens Schriftsteller werden wollte, waren die Worte abhandengekommen. Sie umarmten sich und fielen vor dem Grabstein ins Gras.

Es begann wie die älteste Geschichte der Welt, eine junge Frau und ein junger Mann. Seine Eltern waren reich und langweilig, Barone aus Sussex. Ihre waren Londoner, häufig knapp bei Kasse, dafür extrem interessant. Percy bewunderte sie abgöttisch, vor allem Marys Mutter. Sie gehörte zu den ersten Feministinnen der Welt, eine europabekannte Intellektuelle. Von vielen geachtet, von vielen geächtet. Ihre Mutter war daran gestorben, Mary auf die Welt zu bringen, und die Tochter konnte sich das nicht verzeihen. Ihre Mutter hieß wie sie, Mary. Aber an ihrer Stelle waberte nun die eigene ungenügende Existenz. Mary trauerte jeden Tag, und bei allem, was die Sechzehnjährige über ihre Mutter herausfand, wusste sie genau, dass das das Letzte war, was diese gewollt hätte.

Es blieb ihr Vater, Sozialphilosoph und Schriftsteller. ‹Alles gehört allen›, diese Idee hatte William Godwin praktisch erfunden. Jetzt war er sauer auf seine Tochter, wegen Percy. Sie verbrachten zu viel Zeit miteinander. Mary konnte nicht sauer auf ihren Vater sein, noch nicht. Wie so vieles war auch Percy durch ihn in ihr Leben gekommen. Mary und er kannten sich seit acht Wochen.

Sie roch seinen Schweiß und das Gras unter ihnen. Es hatte wehgetan, nun war sie stolz. Sie sah in die Blätter, ihr Vater hatte ihr hier das Lesen beigebracht, indem er ihre kleinen Finger über den Grabstein und die dort hineingemeißelten Buchstaben geführt hatte: M A R Y. Sie war in sich gekehrt, ein bisschen nerdy, manchmal war Percy fast unheimlich zumute mit Mary, als käme sie aus der Zukunft. Sie war überzeugt, in ihm einen Gefährten gefunden zu haben. Menschen empfand sie als seltsam, langweilig, zu, immer gleich, dumm. Aber das sagte sie niemandem, denn es war hochmütig. Also schwieg sie oft und ließ ihre Augen leuchten. Die Leute fanden das niedlich, die Leute hatten eben auf die schrecklichste Art keine Ahnung von nichts.

«Wow», sagte Percy, nachdem sie lange geschwiegen hatten.

«Weißt du», sagte Mary, «ich habe darüber nachgedacht, was wir gestern besprochen haben, als wir durch die Stadt gelaufen sind.»

«Was meinst du?», seufzte Percy träumend. Die Dämmerung setzte ein, er war in das Streicheln der Härchen auf ihrem Arm vertieft.

«Wie wir leben. Der Rauch aus den Schloten der Fabriken.»

«Ah ja, die neuen Maschinen.»

«Ja, genau.»

Die beiden hatten gesehen, wofür die Arbeiter keine Worte hatten, doch was sie in jeder müden Faser viel größer spürten. Die Maschinen waren ihnen überlegen, brauchten keinen Schlaf und machten sie bald überflüssig. Eine Revolution walzte durch die Straßen, doch sie war nicht von Menschen gemacht.

«Ich glaube, wir haben uns geirrt. Wir Menschen sind größer und stärker als jemals zuvor. Obwohl jeder Einzelne sich schwach fühlt. Das ist das Seltsame daran. Wir treiben gewaltige Dinge gegeneinander. Wir haben es selbst in der Hand.»

Mit leicht geöffnetem Mund hörte Percy zu, während Mary sich langsam aufrichtete und ein Buch aus ihrem Rucksack kramte. «Das habe ich gestern Abend in Vaters Bibliothek gefunden, es ist von Herder, diesem deutschen

Philosophen. Es muss falsch einsortiert gewesen sein, ich hatte nach Schauergeschichten für uns gesucht.» Mary blätterte durch das Buch. «Es steht ein komisches Wort darin, es heißt ‹Klima›.»

«Klima?», fragte Percy.

Mary hatte die Stelle gefunden. «Warte mal, ich lese es dir vor: ‹Seitdem er das Feuer vom Himmel stahl und seine Faust das Eisen lenkte, seitdem er Tiere und seine Mitbrüder selbst zusammenzwang und sie sowohl als die Pflanze zu seinem Dienst erzog, hat der Mensch auf mancherlei Weise zur Veränderung desselben mitgewirkt. Europa war vormals ein feuchter Wald, und andre jetzt kultivierte Gegenden waren's nicht minder: es ist gelichtet, und mit dem Klima haben sich die Einwohner selbst geändert. Wir können also das Menschengeschlecht als eine Schar kühner, obwohl kleiner Riesen betrachten, die allmählich von den Bergen herabstiegen, die Erde zu unterjochen und das Klima mit ihrer schwachen Faust zu verändern. Wie weit sie es darin gebracht haben mögen, wird uns die Zukunft lehren.›»

Die Wörter drehten sich in Percys Kopf und knisterten sachte an den Neuronen. Was er ganz genau verstand, und das spürte er auch in seinem Bauch: dass Mary für ihn so ein Klima war. Sie würde alles ändern können.

2

WEIMAR

Einige Monate lang hatte sich Johann Wolfgang von Goethe steinalt gefühlt. Morgens beim Aufstehen konnte er sich öfter nicht mehr riechen. Nicht im Negativen oder Positiven, nein, er schien sich selbst völlig geruchlos. Das war nun vorbei. Das allseits anerkannte Originalgenie zählte 65 Jahre und lief aufgeregt durch seinen großen Garten am Frauenplan, in den ein kurzer Weg von seinem Arbeitszimmer führte und der in diesem Frühsommer bereits in allerhöchster Pracht stand. Die Apfelbäume schlugen aus, die Tulpen, die Kaiserkrone daneben, alles sang und duftete. Und er selbst stank wieder salzig und lebendig. Vorbei lief er an seiner Sammlung botanischer Pflanzen, die der Geheimrat sich zwecks metamorphischer Beobachtung im Kleingarten hielt. Vorbei lief er, denn er hatte plötzlich Anderes, Größeres, Neueres und noch Fremderes im Kopf. ‹Als wäre ich in der Pubertät›, schrie es in ihm. Er sah nach oben und lächelte dem Himmel zu.

Seine Drüsen und Sinne waren wieder aufgesperrt. Goethe las und schrieb, wie er es schon lange nicht mehr richtig getan hatte. Von Schreibtisch zu Schreibtisch rauschte er in seinem Arbeitszimmer, an dessen Wänden insgesamt drei geräumige Tische standen, voll von Material für jede seiner vielen Tätigkeiten. In diesen Tagen war das Material ein einziges Buch. Durch dessen Inhalt verwandelte sich der deutsche Dichter in einen Perser aus Tausendundeiner Nacht.

Denn die Lebenskraft, die Goethe seit ein paar Tagen umspülte, verdankte er einer schlecht ins Deutsche übersetzten Sammlung persischer Lyrik. Ihr Autor war Hafis, ein Dichter und Mystiker, der den Koran auswendig kannte und vor 300 Jahren gestorben war. Sie trafen Goethe mitten ins Herz. Höchst inspiriert schritt er das Morgenland seiner Fantasie ab und verließ dafür sogar sein so lange schon gelebtes Ideal einer Antike, in der die Rahmungen der Welt stets fest und klar, streng und gut sichtbar erschienen. Er überlegte, wie es wäre, in einem Zelt zu leben. Träumte sich mit Kameltreibern und alten Patriarchen unterwegs, wandernd von einem Ort zum nächsten, über einem nur die Sterne. Ganz allein auf der Welt, aber mit allem verbunden. Unter Hirten würde er sich fortan vielleicht mischen. In Hafis' Lyrik fand er ein Spiegelbild des Weltreichs, das untergegangen war wie gerade eben das Napoleons. Er fand Glauben, an den er womöglich wieder glauben wollte. Und vor allem fand er darin: sich selbst.

Diesem Ich war Goethe jahrzehntelang aus dem Weg gegangen. Um sich zu kreisen, hatte er stets für infantile Zeitverschwendung gehalten. Jetzt war es eben geschehen, er schrieb und sprach seit einiger Zeit ständig von dem Gefühl, «sich historisch zu werden». Der dritte Band seiner Autobiografie *Dichtung und Wahrheit* war erschienen und Goethe überzeugt, dass es das eine nicht ohne das andere geben konnte. Weil Fakten existieren und Fiktionen und beide sich, sobald die Sonne aufgeht, in der Atmosphäre mischen wie die Farben des Lichts. Jede Biografie war ein lebendiges Wesen, das sich verwandelte, sobald man es ansah. Die Stimmen waren beteiligt, die Geister waren beteiligt. Goethe mochte keine Geister. Es erschien ihm zwangsläufig, dass sich die Menschen der Zukunft für ihn interessieren würden. Dieses Geschöpf wollte er ihnen nicht allein überlassen. Goethe wollte eine Anleitung geben, eine Gebrauchsanweisung für sich selbst.

3

SUMBAWA

Auf der anderen Seite der Welt segelte in diesem Sommer ein schottischer Forschungsreisender und späterer Diplomat durch das durchsichtige Wasser des weit verzweigten Indonesischen Archipels. Er war knapp 30 Jahre alt, hieß John Crawfurd und wurde von einem Matrosen auf die Wolke aufmerksam gemacht, die sich vor dem Expeditionsschiff auftürmte und den Himmel schwärzte. Ein Sturm, dachte der Forscher. Auch der Kapitän rief die Mannschaft auf, sich entsprechend zu rüsten. Als sie näher kamen, realisierte Crawfurd allerdings, dass die Wolke gar nicht als Vorbote zu einem Unwetter, sondern in ihrer monolithischen Erhabenheit zum Vulkan Tambora gehörte, dem sie sich näherten. Der Tambora war der größte Berg im Archipel. Seit Schiffe fuhren, orientierten sie sich an ihm. Nun war er offenbar erwacht. Wie ein Beweis fiel in diesem Augenblick leiser, trockener Regen auf das Deck. Crawfurd schlierte mit der Hand durch das feinkörnige Material, probierte etwas und hielt seinen Finger dem Matrosen hin: Ja, es war Asche, Vulkanasche.

Unsichtbare Vögel kreischten aus dem Dschungel in die beunruhigende Stille hinein, das Schiff bewegte sich sanft durch die Gewässer. Der Ethnologe ließ sich sein Fernrohr geben, stierte hindurch und schwang es mit großer Geste hin und her. Mit seinem Glas flog er durch den schwarzen Rauch und über die Inseln, die an den Flanken des riesigen Vulkanbergs lagen. Auf der Halbinsel Sumbawa konnte er, als das Schiff sich schon am Rande des Strandes bewegte, einen Mann anvisieren, der mit hinter dem Rücken gekreuzten Armen am Fenster eines Hauses stand und wie ein Häuptling aussah. Der Mann, den Crawfurd etwas verschwommen erkennen konnte, sah besorgt aus. Der Forscher hatte die Erfahrung gemacht, dass er, auch wenn er keiner einzigen asiatischen Sprache mächtig war, die hiesigen Menschen sehr gut verstand. Er wusste Charakterzüge anhand weniger Bewegungen zu deuten, das war seine Stärke. In diesem Augenblick sah der Schotte den Radscha von Sanggar, dessen Hoheitsgebiet am südöstlichen Hang des Vulkans lag und der nicht nur besorgt, sondern geradezu vorwurfsvoll auf den Vulkan blickte. Während dieser leise Qualm in den Himmel atmete, gelegentlich begleitet von einem kaum merklichen Beben der Erde, begriff der Engländer auf seinem Schiff stehend sofort alles. Er sah einen Teil, und der Rest des riesigen Puzzles setzte sich in seinem Kopf zusammen: Der Mann am Fenster hatte ein Problem, denn er musste den schwelenden Vulkan interpretieren.

Natürlich würden auch die Stammesmitglieder des Radschas jeden Tag in großer Angst überlegen, was die Rauchzeichen zu bedeuten hatten. In seinem Rücken, fantasierte Crawfurd, hatte sich bereits eine freche Bande Einlass verschafft. Es blieb dem Herrscher keine Wahl, er musste sie anhören. Der Radscha war im Volk geachtet, weil er Ordnung sicherte. Er schickte regelmäßig Kinder seines Stammes als Geschenke zu den Weißen, die sie schon lange beherrschten. Das tat ihm im Herzen weh, aber er konnte damit leben. Der erwachte Vulkan jedoch brachte Unordnung. «Die Götter werden uns bestrafen, ihr Zorn ist unendlich!», riefen die Menschen auf den Straßen. Sein Königreich war ein Paradies, die letzte Zeit hatte eine hervorragende Entwicklung in Gang gebracht. Die Reisernte fuhren sie zwei Mal jährlich ein. Kaffee, Edelsteine, Honig und Baumwolle konnten für gutes Geld an alle verkauft werden, die es ausgeben wollten. Es gab Vögel so groß wie Ziegen und so bunt wie überhaupt gar nichts in England. Ihre Pferdezucht war weit über die Grenzen der Insel bekannt. Durch den elysischen Überfluss angezogen, in dem die Bewohner lebten, waren unzählige Sprachen und Ethnien hier heimisch geworden. Die überwältigende Potenz der Natur gebar sich in einem permanenten rauschhaften Ausnahmezustand, sie gab und gab und gab. Das ganze Jahr schien die Sonne. Der Radscha hatte allerdings zwei Probleme, eigentlich sogar drei. Zum einen hatte er ständig diese irrationale Angst, dass seiner jüngsten Tochter etwas zustoßen könnte. Dann die Piraten, die mit Messern zwischen den dreckigen Zähnen auf ihren Schnellbooten um die Insel fuhren, um seine Untertanen zu kidnappen und auf den riesigen Sklavenmärkten Ostindiens feilzubieten. Und nun eben der Vulkan.

Die vier jungen Leute in seinem Rücken, allesamt von progressiven Ansichten getrieben, wollten die Erlaubnis einholen, nach einem Mann zu schicken, der in den Vulkan schauen sollte.

«Warum?», fragte der Radscha, drehte sich vom Fenster weg und versuchte dabei, seine Wut zu verbergen. «Warum, verdammt noch mal, überhaupt jemand von außen hierherholen?»

«Nun», antwortete einer der vier, «es war doch schon einmal einer da mit eisernen Instrumenten. Eine weiche Stimme hatte er gehabt. Ein Verrückter, natürlich. Aber wer sollte denn sonst hinaufklettern?»

Diese Männer wollten ihm seit Langem gefährlich werden, und sie machten das auf kluge Art. Beim letzten Punkt musste der Radscha ihnen recht geben. Wer sollte sich das trauen? Eine Unverschämtheit blieb es dennoch. Immer wollten sie etwas genau wissen, was seit Jahrhunderten niemand genau wissen konnte und im Dunkeln auch besser aufgehoben war.

Der riesige Tambora war seit ewigen Zeiten nicht mehr ausgebrochen. Er war ein friedlich schlafender Riese, der das Land fruchtbar gemacht hatte und die Menschen demütig. Der Radscha mochte seinen Vulkan. Natürlich war der Berg lebendig, was sollte er sonst sein. Die Geister der Toten schliefen unter ihm. Der Radscha wusste genau, dass sie alle viel falsch gemacht hatten in den letzten Jahren. Aber wie sollte man Dinge auch nicht falsch machen, wenn man einigermaßen anständig leben wollte. Nun schwieg er. Die Erfahrung hatte ihn gelehrt, dass die meisten Probleme gingen, wie sie kamen, und wenn man herrisch über sie hinwegsah, gingen sie umso schneller. Das Rauchen würde bald aufhören. Es war Rauch. Er war grau, machte seltsame Formen und löste sich wieder auf. Die Wolken würden weiterziehen und der Himmel wieder lichter werden. Man würde wieder die Sterne sehen, und seine Leute würden sich keine Sorgen mehr machen. Sie würden ihn wieder lieben. Vielleicht, dachte er, hätte es auch sein Gutes, wenn einer von außen käme. Vielleicht könnte er ihm die Sache mit dem Vulkan anhängen. Er nickte dem Ratsvorsitzenden zu: «Dann soll er eben kommen», und kratzte sich mit seinem langen, türkis lackierten Fingernagel einen Krümel der vergangenen Nacht aus dem schwarz geschminkten Auge.

Der Radscha drehte sich wieder dem Fenster zu, und in diesem Moment schaute er Crawfurd durch das Fernrohr praktisch in die Augen. Dieser riss das Gerät herunter und befahl, obwohl er auf dem Schiff wirklich nichts zu befehlen hatte: «Weiterfahren.»

4

LONDON

«Stopp!», rief Percy. Nachdem er Marys Vater ihre Liebe erklärt hatte, hatte der erst lange geschwiegen, dann rumge-
schrien, und schließlich waren die Dinge außer Kontrolle
geraten. Irgendwann war Percy im Arbeitszimmer auf den
Schreibtisch ihres Vaters gesprungen und stand nun zen-
tral vor dem Portrait von Marys Mutter an der Wand. Das
kleine Fläschchen Gift, das er stets bei sich trug, reckte er
kurz in die Höhe und löste den Korken vom Gefäß, sein
Haar stand noch weiter vom Kopf ab als sonst, als hätte der
Blitz geradewegs in ihn eingeschlagen.

Es begann der Showdown, auf den die fiebrigen letzten
Wochen zugelaufen waren, der Raum surrte vor Energie.
Einen Augenblick erschien Mary, die sich außer Atem in
einen Sessel hatte fallen lassen, die Familienszene vor ihr
wie eingefroren. Sie sah in Percys riesige Augen, die immer
ein wenig unter Wasser standen. Er trug auch heute lange
Hosen, die unten am Saum verwegen breit geschnitten
waren. Sein weißer Kopf schaute aus den Kleidern heraus
wie ein Schwan aus dem nächtlichen Wasser. Mein Elf,
dachte Mary.

Nur einen Menschen kannte sie, dessen Worte so in sie
einschlugen, und das war ihr Vater. Ihn hatte sie ihr Leben
lang am hingebungsvollsten und unwillkürlichsten geliebt,

und nun traute sie sich nicht, zu ihm zu sehen. Vater Godwin, der alte Anarchist, wirkte abgekämpft. Der Rock hing halb über dem Gürtel, er war dick geworden und hatte die Hälfte der Haare auf dem Weg verloren. Neben ihm räkelte sich Marys Halbschwester Jane Clairmont auf der abgewetzten roten Chaiselongue. Sie war die Tochter von Marys Vaters neuer Frau, ihr leiblicher Vater soll Spanier gewesen sein. An ihren Lippen konnte Mary erkennen, dass sie sich freute, weil etwas passierte, und zugleich demonstrativ schmollte, da sie in dem hier aufgeführten Drama nur eine Nebenrolle spielte. Jane sah sehr zeitgenössisch aus. Es war nicht nur das blassblaue Kleid, das ohne Korsett auskam und von dem weder Mary noch irgendwer sonst eine Ahnung hatte, wie und mit welchem Geld sie es aufgetrieben hatte. Ihre Stiefschwester umgab eine unerklärliche Leichtigkeit, die alle verrückt machte. Sie besaß die magische Gabe, immer etwas nachlässig auszusehen, zu jeder Situation das passende Gesicht zu tragen und den perfekten kurzen Satz zu sagen. Obwohl sie nie ein Buch las. Jedenfalls nicht oft. Jedenfalls nicht halb so gebildet war wie Mary. Die Beziehung der beiden fast gleichaltrigen Halbschwestern bestand aus großer Bewunderung, rasender Eifersucht und inniger Liebe. Sie beide wussten, dass Mary einmal Schriftstellerin werden sollte. Was aus Jane einmal würde, wusste niemand.

Godwin war sicher, dass Percy es nicht tun würde. Dieser aristokratische Aufschneider und Salonradikale war viel zu egozentrisch, um sich umzubringen. Vor einem Jahr war er hier als größter Fan angetanzt mit seinem Atheismus, seiner Godwin-Manie und seinem Geld. In der Weichzeichnung, die der Baronensohn seitdem täglich vornahm, waren er und seine verstorbene Frau noch einmal als großes Paar auferstanden. Natürlich hatte Godwin das geschmeichelt. Er brauchte Unterstützer. Als Autor war er nicht mehr gefragt, seine Buchhandlung und der neu gegründete Kinderbuchverlag, für den er nun auch selbst Geschichten beisteuerte, liefen nicht gut. Anders als Percy hatte Godwin sich alles selbst erarbeiten müssen. Sein bekanntester Roman war ein Hit gewesen, seine große theoretische Schrift *Politische Gerechtigkeit* hatte dafür nachhaltiger gewirkt. Ganz London hatte sie gelesen. Es waren gute Zeiten gewesen, nun waren sie wohl um. Godwin wollte es nicht wahrhaben und hatte Percys Lobeshymnen irgendwann geglaubt, denn am Ende war er noch eitler und kindischer als der junge Dichter. Er liebte Mary wie nichts anderes auf der Welt. Wie keines seiner anderen Kinder, wie keine Frau. Er schnaufte tief. Es klang wie ein Startschuss. Das lodernde Feuer aller Beteiligten hatte genügt, die eingefrorene Szene abzuschmelzen. Sie waren nun gezwungen, das ganz große Drama ein für alle Mal durchzuexerzieren. Zwei Dinge standen im Raum. Eins davon wollte Godwin auf keinen Fall ansprechen, das andere unbedingt als Erstes. Er donnerte: «Was ist mit Harriet?»

Harriet war Percys Ehefrau und die Mutter seines Kindes. Er hatte die damals Sechszehnjährige vor drei Jahren gegen den Willen ihrer Eltern geheiratet. Sie war eine Freundin seiner Schwester. Die Liebe war für ihn der perfekte Kampfplatz, um die patriarchale Ordnung, die die Menschen in Passivität und Depression zwang, zu zerstören. Es galt, die jungen Frauen zu befreien, also auch möglichst viele von ihnen. Auf Godwins Frage hin ließ er allerdings seinen Giftarm sinken. Er hatte nichts gegen Harriet, war sich sogar sicher, dass er sie noch liebte. Aber er konnte das Zeug in sich, das Leben hieß und das so wütend voranschritt, nicht im Zaum halten. Zuletzt hatte sie sowieso nur noch gemeckert und Ansprüche gestellt. Gar nicht das Bild einer selbstständigen Frau. Und die wollte er. In drei Jahren war er berühmt, oder tot. Sein Arm stand wieder grade in der Luft. Percy schrie:

«Wie können Sie das fragen? Bin ich nicht hierhergekommen, weil in Ihren Worten die Freiheit liegt? Die Unbedingtheit? Die Größe!? ‹Der vernunftbegabte Mensch braucht weder Gesetze noch Institutionen› – Ihre Worte.»

«Harriet ist nun einmal Ihre Ehefrau», knurrte Godwin.

«Was ist die Ehe? Ein Blatt Papier! Sie wollten sie doch selbst abschaffen!»

Godwin schaute genervt.

Percy weiter: «Marys Mutter nannte die Ehe Haussklaverei und legale Prostitution. Warum sollen Frauen weniger wert sein als Männer?» Er machte dazu auf dem Schreibtisch plötzlich leichte Tanzbewegungen.

Godwin irritierte das Gewackel. Wie hatte er seine Frau damals angefleht: Die Gerechtigkeit der Völker, natürlich, das ist unser Kampf, aber wenn sie das mit dem Feminismus, an den sie beide glaubten und den sie gemeinsam lebten, auch öffentlich durchziehen wollte, würden die Leute ihr das nicht verzeihen. Natürlich hatte sie nicht auf ihn gehört.

«Hören Sie mir überhaupt zu?», rief Percy vom Tisch.

Marys Vater versuchte mit aller Kraft, ihm nicht zuzuhören. Wie dieser Shelley dastand, in seinem abgerissenen Aufzug, vollkommen albern. Gottlob war seine Frau nicht hier, um den Schlamassel mit anzusehen. Was könnte er gegen eine Entführung ausrichten? Er würde sich seine Tochter nicht rauben lassen. Mary war sein begabtestes Kind. Wenn er hinter der Stirn dieses verschlossenen Mädchens die Gedanken rattern hörte, sah er das Ebenbild seiner verstorbenen Frau. Er würde sie zur größten Autorin Londons machen. Vor allem würde er sie nicht auf die andere Seite der Gesellschaft ziehen lassen. Er selbst balancierte seit jeher auf einer seidenen Linie zwischen umstürzlerischer Avantgarde und sicherem Hafen, Kunst und Gefängnis. Er wusste, wie schwer diese Membran rückwärts zu überschreiten war. Shelley wusste einen Scheißdreck. Am Ende würde seine schwerreiche Familie ihn wieder aufnehmen und den verlorenen Sohn in einem Schloss auf dem Land versauern lassen. Er würde dort depressiv und Alkoholiker werden, aber mehr auch nicht. Die Reise von einer Klasse in die andere, von einer gesellschaftlichen Sphäre und zurück, den machten in dieser Zeit nur eisenharte und zugleich fast durchsichtige, flexible Gestalten, deren Seelen und Wörter zugleich hell und antik waren. Die Jahre hatten den aufsässigen Humanisten zu einem Pragmatiker werden lassen. Hehre Ziele und große Ideale, natürlich, immer. Das alltägliche Leben und Leiden stand allerdings auf dem gleich daneben liegenden Blatt. Und anders als für das Gemeinwohl war dafür alleine er verantwortlich. Er musste die große Familie aus ganzen und halben Töchtern, Dreiviertel-Söhnen und im Grunde völlig fremden Kindern, die unter seinem Dach wohnten, am Laufen halten. Er brauchte Geld. Und das war eben das Zweite, worüber er ständig nachdachte, aber sicher nicht hier vor seinen beiden Töchtern sprechen wollte: das viele Geld, das Shelley ihm geliehen hatte, und vor allem das Geld, das er ihm noch leihen sollte. Ohne diesen aristokratischen Hurensohn ging es einfach nicht mehr. Godwin schaute in die Runde und schloss angeekelt die Augen. Percy sprach nun etwas ruhiger:

«In diesem Haus, vor allem durch Sie, Godwin, wurde der Grundstein gelegt, hier habe ich Mary getroffen…»

Mary wollte etwas sagen, es kam nichts aus ihrem Mund. Godwin brüllte: «Vor sechs, sieben Wochen, Shelley. Vor sechs, sieben Wochen!»

«Schon richtig», gab Percy zu, «doch nur hier konnten wir die Idee einer Welt weiterentwickeln, in der alle politischen und sozialen Hierarchien überwunden werden. Ich will nicht abergläubisch wirken, aber sollte es nicht vielleicht genau so sein? Doch wir müssen hier raus, wir bilden die Gemeinschaft der kommenden Gesellschaft.»

Mary saß, ja, lag eigentlich in ihrem Sessel, die Augen halb geschlossen. Oft, wenn die Welt zu aggressiv auf sie eindrang, reagierte ihr Körper darauf mit Schlaf. Sie konnte nichts tun, als sich der bodenlosen Träumerei zu ergeben. Kurz bevor dieser Zustand eingetreten war, hatte Mary eine schreckliche Vision gehabt. Die Bücherberge, die rings um ihren Geliebten bis an die Decke gestapelt standen – ihr Vater verfügte über eine der größten privaten Bibliotheken des Landes – sie hatten sich plötzlich in den Raum hineingewölbt wie Wellen, und die Bücher, zu Tausenden herabgestürzt, hatten Shelley unter sich begraben.

«Wir waren gegen die Ehe», dröhnte ihr Vater in diesem Moment, «das wisst ihr beide. Aber wir haben nichtsdestotrotz geheiratet, weil ich nicht wollte, dass deine Mutter allein vor der Gesellschaft steht, denn das wird auch Harriet als Frau mit Kind, aber ohne Mann. Deine Mutter und ich lebten zusammen, aber wir haben uns jeder ein Zimmer gemietet, um dort zu schreiben. An wen denkt ihr, außer an euch?»

«Wir denken an eine Kommune», antwortete Percy sofort, «in der es keine Grenzen zwischen Freundschaft und Leidenschaft gibt. Ich habe erst kürzlich ein Buch gelesen. Es ging darin um die Zeit vor unserer Zeit, die alte Zeit. Damals begann der Mensch Werkzeuge herzustellen, und er begann sich zu unterscheiden. Damals gingen Frauen mit mehreren Männern, und auch Frauen. Niemand wusste, welches Kind zu wem gehörte, und alle gemeinsam fühlten sich für alle verantwortlich. Wir werden das Modell der patriarchalen Kleinfamilie überwinden», verkündete Percy euphorisch. «Ich will, dass Harriet mitkommt, die Kleine auch. Jane soll nachkommen.»

Marys Schwester entfuhr ein begeistertes «Yes». Mary tat etwas in ihrer Brust weh.

Ohne Percy eines Blickes zu würdigen, fragte der alte Anarchist ruhig, aber so bebend, dass alle sofort still waren: «Wie kannst du dich nur gegen mich wenden, Mary?»

Mit letzter Kraft warf er die Worte in die Weite des Raums: «Ihr schmeißt doch alles kaputt! Ihr stürzt euch und uns ins Elend. Vernunft! Das wollte deine Mutter. Sie hat ihre Theorie gelebt. Ihr redet von Träumen …»

«Siehst du denn nicht, dass in Percy all eure Ideen erneut versammelt sind?», fragte Mary. «Siehst du nicht Mutter in ihm? Wir verbringen die Tage damit, eure Schriften zu lesen. Wir werden Sie wieder zum Leben erwecken.»

Godwin überlegte, wie er seiner Tochter nur erklären sollte, auf wie vielen Ebenen das Unsinn war.

Doch da fragte plötzlich Mary: «Wie hast du mich genannt, Papa? Wie habt ihr mich genannt, als ich noch nicht geboren war?»

Godwin schaute auf den Boden.

«Wie?», fragte Mary erneut.

Godwin wusste, dass es jetzt aus und verloren war. Er fühlte sich wie eine schwere Tonne, die sich immer eingebildet hatte, etwas ganz Besonderes zu sein, aber nun schlagartig realisierte, dass sie ein Behälter war, der nur dann Fahrt aufnahm, wenn er von Kindern umgekippt und angestoßen den Hang runterkullerte.

«Sag es bitte», sagte Mary.

Die Tochter und der Vater, die sich so sehr liebten, schauten sich an. Dem alten Godwin war klar, dass die jungen Leute über ein Wissen verfügten, von dem er keine Ahnung hatte, weil es eben in der Jugend ihrer Körper und ihres Geistes und der drängenden, weit offenen Gegenwart lag, in der dies alles gemeinsam existierte. Er hatte es immer gewusst. Wenn er die revolutionäre Idee in die Kleinen injizierte, dann würden sie davon Gebrauch machen, und es lag auf der Hand, dass sie dies auch gegen ihn verwenden würden. Aber er war auch zu alt, um ihnen das hier jemals zu verzeihen. Godwin spürte in diesem Moment sein Herz aus seinem Körper entweichen. Das tat unbeschreiblich weh. Und dann flüsterte er niedergeschlagen:

«Das Kind der Liebe und des Lichts.»

Mary nickte. Bis jetzt war ihr nicht bewusst gewesen, dass sie sich gegen ihren Vater entschied, wenn sie sich für Percy entscheiden würde. Nun war klar: Die beiden Männer ihres Lebens brüllten sich an, lieferten sich diesen Kampf, in dem es um alles ging. Aber sie trugen nicht die Verantwortung. Sie allein hatte die Macht, den Ausgang zu beeinflussen. Sie sah die Entscheidung deutlich vor sich wie einen Unfall, den sie selbst verursacht hatte und dessen verheerenden Ausgang sie bis jetzt nicht hatte kommen sehen, obwohl sie doch immer alles kommen sah. Ihre Augen füllten sich mit Tränen. Aber Mary hatte keine Wahl. Denn sie hatte sie längst getroffen.

Wenige Tage später durfte Percy Godwins Haus nicht mehr betreten. Noch etwas später unternahm er einen noch immer halbherzigen und dennoch Aufsehen erregenden Selbstmordversuch. Dann durfte er wiederkommen, aber Mary nicht sehen. Dann konnte Percy erneut Geld für Godwin besorgen. Und einen Monat nach ihrem ersten Kuss flohen Mary, Percy und Jane um vier Uhr in der Früh in einer geliehenen Kutsche aus London.

5

PARIS, WIEN

Napoleon trank ein Glas Champagner, wie immer zur Hälfte mit Wasser aufgefüllt. Er saß auf seinem alten Thron, genau wie vor einem Jahr. Vor dem Palast hörte er seine Anhänger, sie sangen die Marseillaise, sein Siegeslied. Auf ihren breiten Bauernschultern hatten sie ihn hineingetragen, von ihren Dörfern bis auf die Champs-Élysées waren sie ihm gefolgt wie ein Fluss.

Es war Frühling, der klare, silberne Pariser Frühling, aber die Blumen stanken nach Verrat. Napoleon wusste, dass die jubelnde Menge nicht für alle stand, er hatte dem Volk noch nie getraut. Fast ein Jahr war er weg gewesen. Neue Kräfte gab es, so war Paris nun einmal. Zwischen dem Volk und seinem Oberhaupt lag der Staat, er selbst hatte ihn dort gedeihen lassen. Dann die Feinde aus dem Ausland, in Wien hatten sie ihn für vogelfrei erklärt. Bonaparte war erst 45 Jahre alt und wieder der Kaiser, doch sein Land hatte sich verändert, so wie er selbst. Seine Handflächen waren feucht, das war früher nicht so gewesen, der kleine Mann war immer die Ausgeburt nüchterner Trockenheit. Jeder Gedanke ein neuer Befehl, jede Idee eine Tat. Heute fühlte er sich weich und beklommen, einem Diener hatte er am Morgen minutenlang irgendein Zeug erzählt, dieser hatte ihn zu Tode erschrocken angesehen und natürlich nicht geantwortet. Nun stach er sich in nachdenklicher Pose mit den Fingern in die grimmig geschlossenen Augenhöhlen.

Er, der Soldat aus Korsika, der aus den Trümmern der untergegangenen Revolution aufgestiegen war wie ein Engel. Ein Emporkömmling, der zum mächtigsten Eroberer der Welt geworden war und sich selbst zum Kaiser gekrönt hatte. Er war das nicht durch sein Blut, nicht durch Gott, sondern durch seine außergewöhnliche Begabung und Bereitschaft geworden. Niemand hatte seine Familie gekannt. Wenn das eigene Blut oder Gott einen auf den Thron hievte, musste man sich nicht anstrengen. Napoleon hatte sich immer enorm angestrengt. Das alles war schon furchtbar kompliziert und für die Leute schwer zu verstehen. Doch die Menschen hatten ihn und seine Idee nicht nur akzeptiert. Die Revolution, sagten sie, hatte sich in Napoleon Bonaparte ihren Korpus erschaffen. Er hatte ihr zu Freiheit, Gleichheit und Brüderlichkeit zudem Ordnung, moderne Gesetze und Schneid gegeben.

Napoleon erinnerte sich. Wie die Feinde ihn vor einem Jahr auf die Insel Elba verbannt hatten. Es war eine schreckliche Zeit gewesen. Doch seine Agenten ließen alsbald durchsickern, dass die Dinge schlecht standen für den nach seiner Niederlage wieder eingesetzten König. Und dass die europäischen Fürsten, die ihn in der kolossalen Schlacht bei Leipzig besiegt hatten, sich in Wien dabei verzankten, das Europa, das sie ihm abgeknöpft hatten, unter sich aufzuteilen.

Kurzerhand hatte er mit seinen verbliebenen 1000 Offizieren und Elitesoldaten einige Schiffe gekapert, war unbemerkt durch das plätschernde Mittelmeer gefahren und in Cannes gelandet. Noch einmal war er zu schnell für alle anderen. Und dann erinnerte er sich an seine Lieblingsszene. Eine Woche nach seinem Aufbruch trafen sie auf eine Brigade, die mit dem Auftrag losgeschickt worden war, Napoleon tot oder lebendig nach Paris zu bringen. Er dachte daran, wie der Nebel des Morgens die wunderschöne Landstraße eingehüllt hatte, in der Luft lag kühle, stille Ehre. Das hätte das Ende sein können, das Ende sein sollen. Aber es war nicht das Ende. Das französische Regiment stand Napoleon und seinen Offizieren gegenüber. Sein schwarzer Hut, leicht in den Nacken gerutscht, der steife Soldatenmantel, seine mächtige Nase. Napoleons kleine Schar, hoffnungslos unterlegen, hob die Gewehre, so wie, nur zehn Meter entfernt, die vom König gesandten Männer. Nur eine einzige Kugel, und der kleine unerschrockene Mann mit den funkelnden Augen wäre tot gewesen. Doch Bonaparte ging auf die Wand aus Waffen zu, verschränkte dabei langsam die Arme hinter seinem Rücken, zeigte ihnen seinen dicken Bauch.

Er hatte keine Angst: «Kameraden, wer führte euch so oft zum Sieg? Ihr kennt mich!», sprach er. Und er breitete die Arme aus wie ein Vater, man sah seine Orden unter dem grauen Mantel. Die Flintenhälse neigten sich herab. Er hatte sie wieder eingefangen. Der Kaiser der Soldaten und des Volkes, das er so sehr geschunden hatte und das ihn trotzdem liebte. Ab diesem Zeitpunkt wurde seine Rückkehr ein Triumphzug. Wie ein Adler flog er über sein Land, immer größer wuchsen seine Schwingen. Kurz darauf floh Ludwig XVIII. aus den Tuilerien. Also warum, um Himmels willen, tat jetzt nur sein Kopf so weh?

Weit weg in Wien war das Wetter herrlich, das Thermometer zeigte vierzehn Grad. Sieben Monate zogen sich die Beratungen des Wiener Kongresses bereits hin, der Frühling erfüllte die Teilnehmer mit neuer Kraft. Die Fürsten Europas suchten nach den endlosen Jahren des Krieges und sich epidemisch über den Kontinent ausbreitenden revolutionären Ideen, die alte Ordnung herzustellen. Wie eine Kanonenkugel war die Neuigkeit in Wien eingeschlagen: Der Gewaltige war entkommen, wieder da, schon in Paris. Schneller musste man beraten, zum Schlusse kommen, riefen die Zeitungen, und die Taktzahl diplomatischer Gespräche drehte auf.

In der wie eine Schmuckschatulle glitzernden österreichischen Hauptstadt vollzog sich unter dem Vorsitz des Außenministers Metternich ein perfekt orchestriertes Spiel. Während die 200 Fürsten fast sämtlicher Staaten Europas sich tagsüber mit Jagden und am Abend bei rauschenden Bällen und Konzerten vergnügten, rangen ihre Diplomaten und Politiker um die Territorien Europas. «Es wird gestritten, aber es wird nicht weniger getanzt», erklärte die Frau eines Abgesandten des Königs von Sachsen ihrem jungen, recht dummen Mann die Lage und führte ihn, ohne dass man merkte, dass sie ihn führte, unter dem silbernen Kristallkandelaber entlang in den prächtigen Salon, wo an diesem Abend die preußische Delegation ein Stelldichein ausrichtete.

«Und dabei gibt es konzentrische Kreise der Erlauchten», so nannte es die schöne Frau des Abgesandten. «Sie müssen es sich so vorstellen, dass ganz oben Talleyrand für die Franzosen sitzt mit den Preußen Hardenberg und Humboldt, sowie dem russischen Zaren, ein paar Engländern und Österreichs Außenminister. Die Auseinandersetzung dieser fünf Mächte ist der Mittelpunkt. Und von dort zieht es immer weitere Kreise, und nun sind auch wir vom Strudel erfasst! Sie denken, der größte Ball wäre der schönste. Doch Sie irren. Je kleiner der Kreis, desto interessanter. Sie denken, die Menschen amüsieren sich hier, aber schauen Sie genau hin: Hier wird Politik gemacht.»

Der Abgesandte nickte, obwohl er wenig begriff, doch Rangfolgen attraktiv fand und, was seine Frau redete, wie so oft, sehr feinsinnig klang. Er nahm ein Glas Wein vom hingehaltenen Tablett.

«Und wo stehen wir?», fragte er.

«Wir sind schon nicht ganz unten, Erlauchter», antwortete sie stolz.

«Sehen Sie doch», und die Dame machte einen kaum sichtbaren, eleganten Wink zur Tür. «Sehen Sie, wie die Abgesandten des Großherzogs von Mecklenburg versuchen Eintritt zu nehmen. Er wird ihnen verwehrt. Sie schaffen es nicht hinein.»

«Grandios!», freute sich ihr Mann und ließ den Blick über die goldverzierten Stuckwände schweifen. Bis er an einer Erscheinung hängenblieb.

«Wer ist denn dieser Herr?» Er zeigte mit dem Finger auf einen Mann, der sich durch seine struppigen Haare und den bestürzend wilden Bart von allen anderen abhob. Die Frau des Abgesandten bog schnell den Arm ihres Mannes nach unten und antwortete:

«Das ist Friedrich Ludwig Jahn.»

Der Abgesandte war fassungslos. «Was macht so einer hier?»

«Nun ja», räusperte sich seine Frau und führte sie beide dabei langsam einem Tische zu. «Er ist mit Minister Hardenberg hier. Viele der Diplomaten verfügen in ihrem Gefolge über zahlreiche Experten, die über bestimmte Dinge genauer Bescheid wissen und die Temperaturen in den Räumen entsprechend zu verändern vermögen. Jahn ist ein Berater in historischen Fragen, so hat Hardenberg ihn jedenfalls vorgestellt.»

«Wie meinen Sie?»

«Nun, der Turnvater hat eine neue Idee von Deutschland.»

Der Abgesandte des Fürsten hörte die einzelnen Worte, doch der Sinn verwehrte sich ihm wie durch eine Schutzmauer. Deutschland, wusste er wohl, war ein gefährliches Wort. Als sie nähertraten, merkten beide, wie der Mann die um ihn Stehenden in den Bann schlug. Dieser Jahn sprach nicht, sondern bellte wie ein großer Hund. Er hatte den Körper eines athletischen jungen Mannes und das weise Gesicht eines Priesters. Er war Mitte dreißig, aber er hätte jedes Alters sein können. Eine Traube von Menschen hatte sich um ihn gebildet. Von links kam ein schmucker junger Mann mit schlauen Augen und grüßte formvollendet die Frau des Abgesandten.

«Er fällt auf unter den Herrschaften mit ihren schneeweißen Strümpfen, nicht wahr?», bemerkte der schöne Mann. «Unser berühmter Deutschtümler in seiner altdeutschen Tracht.»

«Herr Varnhagen, wie schön, Sie zu treffen», freute sich die Frau des Abgesandten. «Wo haben Sie Ihre Frau gelassen?»

«Sie ist noch in Berlin.»

Elegisch dachte die Frau des Abgesandten an den berühmten Salon Rahel von Varnhagens, in den sie wohl niemals eingeladen würde.

«Rahel», sagte Varnhagen, «kommt in ein paar Tagen. Natürlich kann sie sich das hier nicht entgehen lassen.»

«Was spricht dieser Jahn so laut und rücksichtslos?», mischte sich der Abgesandte brüsk ins Gespräch, weil er entschieden fand, dass seine Frau dem Schnösel zu schmeichlerisch zugetan war.

«Nun, Jahn ist eben ein patriotischer Turner», versuchte seine Frau zu erklären.

«Ein Turner?!» Der Abgesandte schwieg. Er verstand erneut nicht, wovon seine Frau sprach. Aber hier wurde die Zukunft besprochen, und so nickte er feierlich und ratlos.

«Haben Sie nicht gehört, was er in Berlin treibt?», fragte sie.

«Berlin?», erwiderte er. «Was reden Sie jetzt ständig von Berlin?»

«Nun, auf den sandigen Hügeln vor Neukölln hat dieser Jahn allerlei Holzgerät aufgestellt, Pferdeböcke, Balken, um darauf zu balancieren, und Kletterseile, die vom Boden bis zum Himmel reichen. Der erste Turnplatz der Welt und dort der letzte Schrei. Eine große Zahl Jugend versammelt sich täglich. Sie machen sich fit.»

«Was, fit machen? Was reden Sie denn da? Sehen Sie sich mal die Stiefel von dem Kerl an!»

«Amüsant, nicht?», warf Varnhagen ein. «Diese Lässigkeit des Anzugs, der Einzige in Stiefeln, und bei dem trockensten Wetter in kotigen, sodass man glauben muss, er halte das zum Kostüm gehörig und habe sie mühsam eigens beschmiert. Ist es sein Markenzeichen? Man weiß es nicht genau bei diesem Jahn.»

Sie reckten ihre Köpfe zu dem Kraftmann. Jahns vorgetragener Franzosenhass wurde dabei goutiert, die Geißel der napoleonischen Fremdherrschaft steckte tief und voller pechschwarzer Kränkung in den Knochen. Bei seinen heftigen nationalistischen Reden für ein einiges Vaterland schaute man sich allerdings um, bevor man, wenn die Luft rein war, umso euphorischer lachte. Jahn erklärte nun, man müsse zum Schutz der deutschen Grenzen künstliche Wüsten installieren und hungrige Bären und andere wilde Tiere ansiedeln: «Schon in Altdeutschland», hörten ihn alle rufen, «ist ein Stamm und Ort umso berühmter gewesen, je größer und undurchdringlicher der Wald sein Gebiet ummarkt habe. Aus alten Klöstern entstehen dann Eulenschläge, Adlerhorste aus ausgebrannten Turmzinnen, unterirdisch aufgebaute Irrgebäude dienen gleich Schneckenbergen zu Werken für Giftschlangen. Die mit einer Doppelreihe von Verwallungen und Dornenhecken eingezäunte Wüste ist wenigstens ein Grad breit, kein Leichtfuß kann sie ohne Rast durchhüpfen.»

An Puste fehlte es Jahn nie. Er war in seinem Element, als er ein paar Köpfe weiter das edle Antlitz des Gelehrten Wilhelm von Humboldt sah und dies einen Schauer der Entrüstung auf sein schneeweißes Gesicht warf. Diese intellektuelle Elite! Er spuckte aus. Seine Brust bog sich kurz nach innen wie ein gebeuteltes Tier, um daraufhin noch stolzer hervorzuschwingen. Ihnen würde er die Meinung schon geigen. An der Berliner Universität hatte Jahn vor ein paar Jahren Professor werden wollen. Sie hatten ihn abgelehnt, durch die Prüfung war er gerasselt und mit ihren Augen hatten sie ihn ausgelacht, diese schmächtigen Schlümpfe!

Er schwang weiter seine Reden, doch im Laufe der letzten Tage war aus einem Zweifel zu Gewissheit geronnen: Hier in Wien sollte gar nicht die Idee des Nationalstaates verwirklicht werden! Die deutschen Fürsten, sie hatten daran kein Interesse. Sie wollten nur ihre Dynastien fortsetzen und die Bürger klein halten. Und Leute wie Humboldt halfen ihnen dabei. Sie wollten kein Gemeinsames, keine neue Gesellschaft. Er musste andere Wege finden. Und das würde man. Es war genau, wie sein revolutionärer Freund, der Dichter Ernst Moritz Arndt, der sich in Berlin «Allmann» nannte, vorausgesagt hatte. Diese Kongress-Aufführung war ein Schlag ins Gesicht der Anhänger der Nationalbewegung, die sich in den Befreiungskriegen gegen die Franzosen herausgebildet hatte wie ein starkes Kraut, das nie mehr vergehen würde. Jahn erinnerte sich an ein Wort Arndts: «Dieser Haß glühe als die Religion des teutschen Volkes, als ein heiliger Wahn in allen Herzen!»

Die Frau des Abgesandten blickte derweil zu Hardenberg, der für diesen Auftritt ja verantwortlich war. Der Preuße war Deutschlands wichtigster Mann in Wien, und er machte gute Miene, schien recht unterhalten vom Auftritt seines Turnmeisters. Für ihn hatte das alles seine Ordnung. Er konnte mit den Ideen des Nationalisten natürlich nichts anfangen. Aber all die deutschlandverrückten jungen Menschen, die der Turner mobilisierte, waren gut und wichtig für ihn. Dieser Jahn brachte Dinge und Menschen in Bewegung, Leute wie er selbst würden diese Energie abschöpfen und in die rechten Bahnen zu lenken wissen. Er nahm den Wirrkopf beiseite und stellte ihm lächelnd Wilhelm von Humboldt vor, der den Kraftmann innerhalb weniger Minuten sehr höflich rhetorisch auseinandernahm.

«Seien Sie jetzt still!», blaffte in dem Moment der Abgesandte seine Frau an. «Sie sollen mir nicht so viel erklären. Schon erst recht nichts mit Politik.»

«Natürlich, natürlich», sagte sie beruhigend. Sie kannte das schon. Sie hatte ihn überfordert. Es musste schnell ein anderes Thema her.

«Schauen Sie doch, mein Lieber», sagte sie, «das wunderschöne württembergische Paar, das wir schon gestern gesehen haben. Wie glücklich sie aussehen. Der junge schöne Stuttgarter Prinz und die russische Prinzessin. Sie müssen heiraten, weil ihre Fürstentümer es so wollen, und das Seltenste ist passiert: Sie lieben sich. Man sieht es. Wie sie tanzen und sich scheu in die Augen schauen. Wie groß der Prinz ist! Was für ein schönes rundes Kartoffelgesicht diese russische Prinzessin hat! Man sieht es wirklich. Das schönste Paar des Kongresses.»

«Ah ja, wunderbar», hauchte der Abgesandte, in dem noch immer das Chaos flimmerte. Das geht hier zu wie in einem russischen Roman, dachte er, immer kommt noch eine Figur um die Ecke. Und noch eine. Und dann noch eine.

«Aber so, mein Lieber, ist nun einmal die Wirklichkeit», sagte seine Frau, die seine Gedanken lesen konnte.

Auch Napoleon hatte Schwierigkeiten, die Realität korrekt einzuschätzen. Unterm Strich, begriff er bald, war es nicht wie früher. Er hatte zahlreiche Feinde, damit konnte er gut leben, doch auch etwas in ihm war anders, und das war dem Herrscher vollkommen unbegreiflich. Er konnte nicht darüber nachdenken. Das Einzige, das helfen würde, weil es immer geholfen hatte: der Krieg. So schnell und so hart wie noch nie.

6

LONDON

«Alles muss einen Anfang haben, um es mit den Worten Sancho Pansas auszudrücken; und jener Anfang», schrieb Mary Godwin später, «muss mit etwas verbunden sein, das zuvor geschehen ist.» Eine Erfindung schaffe man nicht aus dem Nichts, sondern aus dem Chaos. Und Chaos gab es genügend. Mary war nun siebzehn, schaute aus dem Fenster einer tristen Londoner Pension und sah die Wolken ziehen. Es waren puffige, niedliche Wolken, und sie flogen am Himmel, wie sie selbst durch die Welt gerauscht waren. Immer in Bewegung, immer sich verändernd. Die junge Frau fühlte eine bisher nicht gekannte Dankbarkeit dafür, dass sie noch lebte. Doch Mary wusste nicht, bei wem oder bei was sie sich dafür bedanken sollte. Was also war geschehen?

Sechs Wochen war das Trio nach dem Bruch mit ihrem Vater unterwegs gewesen. Zuerst fuhren sie mit der Kutsche an die englische Küste, dort hatte Marys böse Stiefmutter sie aufgetrieben. Wenigstens ihre leibliche, aber ebenso undankbare Tochter Jane wollte sie von diesem Debakel abhalten, am Ende musste sie erfolglos wieder abreisen. Und Mary, Jane und Percy segelten mit einem halb kaputten Schiff durch einen Sturm nach Frankreich. Nass und bleich wie Fische waren sie morgens in Calais angekommen. Klein fühlten sie sich angesichts des mächtigen Meeres, des Windes und der Nacht und groß, weil sie Ausreißer waren und es auf den Kontinent geschafft hatten. Vielleicht wollten sie für immer bleiben. Frankreich gefiel Mary: «Die Frauen tragen hohe Hüte und kurze Jacken, die Männer Ohrringe.» Sie fuhren los, zuerst in einem Cabriolet, das von drei Pferden gezogen wurde und über das Jane lachte, weil es nur zwei statt wie üblich vier Räder hatte. Kurz darauf beschlossen sie, durch das Land zu wandern, dabei begleitete sie ein alter, grauer Esel, der nach Körnern roch und die häufig müde Mary und das Gepäck trug. Heiß war es. Im Angesicht winziger, von aller Welt abgeschnittener Dörfer, in denen sich das Elend und die Pest der jahrzehntelangen europäischen Schlachten scheinbar für immer eingerichtet hatten, wurden Mary und die beiden anderen zu noch energischeren Kriegsgegnern. Oft gingen sie verloren, die französischen Führer liefen ihnen davon, die Betten ihrer Unterkünfte wimmelten von Flöhen, aber es war Sommer, es war das Land der Revolution und der kleine Baron parlierte. Mary und Jane neckten sich. «Frauen müssen befreit werden!», rief Percy. Die jungen Frauen sagten «Oha» und neckten ihn. Vor allem Jane, und am liebsten damit, dass sie ihm erzählte, wie sehr sie an Gott glaubte. Sie tat es ja wirklich. Sie glaubte an den lieben Gott, selbst war sie ein bisschen böse. Percy berührte Jane beim Balgen zu lange an den Hüften. Mary versuchte nicht hinzuschauen. Nachts schliefen sie oft in einem Bett.

Die Schweiz wirkte reinlich und strahlend weiß. An einem Bergsee hielten sie, Percy legte seine Kleider ins Gras und sprang hinein. Mary sah den langen, dünnen Körper vor dem Hellblau des Sees, und es war, als würde eine neue

Wirklichkeit sie allmählich wachpiksen. Der Anblick der Alpen erschütterte ihre Seele. «Ihre ungeheure Größe», schrieb Mary, «überwältigt die Vorstellungskraft, sie übersteigen jedes Fassungsvermögen so weit, dass es einiger Anstrengung des Verstandes bedarf, um glauben zu können, dass sie wirklich Teil dieser Welt sind.» Im Spiegel einer Herberge sah sie wie zum ersten Mal ihre blassgrünen, weit voneinander entfernten Augen, sah ihren kleinen Mund, erkannte sich selbst. «Wir waren zu glücklich, um zu schlafen», notierten sie in ihr gemeinsames Tagebuch. Tage und Nächte redeten sie und Percy, sie steigerten sich in höchste Höhen, sie waren sich so einig. In Deutschland fuhren sie mit einem Boot den Rhein hinunter und besuchten eine Burg mit dem Namen Frankenstein. Die Deutschen sahen abscheulich aus. Dann noch Holland. Mary soll dort eine Kurzgeschichte begonnen haben, sie nannte sie *Hass*.

Percy bildete sich mit Lust jeden Tag eine andere Krankheit ein, an der er sterben sollte. Jane wurde auf eine originelle Art bockig, Mary las ununterbrochen. Manchmal sprudelte es daraufhin aus ihr heraus, sie dozierte in einer spektakulär reflektierten Art und stellte verblüffende Verknüpfungen her, manchmal sagte sie keinen Ton und nahm einfach das nächste Buch. Jane meinte, Mary sähe weniger der neuen Länder als Romanseiten, und sagte, sie wolle jetzt Clara, nein, Clary, nein, Claire genannt werden. Claire Clairmont, das klänge glamourös. Als großes Problem stellte sich heraus, dass Percy vergessen hatte, genügend Geld mitzunehmen, und im Ausland kaum an etwas herankam. Mary und Jane hatten natürlich sowieso keines. Ziemlich abgerissen kehrten sie am Ende des Sommers zurück nach London. Gut ging es ihnen, sie hatten eine gemeinsame Erfahrung gemacht, vor allem die beiden Schwestern fühlten sich, braungebrannt und nach Landschaft und Gefahr duftend, wie Weltumsegler. Sie waren zurück. Und Mary war schwanger.

Ihr Herz pochte, es war unbegreiflich, in ihrem kleinen Bauch ein neues Leben. Mary, die immer etwas an sich hielt und die Dinge auf Distanz, hatte direkten Zugriff auf ihre Gefühle. Es war auch genau das, was ihr am meisten Angst machte. Ihre Mutter, sie eine Mutter, ein Kind! Sie fuhren direkt zu Godwin in die Skinner Street, aber niemand öffnete. Sie mussten wieder gehen, Percy mietete für alle drei eine Pension. Von Godwin kam ein Brief, dass er sie nicht sehen wolle, aber dringend das Geld von Percy brauche. Percys adlige Eltern waren zwar reich, hatten ihrem Sohn ob dessen Lebensführung jedoch den Geldhahn abgedreht. Schon vor der Reise hatte er immer wieder Kredite aufgenommen, die nur unter horrenden Zinsen auf das in Aussicht gestellte Erbe ausgezahlt wurden. Er brauchte Geld für ihren Lebensunterhalt, für Godwin, und seine Ehefrau meldete sich mit Ansprüchen. Die Percy unbedingt erfüllen wollte, er verteilte sein Eigentum gerne und freigiebig unter anderen. Wenn er über welches verfügte. Mit schweißnasser Stirn lief der zitternde Mann durch London, sein offenes weißes Hemd leuchtete in den Straßen. Mary saß in ihrem neuen Zuhause, das keines war, sondern klein und grau, billig möbliert und schmutzig. Sie briet sich Eier, in den Gardinen waren Löcher. Es wäre sinnlos, sich in die zwei Zimmer einzuschreiben, sie würden nicht lange bleiben. Auch Percys Frau Harriet war von ihm schwanger.

Auf der Reise hatten sie die Zweifel zerstreut und waren ihren Interessen gefolgt, den Büchern, die sie sich vorlasen, den Einfällen, die sie hatten, und der Landschaft, die wie Bilder in einem Museum mit jedem Schritt etwas Neues erzählten. Sie waren doppelt geflüchtet, in den offenen Raum und in Gedanken. Jetzt kam es dreifach zurück. Würde ihr Vater ihr verzeihen? Mary sehnte sich nach dem alten Godwin, sie wollte mit ihm sprechen. Über das Kind, über ihre Mutter.

Sie schlief in der Wohnung über ihren Griechischübungen ein, Claire kam mit Zeitungen hereingepoltert, in denen Berichte über den Dichter Lord Byron standen, dessen *Childe Harolds Pilgerfahrt* sie sich auf der Reise schwärmerisch vorgelesen hatten. Die Schwester konnte über nichts anderes reden. George Gordon Byron war nur fünf Jahre älter als Percy, sein Weltschmerz und sein Stil trafen direkt in die Herzen der jungen Leute, die vom Ausgang der Revolution in Frankreich frustriert waren und desillusioniert auf die Gegenwart blickten. Byron schrieb über Reisen durch das fremde Griechenland, Spanien und Albanien, über Sex mit Frauen und Männern, über den glorreichen Tod, über sich, sein eigenes, anderes, heroisches Leben. Zwei Jahre zuvor war er wie eine Rakete in die Welt der Literatur geschossen und überragte seitdem alle anderen. Was wirklich erlebt, was ausgedacht war in seinem Werk, das wusste dabei niemand. Ein Außenseiter, ein Superstar, das erste Individuum Englands. «Mad, bad, and dangerous to know!», brüllte Claire die Wörter aus der Zeitung. Nun hatte er ein Verhältnis mit seiner Halbschwester Augusta, und über diesen inzestuösen Skandal der Saison zerriss sich ganz London das Maul. Sogar ein Kind sei aus der Affäre hervorgegangen. Es schien zwar, als könne der Dichter dem gesellschaftlichen Furor durch eine Finte entgehen, denn er habe die angesehene Lady Milbanke um ihre Hand gebeten, erklärte Claire atemlos Mary, der das völlig egal war. «Und sie hat sogar angenommen!», rief Claire. «Das macht ja überhaupt keinen Sinn. Oder verstehst du das, Mary?» Mary schaute aus dem Fenster. Das ergab wirklich keinen Sinn. Sie war froh, dass sie selbst nicht berühmt war. Percy wäre gerne so berühmt. Und Claire wäre gerne entweder Augusta oder diese neue, edle Lady Milbanke.

Ende des Jahres klopfte es laut an der Tür, Mary öffnete dem Gerichtsvollzieher. Er sah sie an wie den letzten Dreck, dann schaute er sich um: Nichts in dieser Wohnung sei etwas wert. Was seien das für Papiere? Ein Manuskript, sagte Mary und stürzte sich schützend auf Percys Stapel Blätter wie einen Goldschatz. Der Gerichtsvollzieher sah sie mitleidig an. Shelley müsse zahlen, sofort. Er schlug die Tür hinter sich zu. Detektive seiner Gläubiger und die Polizei von London waren Percy nun auf den Fersen, er schlief auf der Couch von Freunden, um am Tag bei Kreditgebern und Verlagen anzuklopfen. Manchmal hatten Mary und Claire abends nichts zu essen. Mary konnte Percy nur im Geheimen treffen, in Cafés, in Parks.

«Ich kann nicht mehr», heulte der stets optimistische Percy einmal verzweifelt und vergrub seine Hände in den Haaren. «Gefällt dir überhaupt, was ich schreibe?» Sein Kopf zuckte ruckartig nach vorne. Seit ein paar Wochen plagten ihn krankhaft sich entladende Muskelspannungen, oft stolperte er oder fiel einfach um. Mary sagte: «Du bist ein genialer Autor, konzentriere dich nicht auf die Politik, sieh in dich hinein.» Er lief wieder los, und Mary blieb sitzen. Es kam die Nachricht von Harriets Entbindung, ein Sohn. Percy berichtete jedem, wie stolz er über sein Kind war, immerhin ein legitimer Erbe. Mary musste sich übergeben, lernte Griechisch, las Bücher, es gelang schlecht.

Anfang 1815 war die Kommune, an die Percy noch zu glauben schien, ein Irrenhaus. Und nur ein Irrer wie er konnte das nicht sehen. Der Einzige, der in dieser Zeit etwas Ruhe in Marys Leben brachte, war Percys Freund Hogg, der sie in der Pension besuchte. Er hatte damals mit Percy das Atheismus-Manifest herausgebracht, brachte nun eine Decke, schmierte ein Brot, fragte nach. Einfache Dinge, die Mary sonst nicht viel bedeutet hätten. Hogg war größer als Percy, weniger hübsch, aber belastbarer. Er wollte Rechtsanwalt werden, seine goldbraunen Haare machten einen Wirbel genau in der Mitte der Stirn. Mary merkte, dass Hogg sie womöglich mehr mochte, als sie es vertragen konnte. Sie wollte es mit Percy erörtern, der lachte verzerrt: «Hogg, wie schön!»

«Was meinst du?» Mary verstand nicht.

«Ja, geh doch einen Schritt auf ihn zu», sagte ihr Geliebter.

«Was?»

«Er ist doch ein toller Mann, nicht? Hogg hat mir erzählt, dass er dich liebt. Ich habe ihn ermutigt. Es ist schön, die Liebe zu teilen.»

Auch Mary wollte neue Parameter. Aber sollte das bedeuten, zurückgelassen in einer hässlichen Wohnung zu sitzen und sich auf die Käsebrote eines Mannes zu freuen, den sie nicht liebte? Es müsste anders sein, nur fehlte ihr augenblicklich die Fantasie für ein solches Szenario. Sie wurde sauer auf sich. Mary konnte sich nicht konzentrieren, fand keine Gedanken, dachte an ihre Mutter, die geschrieben hatte: «Ich werde nie meine intellektuelle Arbeit gegen häusliche Zufriedenheit eintauschen.» Sie war willentlich erst mit 35 zum ersten Mal schwanger geworden. Bis dahin sorgte sie sich um sich selbst und die Veränderung der Gesellschaft. Es war für ihre Mutter selbstverständlich gewesen, dass Mann und Frau durch geistige Arbeit glänzten. Mary spürte schwer das Familienerbe, dem sie nicht genügte. Sie meinte, sie sähe ganz falsch aus mit ihrem dicken Bauch.

Hogg gestand brieflich seine Liebe, Mary schrieb ihm zurück. Sie schrieben alle so viele Briefe, oft den ganzen Tag lang. Sie verschickten Briefe in Briefen, per Post, über Mittelsmänner und -frauen. Mary schrieb, bald, wenn das Kind da ist, werden wir auf grünen Wiesen liegen, alle zusammen, ich werde dich neu ansehen. Sie schickte ihm eine Haarlocke. Er berührte sie nun öfters. Sie konnte nicht mehr schlafen, ihr Kopf war leer, sie hatte Schmerzen im Bauch, alles an ihr wurde immer noch dicker, ihr Rücken tat weh, ihre Brüste taten weh, darunter raste ihr Herz.

Percy wurde ihr fremd, und sie vermisste ihn. Trotz alledem! Und gerade wegen all dem. Jane, beziehungsweise Claire, und er waren jetzt ständig zusammen, immer draußen, kamen spätabends lachend durch die Wohnungstür gewankt und verstummten dann wie erwischt. Sie hörte sie nachts exaltiert im anderen Zimmer schreien. Als sie zu Hause saß, dachte sie einmal: Wenn dies ein schöner Raum wäre, die Gardinen hellgelb schimmern würden vom Licht, der Teppich üppig und aus einem fernen Land, es einen riesigen, von Hand gedrechselten Eichenschrank gäbe, in dem ihre Kleider aufgereiht hingen und ein, zwei oder drei

Zimmer mehr. Größere Zimmer, in denen es nach Rosen, Zedernholz und frischem Brot duftete. Jedes hätte einen Kamin und jemand hätte dafür gesorgt, dass alle Feuer brennen. Wie es wäre, eine Baronin zu sein. Denn sie war die Geliebte eines Baronensohns, bald die Mutter seines Kindes. Sie war die legitime Erbin einer Geistesdynastie, die ihre Eltern vorbereitet und ihr hinterlassen hatten. Und sie war das alles doch ganz offensichtlich nicht. Sie war keine Herrscherin, keine Bezwingerin. Aus ihrer Brust trat ein wenig milchige Flüssigkeit, die ihre Bluse dunkel färbte. Eines Abends reichte es ihr.

«Warum hast du Harriet verlassen?»

Percy schaute sie konsterniert an. «Es ging nicht mehr, ihre nörgelnde Schwester, ihre Mutter, auch sie selbst, sie haben nichts verstanden. Und dann kamst du.»

«Wann wirst du mich verlassen?»

Er schaute weg, sah aus dem Fenster.

Mary hatte in den letzten Monaten viel über Percy verstanden. Er fand nirgends Halt, und das machte ihn unberechenbar und zugleich weich wie ein kleines Tier. Und doch strotzte er vor geistiger Kraft. Er war der, an den sie glaubte, den sie liebte, den sie von allen Menschen am meisten bewunderte. Weil er Gedichte schrieb, die es noch nie auf der Welt gegeben hatte, so fragil, musikalisch und glänzend waren sie. Und er war der Einzige, der an sie glaubte. Das sah sie in seinen Augen, das spürte sie, wenn sie nebeneinander einschliefen. Doch bevor Mary aus Schottland zurückgekommen war, das wusste jeder, hatte Percy ihre Schwester Fanny verliebt gemacht. Jetzt Claire. Wusste er, was es für sie bedeutete, ein Kind zu bekommen? Wie viel Angst sie hatte, bei der Geburt zu sterben wie ihre Mutter. Angst, das nicht sein zu können: Mutter.

Im Februar wurde ihre Tochter geboren. Es tat so weh wie noch nie etwas zuvor, als würde sie einen glühenden riesigen Messerstein aus sich herauspressen. Die Geburt verlief so schnell und plötzlich, dass man nicht einmal nach einem Arzt rufen konnte. Als er kam, sagte er, das Kind werde nicht überleben. Es war zwei Monate zu früh geboren. Mary wollte es nicht hören und nannte das Baby Clara. Es atmete, lebte, man konnte es ansehen, fühlen, es hatte kleine Hände, Beine und grüne Augen. Sie alle waren für zehn Tage glücklich. Bis Mary das Baby eiskalt in seinem Bettchen entdeckte. Der Tod. Mary fiel einfach in den Boden, schwarz und unendlich. Das Baby war elf Tage nach der Geburt gestorben, ihre Mutter war zehn Tage nach ihrer Geburt gestorben, niemand blieb bei ihr. Sie schaute Percy nicht mehr an. Sie berührte ihn nicht mehr, sie ließ sich nicht berühren. Sie lag in ihrem Bett, tat nichts. Es war, als wäre sie von der Erde verschwunden und nur noch als Hülle da. Ihre Haare berührte sie wie die einer Puppe. Percy versuchte, sie aus der Lethargie zu befreien, schaffte es nicht, zog weiter mit Claire um die Häuser und stank nach Leben. Es war der schlimmste Geruch.

Mary hatte später einen Traum, sie notierte in ihrem Tagebuch, wie sie auf einmal nicht mehr an den Tod ihres Kindes glaubte, sondern «dass es nur kalt war und dass wir es am Feuer gerieben haben und es lebte …» Sie machte sich Vorwürfe, träumte in der Nacht und am Tag und kam immer zum selben Punkt – «dass ich eine Mutter war und es jetzt nicht mehr bin». Hogg kam und schmierte ihr ein Brot mit Käse. Sie aß es nicht. Einmal trank sie eine Flasche schlechten Rotwein, die in der Küche stand, in drei Zügen leer. Sie hasste sich. Es war ihr egal. Ihr sturer Vater, der immer noch nicht sprach, der dumme, kleine Loser-

Dichter Percy, ihre geisteskranke, egoistische Halbschwester. Percy bekam kein Geld, Claire machte weiter schreckliche Szenen. So vergingen die Tage und die Wochen und es wurde langsam Frühling. Der Wind wurde warm, die Tage vergingen und es kamen neue Tage. Und immer neue Tage. Und auf einmal stand Mary auf. Sie wusste nicht warum. Sie merkte, dass sie durch London lief. Ein paar Tage später nahm sie ein Buch und las darin, plötzlich roch sie die Luft, hörte die Vögel laut und durcheinander singen. Es gab keine Erklärung dafür, dass sie wieder erwachte, es gab keinen Grund aufzuhören zu trauern, außer die vergangene Zeit.

7

SUMBAWA

Am 10. April 1815 explodierte der Tambora. Drei glühende Lavasäulen schossen in den Himmel, fielen wieder herab und verwandelten den Vulkanberg in ein Inferno aus Feuer. Millionen Tonnen aus Gestein, Gas und Staub kämpften sich durch den Schlund und stießen unter unvorstellbarem Donner in alle Richtungen. Es war so furchtbar laut, dass man noch viele Inseln entfernt erschrak. Glutlawinen jagten in Schallgeschwindigkeit die Flanken des Berges hinab und schnappten nach den umliegenden Dörfern. Der Magmastrom sah aus, als würde er sich in Zeitlupe bewegen, meinten die, die am Fuße des Berges standen und den Strom noch ein paar Sekunden auf sich zuschießen sahen, bevor er ihre Körper schmelzen ließ. Er traf den Ozean mit solcher Kraft, dass sich ein mächtiger Tsunami bildete. Zugleich ließ die heiße Luft, die aus dem Schlund kroch, Orkanwinde zusammenlaufen, die Häuser und Menschen aufs Meer hinaustrugen. Die Erde bebte, alles ging in Flammen auf, selbst kleinste Fliegen fingen Feuer.

Eine Gruppe von ungefähr fünfzehn Leuten ritt wie von Sinnen zwischen zwei schmatzenden Lavaflüssen. Ganz vorne peitschte und schrie ein in die bunten Gewänder des Stammeshäuptlings gekleideter Mann, es war der Radscha von Sanggar. Auf seinem vom Schweiß glänzenden, galoppierenden Hengst trug er vor sich im Arm sein Kind. Noch ein paar Stunden kreisten kreischend schwarze Vogelschwärme durch einen Hagel aus Geröll, der zugleich aus dem Erdinneren flog und vom Himmel zu fallen schien. Kurz darauf war fast jede Form von Leben ausgelöscht. Auf Sumbawa und den Nachbarinseln starben in kürzester Zeit Tausende Menschen. Die folgenden sechs Tage vergingen in vollständiger Dunkelheit, der Tambora tobte noch weiter. Als Dunkel wieder Hell wurde, war niemand mehr da, um zu sehen: Der viertausend Meter hohe Berg war um die Hälfte geschrumpft, und ein ganzes Ökosystem war mit ihm verschwunden. Beim ersten Opfer, da sind sich die Experten sicher, handelte es sich um einen gewissen Mr. Israël, der Mann, der gerufen worden war, um in den Vulkan zu schauen. Er war einen Tag zuvor angekommen und hatte sich bereits auf dem Weg zum Gipfel befunden.

Weit entfernt vom Ort der Explosion, auf der Insel Java, schreckte der britische Oberbeamte und Chef der Kolonie Indonesien aus einem Nickerchen. Thomas Stamford Raffles, 35 Jahre alt, auf See geboren, zudem Forscher, Freimaurer und für die humanistische Führung seiner Kolonie bekannt, deutete das Gebrüll des Berges als weit entferntes Kanonenfeuer. Die Briten hatten Java und die umliegenden Inseln erst vier Jahre zuvor den Franzosen abgeknöpft, die sie ihrerseits gerade erst den Niederländern abgenommen hatten, die die Inselstaaten aus dem Besitz der Portugiesen errungen hatten, um als erste Europäer den Gewürzhandel zu übernehmen, den zuvor Araber und Chinesen kontrolliert hatten. Den Handel mit Gewürzen übernahm man, und natürlich die Menschen, die hier seit Millionen Jahren lebten. Raffles schnalzte müde mit der

Zunge und drehte sich auf der knarzenden Pritsche um die eigene Achse. Das Geknalle hörte nicht auf. Er sprang vom Lager auf in die Kleidung und sah seine Leute in Hektik begriffen. Kurz darauf wehte ein breiter Nebel über Java. Die Sonne verblasste, die Luft war drückend schwül. Alles schien so still.

Am nächsten Morgen war die Umgebung von einer dicken tiefgrauen Ascheschicht benetzt, die nach Lehm roch. Raffles haute mit der Faust auf den Tisch. Eine Kerze kullerte aus ihrer Fassung und plumpste zu Boden, erlosch, es war wieder stockfinster. Dabei ging es auf drei Uhr nachmittags zu. Es war der zweite vollkommen lichtlose Tag nach dem Getöse. Er beschloss, das Geknalle nicht auf irre indonesische Piraten- und Sklavenhändlerkriege zurückzuführen. Nein, es musste sich um einen entfernten Vulkanausbruch handeln. Sein Gedanke war ein Lichtblick gewesen, meinte Raffles, aber die Dunkelheit blieb. Viele hundert Kilometer um den Tambora herum, das konnte er zu diesem Zeitpunkt natürlich nicht wissen, lag die Welt mehrere Tage in totaler Finsternis.

Raffles hob die elende Kerze auf, zündete sie wieder an und diktierte: «Fragenkatalog entwerfen, an alle britischen Residenten schicken, oder einfach, was soll's, an alle Inselkönige: Wie sieht es aus bei ihnen?» Dann schob er halb in Gedanken nach: «Wir müssen das aufklären.» Sein Assistent gab einem Sklaven den Schrieb, der lief mit dem Blatt davon. Raffles schickte alle hinaus, ging zu seinem in der Ecke angebundenen Orang-Utan, den er von einem Prinzen geschenkt bekommen hatte, und streichelte ihm die Hand. Er hatte dem Affen Menschenkleider angezogen, ein blaues Hemd und auch ein passendes gestreiftes

Hütchen. Der Affe guckte lieb, er wollte eine Banane haben. Wenn das wirklich so wäre, mit dem Vulkan, so viel wusste Raffles, dann könnte das alles zerstören. Seine ganze javanische Idee.

Raffles war seit vier Jahren hier, die Welt aus tausend Inseln hatte ihn sofort begeistert. Anders als alle anderen hohen britischen Beamten, die ihm begegnet waren, kam er selbst von nichts. Raffles hatte sich von einem dreckigen britischen Hafen aus hochgearbeitet, nur zwei Jahre durfte er in die Schule gehen, als Teenager war er in die Dienste der Britischen Ostindien-Kompanie eingetreten, mit fünfundzwanzig zum ersten Mal auf einem Dreimaster nach Malaysia gefahren. Auf der sechsmonatigen Seereise hatte er Malaiisch gelernt. Raffles wollte immer schon fort. Er zeichnete sich dabei durch ein stures Selbstvertrauen aus, von dem schon seine mittellosen Eltern nicht wussten, woher er es hatte. Sich selbst beschrieb er mal als «unersättlich ehrgeizig, aber doch sanftmütig wie ein Mädchen». Raffles wollte geliebt werden. In dem paradiesischen Eiland sah er die Zukunft seines Landes. Die Holländer hatten die Eingeborenen zwanzig Jahre lang mit eiserner Brutalität geknechtet, geschändet, ermordet und alles, was sie zusammenraffen konnten, in ihre Heimathäfen transportiert. Raffles verachtete das zutiefst. Jedenfalls den ersten Part. Er kam als helfender Freund, nicht als Unterdrücker. Es musste den Moment der Befreiung geben, das erst würde zu etwas Neuem führen. Die Ureinwohnerinnen und Ureinwohner sollten es selbst verstehen, daran glauben, davon überzeugt sein. Auch sie würden vom freien Handel profitieren. So hatte er das Leben der Bewohner und ihrer Insel zu studieren begonnen. Dazu hatte er ein Expeditionsteam aus jungen Beamten und Einheimischen zusammengestellt, die seine Euphorie teilten. Sie nahmen Bodenproben, pressten Pflanzen, sammelten Pilze und Hölzer aller Art, maßen den Meeresspiegel, zählten Menschen, Tiger, Skorpione oder Heuschrecken. Mit Vergnügen investierte Raffles in die Forschung, aus einer riesigen schwarzen Kiste gab er jedem, zahlte korrekt. Raffles hatte Künstler angeworben, die ihm Bilder malten von wilden Tieren, noch unbekannten Pflanzen, barbusigen Frauen und Palmen vor unwiderstehlichen Sonnenuntergängen. Das würde in London jeder verstehen. Auf Grundlage dieser Quellen schrieb er jeden Abend im Kerzenschein fieberhaft an der Geschichte von Java. Er, Thomas Stamford Bingley Raffles, würde diese Geschichte zum allerersten Mal zusammenfassen. Er hatte ein paar heimische Königreiche mit Gewalt in die Schranken weisen müssen. Die jungen, heißblütigen Eingeborenen-Herrscher waren zuhauf dem Islam verfallen und nicht von dieser abstoßenden Religion abzubringen, die nirgendwohin führte, außer zurück ins Mittelalter. Die Briten hatten sie niedergemetzelt und ihre Kostbarkeiten unter sich verlost. In ein paar Monaten würde er sein Buch in England publizieren, und jeder würde sehen: Das ist die neue Welt. Kommunikation. Freundschaft. Kollaboration. So ein Vulkanausbruch war nicht gut. Wie sollte man da wirtschaftlich planen?

Die ersten Depeschen kamen aus den Residenzen zurück und unterstützten seine spontane Analyse des Geschehens. Raffles wollte ganz im Gegensatz zu seiner sonst zupackenden Art von all dem nichts mehr hören. Zuerst tage-, dann wochenlang. Er verkroch sich im Dschungel, mit einem Kescher und einem Koffer bewaffnet, einen Tropenhut auf dem Kopf. Er ließ seinen roten Bart wachsen, wagte sich gefährlich weit in die grüne Hölle vor und blieb immer länger weg. Kehrte er zurück in sein aus bestem Holz gebautes Regierungsschloss, schlief er Tage durch, besprach alles mit seinem Orang-Utan und schrieb lange Listen von zu besorgenden Geräten zur Erfassung des Dschungels.

«Wo soll ich das denn bestellen? Das wird ewig dauern. Das ist doch das Allerneueste. Das kennt doch niemand», erwiderte sein Assistent traurig.

«Alles, was Humboldt hat», gab Raffles zur Antwort, und seine Hand flatterte geistesabwesend in der Luft. Er war ein großer Bewunderer des deutschen Forschers und Entdeckers.

Sein Assistent machte sich Sorgen um Raffles, er blieb viel zu lange im Dschungel. Vor einem Jahr war die Frau seines Vorgesetzten gestorben, die dieser über alles geliebt hatte. Da hatte er sich ähnlich benommen.

«Wie Humboldt! Wie Humboldt!», brüllte Raffles, weil er merkte, dass sein Assistent mit den Gedanken woanders war.

«Ja, ja», erwiderte dieser erschrocken und ließ Raffles wieder in den Dschungel rennen. Er sah noch den Tropenhut und den angeborenen Buckel seines Chefs.

Aber es musste etwas geschehen. Einige Tage später hatte Raffles einen seiner Leutnante, Owen Philipps, zu sich beordert.

«Philipps», hatte er gesagt und sich am Bauch gekratzt, «was ist die Insel für Sie?»

«Die Insel, nicht? Ja, die Insel. Was ist die Insel?»

Der Leutnant konnte einigermaßen segeln, ein tatkräftiger Entscheider war er nicht.

«Was glauben Sie, was da draußen vor sich geht?»

«Es sieht nicht gut aus, oder?»

«Nein Leutnant, es sieht hundsmiserabel aus! Stellen Sie ein schnelles Schiff zusammen, machen Sie los. Wir müssen das aufklären. Und nehmen Sie ein paar Tonnen Reis für die Einheimischen mit. Denen wird es nicht gut gehen. Wir müssen jetzt etwas tun. Sonst wird das alles nichts mehr. Mein Buch, verstehen Sie?»

«Ihr Buch?»

«Ja, mein Buch.»

«Ich soll das machen?»

«Ja, Sie!»

Schweigen.

«Gehen Sie schon. Gehen Sie mir aus den Augen. Und kommen Sie mit Verwertbarem zurück!»

Raffles richtete sich auf und strich auf seiner wie jeden Tag ordentlich gebügelten Uniform herum. Er steckte sich einen kleinen Salzfisch in den Mund und leckte über seine Lippen. Es tat gut, so schneidig zu sprechen.

Leutnant Philipps hatte an Raffles immer die Energie des Willens bewundert. Er konnte Dinge ins Rollen bringen. Einfach, weil er es unbedingt wollte. Der melancholische Philipps, der abends gerne in alten Romanen schmökerte und sich davonträumte, würde niemals so weit kommen, denn er war zu schlau dafür und gleichzeitig zu dumm. Er würde ewig Leutnant bleiben. Sobald er über eine neue Idee nachdachte, drangen seine Gedanken zu schnell zu weit über die eigentliche Durchführbarkeit hinaus, ins erneut Spekulative, alles konnte immer auch das Gegenteil bedeuten, genau anders herum angesehen werden. Seine

Gedanken schwächten beziehungsweise zerstörten dadurch das Zustandekommen jeder Tat. Überhaupt keine Energie des Willens. Raffles dagegen war so verschlungen von sich und davon, fortzukommen, dass irgendwann Geschichtsbuchreifes dabei rauskommen würde.

Philipps machte sein Boot zurecht und segelte los. Sobald man segelte, verschwand die Angst. Doch diesmal war etwas anders. Je weiter sie in die Schwärze vordrangen, desto demütiger wurde Philipps' Besatzung. In den nächsten Tagen sammelten sie Überlebende von kleinen Inseln ein, die Einwohner standen meist nicht weit vom Ufer entfernt, hüfthoch in Asche, ihre Oberkörper und Köpfe vollkommen überdeckt von schwarzer Materie. Es stank nach verfaulten Eiern. Das Weiß ihrer verrückt gewordenen Augen glänzte in der Dunkelheit.

Sein von Asche besudeltes Schiff konnte mit Mühe an einem beinahe zerstörten Steg der Insel Dompo andocken, später schilderte Philipps: «Das Elend der Bevölkerung war auf den höchsten Gipfel gestiegen und entsetzlich anzusehen. An dem Wege lagen noch Überbleibsel von Leichen um die Plätze her, wo die übrigen soeben begraben worden waren. Die Dörfer waren entvölkert, die Häuser eingestürzt und halb unter der Asche begraben; die wenigen übrig gebliebenen Einwohner irrten hungrig umher, um einige Nahrung aufzusuchen. In Dompo, Bima, Sanggar hatte sich bald nach dem Ausbruch des Vulkans eine heftige Diarrhoe ausgebreitet, wodurch in wenigen Tagen eine große Menge Volks hingerafft wurde. Die Eingebornen schoben diese neue Plage auf das Wasser, weil es mit vulkanischer Asche vermischt war.»

Seine Mannschaft schlug ein Lager in der Nähe einiger kaputter Holzhäuser auf. Laut Philipps' Karte sollten sich in der Gegend sechs Fürstentümer befinden, aber es war nichts, wirklich gar nichts zu sehen. Es kostete einige Mühe, temporär einen Hauch englischer Klarheit und Aufgeräumtheit zu installieren, denn so viel verstand der Offizier von den großen Schriften der Aufklärung, dass doch alles seine Ordnung haben musste. Die Nacht verbrachte er vorerst lieber an Bord seines Schiffes.

«Wer soll denn da kommen?», fragte ein neunmalkluger Matrose.

«Da kommt schon wer. Reis», sagte Philipps. Er schickte einen Erkundungstrupp los. Zwei Tage später kam ein Mann, der sich als König der Insel vorstellte. Ihn begleiteten vier Männer, ebenso abgemagert. Sie husteten ununterbrochen. Philipps wartete ab und schaute ihn vom Schiff aus an. Als er dem Fürsten später gegenübersaß, sagte dieser: «Ich bin der Radscha von Sanggar. Dort ist mein Reich.» Er machte eine Handbewegung nach Norden. Philipps schaute konsterniert der Hand des Radschas hinterher, auf das endlose Elend, das im Norden und überall sonst war. Der Radscha machte komische Sachen mit den Augen. Philipps schaute schnell weg. Die Augen waren verschmiert mit schwarzer Schminke, vielleicht war es Asche. Den Mittelscheitel hat er penibel gekämmt, dachte Philipps. Der Radscha verstand etwas von Menschen. Aber die Hälfte seines Gehirns hatte der Vulkan ihm gestohlen. Und seine kleine, schöne Tochter, die vor vier Tagen einfach aufgehört hatte zu atmen. Mit ihr war ein Teil seiner Seele ausgelöscht worden.

Sie hatten nichts zu essen. Er und die anderen Leute, die nicht seine Leute waren. Seine Leute waren tot. Als er gehört hatte, dass die Weißen mit einem Schiff voll Reis hier angelangt waren, ging er hin. Nun sah er den weißen Mann mit dem roten Schnurrbart und den roten Haaren und den roten Pusteln auf den herabhängenden Backen. Er sah aus wie ein müdes Tier. Sie hatten so stummelige Stimmen, überhaupt keine Muskeln und den Blick von Idioten. Wie konnte man so wenig von der Welt und ihren Geschichten verstehen und so viel Reis und Gewalt besitzen?

«Nein, von dort sicher nicht.» Philipps schüttelte den Kopf. «Im Norden ist niemand, keiner hat überlebt.»

Der Radscha schaute Philipps mit leeren Augen an und hustete eine Minute lang Asche. Er wusste selbst nicht, wie er es geschafft hatte. Es kam ihm lange her vor. Der Radscha und einige Mitglieder seiner Familie gehörten zu den einzigen Überlebenden, sie waren immer weitergeritten, bis ans Ende, bis ganz ans Ende. Grimmig schaute er den Übersetzer an. Der Übersetzer gab Philipps ein Zeichen, er wirkte abwesend. Auch er schien langsam den Verstand zu verlieren. Der Radscha grunzte. Er wollte Reis, Philipps wollte seine Geschichte. Der Radscha begann zu erzählen.

Einige Wochen später berichtete Philipps Raffles:

«Der Radscha war Augenzeuge des schrecklichen Schauspieles; ich zeichnete daher seine Erzählung sogleich auf: ‹Ungefähr 7 Uhr nachmittags, am 10. April, brachen am Gipfel des Tambora drei getrennte Feuersäulen aus; doch alle, wie es schien, innerhalb des Kraters. Diese Säulen stiegen hellflammend sehr hoch in die Luft und vereinigten sich in einem Feuerstrom. Im Augenblick darauf war der ganze Berg eine Masse glühender Lava, die nach allen Seiten herabströmte. Der ganze Horizont stand in Feuer und Flammen, bis die niederfallende Asche und die Steine eine Stunde darnach diese abscheuliche Glut stossweise verdunkelten. Zu Sanggar fiel eine unbeschreibliche Menge Steine nieder; einige so gross, als zwei Fäuste; doch die meisten nicht grösser, als eine Nuss. Zwischen 9 und 10 Uhr nahm die Masse der niederfallenden Asche und Steine immer mehr zu und mit einem Mal entstand ein heftiger Wirbelwind, welcher alle Häuser in Sanggar umwarf und die Dörfer mit sich in der Luft fort führte. In dem Theile von Sanggar, der an das Land Tambora grenzt, wurden die grössten Bäume mit der Wurzel aus dem Boden gerissen, und zugleich mit Häusern, Menschen und Vieh in der Luft weggeführt. Das Meer stieg plötzlich 12 Fuss höher, als je zuvor bei der höchsten Springfluth erlebt worden, und in einem Augenblick waren die einzigen fruchtbaren Felder der Insel mit Menschen, Häusern und allem, was sich darauf befand, ein Raub der Wellen.'»

Philipps floh kurz darauf von der zerstörten Insel, den drei vom Erdboden verschluckten Fürstentümern, den toten Menschenleibern am Strand, den hungernden Gesichtern, die das giftige Wasser aus dem Meer tranken und graue Blätter aßen. Anfang des 19. Jahrhunderts entwickelte sich in Europa die Vorstellung von den ihrer eigenen hellen Vernunft entgegenstehenden unheimlichen und dunklen Kolonien. Für seine Geschichte gab Philipps dem Radscha die Hälfte des Reises. Es war eine gute Geschichte, es war viel zu wenig Reis. Die Beschreibung des Radschas gilt bis heute als der einzige Augenzeugenbericht über den Vulkanausbruch von Tambora.

8

LONDON

Es war seltsam, ein siebzehnjähriges Mädchen zu sein und gesellschaftlich geächtet. Es war seltsam, mit siebzehn sein Kind verloren zu haben und erneut schwanger zu sein. Es war in diesem Juni schon wieder schrecklich seltsam, Mary Godwin zu sein.

Wenn Mary es nicht mehr ertrug, dass ihre Familie und fast alle ihre Freunde sie mieden, wenn sie die kleine, finstere Wohnung nicht mehr aushielt, weil es von draußen nach Fäkalien, Fleisch und Kohle stank und weil ihre Schwester darin war, die mit Percy schlief und der wieder unterwegs war, immerfort, dann lief sie mit einem Buch unterm Arm durch die im Frühling dampfenden Straßen Londons. Mary trug eine schwarze Strickjacke über ihrem hellblauen, ausgebleichten Lieblingskleid und einen verbeulten Hut. Durch die Sommerkleidung streichelte sie über ihren Bauch. Er war ganz straff und sie fand, er wölbte sich. Sie hatte noch niemandem von ihrer Ahnung erzählt.

Mary ging umher und versuchte nachzudenken. Sie stand an der Themse und hielt ihren Kopf in die Sonne. Das Wasser floss träge dahin, riesig breite Schiffe fuhren auf dem Fluss, beladen mit Kohlelieferungen für die ganze Stadt. Bizarr mit Schwarz beschmierte Arbeiter grimassierten ihr vom Deck aus entgegen. Es hatte Momente gegeben, als sie vor knapp einem Jahr durch Frankreich und die Schweiz getingelt waren, als die Wörter, die Mary täglich in Mengen einsog, nicht mehr flohen, sondern geordnet vor ihr standen wie Geschenke und geduldig darauf warteten, ausgepackt zu werden. Schon bald waren sie in dem Londoner Durcheinander wieder verloren gegangen. Genau dort auf der Brücke, unter der das Schiff gerade hindurchfuhr, hatte ihre Mutter sich umzubringen versucht. Mary schloss die Augen. Wenn man die Sonne auf die Lider knallen ließ, war sie trotzdem in einem drin. Sie strahlte durch alles hindurch und machte es orange. Mary roch den Pferdedung, hörte das schmutzige Wasser und die Kutschen auf dem Kopfsteinpflaster, das Gezänk und Gebrüll der Menschen. Zwei Mal hatte ihre Mutter es versucht. Beim ersten Mal hatte sie Gift geschluckt, fünf Monate später an dieser Stelle schwere, glitschige Steine in die Taschen gepackt, und dann war sie von der Brücke in die Themse gesprungen. Bewusstlos, fast tot hatte man Mary Wollstonecraft kurz darauf herausgefischt. Da war sie 36 Jahre alt.

Ein Gewusel aus Menschen schob sich über die Putney Bridge, über zehn Meter war die Mutter von dort oben gefallen. Mary glaubte nicht, dass Kinder öfter an ihre Eltern dachten, wenn sie gestorben waren, als wenn sie noch lebten. Sie dachte deshalb so oft an ihre Mutter, weil diese die ganze Zeit mit ihr sprach. Sie las in ihren Büchern ihre Gedanken nach und versuchte, Antworten für ihr eigenes Leben daraus abzuleiten. Sie war angefüllt von unermesslichem Stolz, dass sie die Tochter ihrer Mutter war.

Mary Wollstonecrafts Mutter hatte nie ihre Stimme erheben, sie war kraftlos wie ein Herbstblatt. Die junge Mary gründete mit ihren Schwestern eine Schule, später schlug sie sich als Gouvernante durch, dann entschied sie sich, Autorin zu werden. Hochintelligent und empathisch verfügte Mary Wollstonecraft schon bald über einen großen Freundeskreis. Der Freiheitskämpfer Thomas Paine gehörte dazu, der berühmte Verleger Joseph Johnson, die Dichterin Helen Maria Williams und der geniale, perverse Maler Johann Heinrich Füssli. Mit ihm hatte sie eine Affäre. Immer wieder stürzte sie bei ihrem Gang durch die Welt, die Literatur und das Leben in schwarze Löcher, aus deren Tiefe sie nur mit Mühe wieder herausfand. Mit dreißig war sie zum ersten Mal berühmt, als sie den konservativen Dichter und Staatsmann Edmund Burke angriff und euphorisch für die Aufklärung und Revolution plädierte. Sie schrieb in kürzester Zeit drei erfolgreiche Bücher über Frauenrechte, dazu einen Roman, ein Kinderbuch, bald kannte die brillante Analytikerin ganz London. Sie lebte das Leben einer unabhängigen, öffentlichen Person, eine völlige Ausnahmeerscheinung ihrer Zeit. Als Verteidigerin der Vernunft sah sie die Liebe skeptisch, denn sie trieb die Frauen direkt in die Sklaverei der Ehe. Dieser Zusammenhang war für die Menschen schwer zu verstehen, auch wenn man es ihnen richtig gut erklärte. Mary Wollstonecraft, die Haare wie glänzender Rost hatte, war immer sehr hart zu sich, denn anders konnte man nicht unabhängig bleiben. Wenn sie anderen zuhörte, bekam ihr angriffslustiges Gesicht eine Verschmitztheit.

Mary setzte sich auf eine Bank und sah ein Buch durch. Von allen Büchern ihrer Mutter, den Revolutionsschriften, der Verteidigung der Menschenrechte oder der feministischen Anleitung junger Töchter, in der sie ihrer Zeit 150 Jahre voraus war, lag Mary dieses besonders am Herzen. Das Buch handelte von einer Reise, die ihre Mutter durch Schweden, Norwegen und Dänemark gemacht hatte, es ging darin auch um sie selbst und ihre kleine Tochter Fanny, die sie gerade mit einem mysteriösen Mann bekommen hatte. Sie schrieb das Buch, um diesen Mann wiederzugewinnen. Auch seinetwegen wollte sie sich zwei Mal umbringen.

Kurz bevor sie ihn kennenlernte, war Mary Wollstonecraft nach Frankreich gefahren und hatte dort, 1792, für eine britische Zeitschrift über ein Land geschrieben, das mit einem explosionsartigen Ruck aus seiner jahrhundertalten Verankerung gerissen worden war und das drei Jahre nach der Revolution frei funkelnd umherirrte. In Paris verliebte sie sich Hals über Kopf in Gilbert Imlay, einen gutaussehenden Entrepreneur voller amerikanischer Selbstgewissheit und immer neuer Pläne. Er kannte jeden und machte Import-Export-Geschäfte mit Seife und Eisen zwischen den USA, England, Skandinavien und Frankreich. Viele hielten ihn für einen dubiosen Hallodri, manche für einen Spion. Zwei Monate lang waren sie gemeinsam durch Paris gelaufen. Der Herbst begann, und die Blätter im Garten des Palais Royal waren riesig und segelten so sachte und elegant durch die Luft wie japanische Papierflieger. Einmal hatte er ihr ein Kleid gekauft, worauf sie sich selbst direkt im nächsten Laden neue Schuhe kaufte, weil sie das nicht so stehen lassen wollte. Dann kaufte er ihr lachend einen Hut und sie ihm einen Rhabarberkuchen, den sie ihm unter den gestreiften Markisen eines Cafés vom Teller nahm und selbst aufaß.

Marys Mutter und ihre beständig an das Gute glaubende Truppe von Expats und Bohemiens gehörten zu den gemäßigten Revolutionären, den Girondisten. Doch die Guillotine rief nun laut nach diesen, denn wer gemäßigt war, war nicht radikal und wurde zum Feind der Revolution. Es war plötzlich gefährlich in Paris, und für Frauen noch einmal doppelt so sehr. Denn all die neuen Rechte, die in den ersten euphorischen Jahren des Aufbruchs installiert worden waren, eliminierten jetzt die strengen Jakobiner. Frauen sollten nicht mehr in der Öffentlichkeit sprechen dürfen. Und aus dem Revolutionsplatz wurde eine moderne Henkerstube, wurde ein zeitloses Schlachthaus. Die Revolution hatte die Guillotine erfunden, und der Tod brauchte nicht mehr die helfende Hand des Menschen. Präzise, kühl und lautlos ließ die Maschine ihr Fallbeil schnappen. Mary Wollstonecraft musste sich verstecken, weil sie jeden eliminieren wollten, der kein Jakobiner war. Jeden wollte der blutsüchtige, prinzipientreue Robespierre drankriegen. Es wurde still und weiß und rot in Paris.

Als das Kind kam, waren sie natürlich nicht verheiratet. Imlay floh ohne sie nach England und ohne sie nach Norwegen und sagte, obwohl er sich bereits für eine andere Frau entschieden hatte, sie solle doch, wenn sie es gottverdammt noch mal nicht lassen könne, ihm hinterherreisen. Und sie solle dabei, wenn sie es schon tat, eines seiner Schiffe wiederfinden, das im Ozean auf dem Weg nach Göteborg verschwunden war und auf dem sich eine sehr wertvolle Fracht befand, über die er mehr nicht verraten durfte. Und so saß Mary Wollstonecraft mit ihrer Tochter auf einem riesigen Dampfer und dachte, es ist schwer, es ist unheimlich schwer.

Du hast deine Prinzipien verraten, dachte Mary in London auf der Bank sitzend. Du hast ihm seine Lügen geglaubt, obwohl du so klug warst. Du hast dich von ihm schwängern lassen und dich wirklich alleine und ohne Geld mit deinem Kind auf die Suche gemacht. Dann haben sie deinen französischen Freunden den Kopf abgeschlagen und deine britischen Freunde in Gefängnisse gesteckt. Dann haben sie den König enthauptet, und du hattest dabei komischerweise Tränen in den Augen. Und wie soll ich, fragte Mary den Himmel über der Themse, es besser machen, wenn du es nicht hast besser machen können?

Das Buch über die Reise in die skandinavischen Länder funktionierte nicht. Es war ein einfühlsames Memoir und Publikumserfolg, aber der Amerikaner kam nie zurück. Nachdem Marys Mutter Frankreich den Rücken kehren musste, wo sie im Großen und Ganzen so gelassen und zufrieden war wie vorher und später nicht mehr, las das Buch unterdessen ein anderer. Er notierte später: «Wenn es jemals ein Buch gab, das dazu geschrieben wurde, um sich in seine Autorin zu verlieben, dann scheint es dieses zu sein.» Dieser Mann sollte Marys Vater werden.

Mary hielt den Kopf in die Sonne, und es leuchtete in ihr. Sie hatte sich in den letzten Wochen und Monaten daran gewöhnt, wenig zu sprechen und alleine durch die Architekturen ihres Geistes zu wandern, in denen Sicherheit herrschte. Sie flanierte an nebeligen Orten und verschütteten Plätzen vorbei, traf dort Menschen, die wie absurde Wesen aussahen, und endete am Friedhof, auf dem ihre Mutter begraben lag. Als ihre Mutter in Paris lebte, und es zu riskant wurde in der Stadt, hatten sie und Imlay ein paar Wochen auf dem Land gelebt. Dort spazierte sie eines Nachmittags nach Versailles, das nicht weit entfernt lag, und lief durch das menschenleere, todtraurige, wunderschöne Schloss. Die alte Zeit, auf die sich bereits der Staub gelegt hatte, übrig gebliebene barocke Möbel, die hässlichen Portraits der perückenverrückten Aristokratie und ihre albernen stolzen Münder. Das Licht, das von draußen die Ruinen der verschimmelten Epoche abtastete. Sie durchstreifte die gerade untergegangene Zeit und sah zugleich die neue Zeit und ihre Ideen und Hoffnungen untergehen.

Nach dem Tod der Mutter hatte ihr Vater eine völlig verrückte Biografie über sie geschrieben. Alles hatte er ausgeplaudert, über ihr uneheliches Kind von Imlay und ihre gemeinsame, emanzipierte Lebensweise. Es gab einen riesigen Skandal. Weil ihr Vater die Wahrheit sagen wollte. Percy verstand nicht, warum Mary in Gesellschaft so verschwiegen und vorsichtig war und sie so in sich hineinkroch. Ihr Herz tat weh, als sie an ihn dachte, im Kopf konnte sie ihm nicht böse sein. Auch er wollte die freie Liebe leben, an die sie leider selbst nicht gänzlich glaubte. Sie wollte ihm die Freiheit geben, aber musste er sich dafür ihre Schwester aussuchen? Mary fühlte plötzlich die Schlucht in ihrem Körper, in die man nie hineinschauen darf, weil sie so leer ist wie das Universum.

Sie machte sich von der Themse zurück auf den Heimweg. Vor einem halben Jahr war sie auf einem dieser Spaziergänge ihrem Vater begegnet. Ganz kurz hatten sich am Rande eines Marktes ihre Augen getroffen, dann hatte er weggeschaut. Die Liebe zwischen Vater und Tochter ist eine unermessliche und verrückte Liebe, ihre war noch nicht aufgebraucht. Deshalb dachte sie hasserfüllt an ihren stummen Vater. Sie lebte doch nach den Prinzipien, die er selbst in seinen Büchern proklamiert hatte. Manchmal kam Fanny zu Besuch, obwohl es ihr verboten war. Die erste Tochter ihrer Mutter und des Amerikaners, von dem niemand je wieder etwas gehört hatte.

«Mitleid habe ich mit meinem Vater!», schimpfte Mary. Wenn Fanny da war, konnte sie ihrer Wut freien Lauf lassen. Sie rief: «Intellektuell heruntergekommen, schriftstellerisch gescheitert, lässt er sich sein Leben vorschreiben von dieser schrecklichen neuen Frau, das perfekte Klischee einer Stiefmutter. Und dann heißt sie auch noch Mary, Mary Godwin, genau wie ich!»

Fanny hatte Essensreste zwischen den Zähnen, war nachlässig gekleidet, ihre Haare leblos. Sie hatte immer blaue Flecken, weil sie regelmäßig gegen Dinge lief.

«Ich bewundere sehr, was du tust», sagte sie.

«Ja?»

«Oh ja!», wiederholte Fanny. «Bald kommst du wieder nach Hause, wir können wieder gemeinsam in der Buchhandlung arbeiten, wie früher.»

Die Gespräche zwischen den Schwestern, die in der kleinen Wohnung beim Licht des Petroleums stattfanden, waren meist gebettet in eine unausgesprochene Zuneigung und Solidarität, wie sie zwischen Menschen entsteht, die ihr ganzes Leben miteinander verbracht haben, obwohl sie völlig unterschiedlichen Charakters sind. Aber gerade aus dieser Geborgenheit heraus konnte Mary oft nicht anders, als sich zu verwandeln. Fanny hörte dann erschrocken zu und entgegnete nichts, denn sonst wurde Mary noch wütender.

«Wer ist diese Frau? Eine ungebildete Köchin und Gau-
nerin ist sie. Sie war die Nachbarin. Die Nachbarin! Warum
lebst du eigentlich noch in seinem Haus? Willst du auch
eine Köchin werden?»

Anders als alle anderen konnte die lethargische Schwester über Mary reden, weil sie auch das ungeduldige und
spöttische Wesen kannte, das viel zu schnell und schlau
und hart war für die große Schwester, die von den Wörtern
der Kleinen weinte und an diesem Tag hoffnungslos zurückkehrte in das Haus ihres Vaters, der nicht ihr Vater war
und mit dem sie sich nichts zu sagen hatte, und der Mutter,
die nicht ihre Mutter war und die Fanny nicht mehr da
haben wollte.

Marys Mutter war mit jeder Faser ihres Körpers voller
Optimismus gewesen, eine radikale, brillante Denkerin,
überzeugt, dass die Welt durch die Aufklärung in eine
bessere zu verwandeln wäre. Sowohl sie als auch Marys
Vater hatten die Größe und Stärke und Langsamkeit der
herrschenden Geschichte nicht ins Straucheln bringen
können. Doch all ihre Ideen und Theorien, ihr Feminismus und Sozialismus, die so zart und frisch waren, dass
sie noch nicht einmal Namen hatten, befanden sich weiterhin im Hier und Jetzt, obschon sie noch nicht richtig
ausprobiert worden waren oder gar funktioniert hatten.
Ihre Geister bevölkerten die Gegenwart. Sie kamen als
Möglichkeiten aus der Vergangenheit und zehrten von
einer idealen Zukunft. Gespenster, dachte Mary, die nur
sie selbst und Percy und ein paar andere überhaupt sehen
konnten. So wie sich vor ihrem Fenster die Gerüche des
Mittelalters, des feuchten Strohs, der gegorenen Milch,
des gebratenen Fleisches mit dem Dampf und den Aro-

men der Kraftstoffe der kommenden Welt vermischten. Faszinierend und schrecklich zugleich.

Mary saß wieder in ihrer kleinen Wohnung und sah die Gegenstände, die in der Küche herumlagen, ihre Kleider, seine Anzüge, all die Dinge. Sie waren ja wirklich arm, dachte sie. Ihren heißen Kopf nässte sie mit etwas Wasser, an den Seiten schwangen sich kleine blonde Babyhaare vom Kopf weg. Mary schaute in den grau emaillierten Spiegel und richtete jede einzelne Strähne ihres Mittelscheitels. Was hatte sie nur für ein ernstes Gesicht. Sie wartete auf Percy. Und Percy kam nicht. Sie war überzeugt, dass er nie wiederkommen würde. Dann kam er. Und es geschahen, wie in jeder Geschichte, plötzlich Dinge, die niemand zuvor erwartet hatte.

Percy kam nach Hause und sagte, sie seien nun frei. Sein Großvater, der die herrschaftliche Familiendynastie so erbittert geführt hatte, war gestorben. Und nach dem beschwerlichen Rechtsstreit mit seinem Vater erhielt der kleine Baron bald genügend Geld, um seinen Schuldenberg zu tilgen, außerdem 1000 Pfund jährlich, von denen 200 an Harriet gehen sollten. Kurz darauf wurde Claire aufs Land geschickt. Und Mary und Percy fuhren weg aus London, auf eine seltsame Reise an die Küste Englands, von der niemand weiß, was sie dort drei Monate lang gemacht haben. Der Himmel war weit, die Welt nicht mehr aus Eisen. Was sollte die Sonne, außer auf sie scheinen. Sie konnte ihm verzeihen, es war Percy, die Liebe ihres Lebens. Marys Bauch begann sich wirklich zu wölben.

9
SUMBAWA

Allein auf Sumbawa und den umliegenden Inseln Lombock und Bali starben 117 000 Menschen durch den Ausbruch des Vulkans, er zerstörte den Lebensraum der Überlebenden auf Jahre und brachte eine furchtbare Hungersnot. Als der Tambora explodierte, geschah dies mit so unmenschlichem Druck, dass die Tonnen von Schwefel außergewöhnlich weit in die Stratosphäre gelangten. Es handelte sich dabei um eine plinianische Eruption, die in kürzester Zeit am heftigsten ausbrechen und deshalb auch das meiste Magma aus dem Erdinneren befördern kann. Der Tambora, der mit dem höchsten messbaren Index von 7 ausbrach, gilt so als die ungeheuerlichste Explosion in historischer Zeit. Nur ein paar Kilometer weniger weit hochgeschossen, hätte der Regen das vulkanische Material bald aus der Atmosphäre waschen können, doch so entwickelten sich die Gase und kleinen Ascheteile zu einem immer größeren Gebilde. Es schwebte eine Weile in der Stille zwischen Wolken und Sonne herum. Und dann geschah es eben, und es setzte sich in Bewegung. In nur drei Wochen umschlang es den Äquator wie ein Gürtel. Innerhalb des nächsten Jahres breitete es sich über den ganzen Erdball aus. Dort stellte die graue Wolke sich dem Sonnenlicht in die Quere. Sie reflektierte das Licht zurück ins All, und die Erde kühlte ab. Die Sonne begann den Menschen zu fehlen. Und sie hatten keine Ahnung, dass das erst der Anfang war.

Als wäre eine schwarze Decke über die Erde gelegt, um die Betriebsamkeit zu bremsen, die die Bewohner seit einiger Zeit beherrschte. Die Menschen benahmen sich ja, als wären sie selbst Wolkenmacher geworden, als würden sie mit dem qualmenden Ausstoß ihrer Industrieschlote und dem giftigen Rauch der Dampfmaschinen den Wolken Konkurrenz machen wollen. Unter lautestem Gebrüll war die Decke tief aus der Erde herausgezogen und zu ihrem Schutz um sie herumgewickelt.

Der größte Vulkanausbruch in der menschlichen Geschichte hatte die Kraft von zehntausenden Hiroshima-Bomben. Er setzte etwas in Gang, dessen Auswirkungen das Leben von Millionen Menschen auf der ganzen Welt beeinflussen sollte. Dies begann nun ganz sachte. Der erste Regen der Wolke fiel bald auch auf Europa.

10

WATERLOO

Feldmarschall Blücher traf einer dieser Regentropfen ins offene Auge. Es war nicht sein größtes Problem. Der Preuße lag wie ein Käfer auf dem Rücken, seine Arme kreisten in der Luft, um ihn her wütete ein Kampf, und ihm blieb nichts übrig, als panisch in den Himmel zu starren. Der Feldmarschall, der, das wusste jeder, mit seinen 72 Jahren nichts so sehr liebte wie schöne Frauen und Franzosen-Totschlagen, war im Kampf mit einer Horde ebenjener vom Pferd gestürzt und hatte verwundet auf weitem Feld gelegen. Er konnte gerettet werden, und Gneisenau übernahm kurzzeitig, aber entschlossen das Kommando über den Rückzug der preußischen Truppen. Und dieser Gneisenau schickte seine Truppen nicht nach Osten, wie Napoleon und auch die anderen hier an der Schlacht des Jahrhunderts Beteiligten vermuteten, sondern nach Norden. Direkt ins Zentrum, nahe dem kleinen belgischen Dorf Waterloo, in dem an diesem völlig verregneten Spätnachmittag des 18. Juni 1815 die Zukunft Europas entschieden werden sollte.

Eine kleine Gruppe von Freiwilligen wollte daraufhin unbedingt die Vorhut übernehmen, und Gneisenau, der Wichtigeres zu entscheiden hatte, dachte sich: Sollen sie doch rennen. Und das musste er ihnen lassen, diese Studentenjungs, die sich alle freiwillig im Korps gemeldet hatten, um als ein Element der preußischen Truppen Napoleon das Handwerk zu legen, sahen zwar recht albern aus in ihren schwarzen, zum Großteil selbstgeschneiderten Uniformen, gut schießen konnten sie mit den zusammengeklaubten Knattermusketen auch nicht, aber laufen, das konnten sie. Er sah sie schon nicht mehr.

Als die junge Avantgarde aus 42 Mann einen guten Tagesmarsch später am Rande des Schlachtfeldes angekommen war, an dem der Endkampf bereits tobte, schmissen sie sich, gedeckt durch etwas Waldung, in das Gras einer vom Regen aufgeweichten, hügeligen Senke. Bis auf den sehr starken und sehr dummen Kameraden Peter Höchst, der mit Weisung zurückgeschickt wurde. Er sollte Rapport erstatten und den restlichen preußischen Truppen aus 120 000 Mann den Weg weisen. Zwei dieser jungen Freiwilligen, die das Leben zufällig nebeneinanderpurzeln ließ, lagen im Schlamm, schauten auf das Grün vor sich und begannen eine Unterhaltung:

«Es regnet.»

«Ja, es regnet ununterbrochen.»

«Weißt du, wo wir gerade sind?»

«Irgendwo in Belgien. Im Matsch.»

«Wie heißt du?»

«Georg.»

«Hast du ein Mädchen zu Hause, Georg?»

Der junge Infanterist wusste die Antwort nicht auf Anhieb. Da war Agathe in Berlin. Vielleicht saß sie gerade im Wohnzimmer unter dem Fenster und dachte an ihn. Aber vielleicht dachte sie auch an Josef. Der irgendwo zurückgeblieben war und sein bester Freund. Er blickte sich um, schaute nach Josef. Sie waren noch nicht da. Georg lag an der Front, vor ihm ein Hügel. Und hinter dem Hügel befanden sich Hunderttausende Franzosen und ihr Kaiser und General, der kleine Teufel Napoleon. Die Franzosen waren ihre Feinde und schlugen sich bereits mit den Briten, die ihre Freunde waren. Laut und feste schlugen sie sich, das hörte man sehr deutlich. Der Infanterist Georg umklammerte sein Gewehr.

«Ja, was denn nu?», fragte sein Nebenmann, der Friedrich hieß.

«Ja, ja, ich hab eine», antwortete Georg schnell. Vorsichtshalber. Denn der junge Infanterist war abergläubisch, jedenfalls glaubte er an selbsterfüllende Prophezeiungen, und wenn er jetzt nein oder vielleicht gesagt hätte, dann würde Agathe in Zukunft wahrscheinlich nicht oder nur vielleicht seine Frau werden. Wenn er es genau bedachte, und das hatte er schon öfters, fand er Josef reiner und klarer. Das sagte er natürlich niemandem, denn er wollte Agathe zur Frau. Schön war sie, wunderschön.

Georg konnte allerdings nur kurz an Agathe und ihre Schönheit denken. Sein extrem gestresstes Gehirn erfasste für eine Sekunde sich selbst und dass er nur ein kleiner achtzehnjähriger Student der deutschen Sprache war, der in Jena zu studieren begonnen hatte, weil es dort einen Platz ohne Immatrikulationsbeschränkung gegeben hatte, dass er gerne romantische Gedichte schrieb, aus denen die unerwiderte Liebe tropfte. Dann dachte er an seine Mama und musste schlucken. Doch dann dachte er an Deutschland. Und ein Ruck ging durch ihn durch. Die kleinen schwarzen Augen wurden noch kleiner und schwärzer. Er wischte sich die Träne von der Wange und roch den Krieg. Das Schießpulver, den Schweiß, den Kot, den Tod. Und was aus der von polierten Kanonenkugeln aufgerissenen Erdkruste herausdampfte. Georg zog es tief in sich hinein. Auf dem Schlachtfeld trompeteten die Trompeter, es krachte, über allem tönten die tierischen Schmerz- und Sterbensschreie der Männer. Die Briten, Preußen, Österreicher und Russen hatten in höchster Eile und Verwirrung ein Heer zusammengestellt, das das französische Raubtier ein für alle Mal ausrotten sollte. Viel geschlafen hatte Georg in den letzten Tagen nicht. Er wollte sich seine lange Porzellanpfeife stopfen, auf die das Wappen von Jena aufgemalt war. Als er sie aus der Tasche zerrte, zitterten seine Hände stark. Schnell wollte er sie wieder wegstecken.

«Bist du aus Jena gekommen?», fragte sein Kamerad und deutete auf Georgs zitternde Pfeife.

«Oh ja, das bin ich!», schrie Georg fast, ein paar seiner Soldatenbrüder schauten sich gehetzt nach ihm um.

«Also bist du Turner?», fragte der Nebenmann.

«Was meinst du, warum ich so schnell laufen kann?» Georg lächelte etwas und ergänzte stolz: «Ja, ich bin Turner. Und ich war auch dabei, als wir die Urburschenschaft gegründet haben.»

«Nicht dein Ernst?»

«Doch mein Ernst.»

Georg sagte nichts weiter. Was waren die letzten sieben Tage für Tage gewesen. Wie sehr freute er sich darauf, das jedem zu erzählen. Wenn es vorbei war. Es war erstens, ja wirklich wahr, und zweitens, schon sagenhaft. Wo sollte man nur anfangen?

Wohl in seiner Geburtsstadt Berlin. Vor zwei Jahren, mit sechzehn, hatte ihn ein Freund zum ersten Mal auf den Turnplatz in der Hasenheide geführt. Und das musste man gesehen haben! 200 junge Leute verrenkten sich dort am helllichten Tag an hölzernen Gerätschaften, die niemand vorher kannte und die Georg als «Reck», «Barren» und «Ringe» mit Namen vorgestellt wurden. Die jungen Leute waren in dasselbe graue Leinen gekleidet und barfuß unterwegs. Man duzte sich, viele, während sie sich ausruhten, lasen in Jahns nationalistischem Bestseller *Deutsches Volkstum.* Georg musste anfangs immer lachen, weil das so kurios aussah, aber er liebte das Turnen schnell, weil es den Kopf ruhig machte und alle Glieder seines Körpers sich danach besser anfühlten. Am dritten Tag durfte Georg Jahns große Hände drücken. Der Turnvater wirkte, wenn er agil über den Platz lief und Übungen vormachte, wie einer von ihnen und zugleich wie die vollkommene Instanz, er sagte zu Georg: «Gehen, Laufen, Springen, Werfen, Tragen sind kostenfreie Übungen, überall anwendbar, umsonst wie die Luft.» Besonders gern tänzelte Georg auf dem Schwebebalken. Viele Leute, die noch nie geturnt hatten, meinten, es sei unsinnig, weil sie es eben noch nie gemacht hatten und deshalb nicht verstanden. Georg erklärte ihnen, was Jahn viel besser erklären konnte: dass zu patriotischen Zwecken der Körper gestählt werden musste. Leibesübungen für Zivilisten, die dann Befreiungskrieger werden konnten. Um die verhassten französischen Besatzer wegzuschmettern. Das Wort Turnen hatte Jahn selbst erfunden, genau wie die Geräte dazu. Es war ein urdeutsches Wort, hatte er erklärt. Besonders beeindruckte ihn Jahns Vollbart, der an den Koteletten angefangen über beide Backen nach unten zum Kinn führte und dort ausfranste. Mitsamt dem Kopfhaar, das der Turnvater sich oft von hinten nach vorne strich, wirkte es, als würde er einen Helm tragen, der sein kleines, verbissenes, offenes, verrücktes Gesicht perfekt umschloss. Wehrhaft, auf jeden Fall wahrhaftig.

Jahn, dessen früheres Leben man als das eines herum-
wandernden Taugenichts beschreiben muss und der als
Student längere Zeit in der Nähe von Halle in einer Höhle
gelebt hatte, erzählte vom Krieg und von Deutschland und
wie alles einmal werden würde. Georg ging dann zum Studieren nach Jena, und auch dort gab es plötzlich Turnver-
eine, und neben den Turnvereinen gab es die Burschenschaften, und in denen trafen sich letztlich dieselben Leute.
Georg ging also hin. Es wurden dieselben Themen besprochen, alles sehr romantisch, vaterländisch, klare Sache.
Nachdem Georg erst ein paar Wochen dabei gewesen war,
gab es eine neue Idee. Und die beruhte wiederum, so sagte
man in Jena, neben den Gedanken des Schriftstellers und
Nationalaktivisten Ernst Moritz Arndt vor allem auf denen
von Turnvater Jahn. Das euphorisierte Georg, weil er jedem
erzählen konnte, Jahn, Berlin, Turnen, er selbst, ja, ja, ja.
Burschenschaften schossen zu der Zeit wie Pilze aus dem
Boden, jeder von seinen Mitkämpfern, die hier um ihn im
Gras lagen, war in einer. Bursche bedeutete nichts anderes
als Student. Frauen durften nicht zur Universität gehen. Es
hatte sich in kürzester Zeit eine Studenten- und Jugend-
bewegung gebildet, die größer war als jede davor und jede
danach. «Germania», «Altdeutsche», «Arminia», in Gießen
hießen sie die «Schwarzen» oder «Unbedingte», «Teutonia»
in Halle, unzählige kleine Verbände und Vereine schossen
aus dem Boden, in denen Studenten sich unter dem Vorsitz nationalistischer Hassprediger die Köpfe heiß redeten.
Aber mit den vielen kleinen Vereinen sollte nun Schluss
sein, genau wie mit den vielen kleinen deutschen Fürstentümern. Keine Zersplitterung mehr, das war die Idee von
Moritz und von Jahn, und das kannte Georg ja schon vom
Turnverein! Man wollte ein Gemeinsames, Großes und

Ganzes, eine Vereinigung. Georg war ein lieber Junge und ein großer Angeber. Er meinte, eine tiefe deutsche Seele zu besitzen.

So hatte man in Jena in der Grünen Tanne gesessen, hatte Bier aus riesigen Hörnern getrunken, und es waren immer noch mehr gekommen. Prost! Auf Deutschland! Auf Jena! Und gegen Napoleon. Wie im Rausch, also eigentlich nicht wie, sondern im absoluten Vollrausch, lösten sie in einem lauten Getöse die hiesigen Landsmannschaften auf und gründeten die Urburschenschaft, die erste Superburschenschaft. Gemeinsames Vaterland, heilige Pflicht, deutsche Kraft und Zucht und Herrlichkeit – all das hätte Georg schon genügt für zehn Jahre Stolzsein, aber dann ging es an diesem Abend vor genau einer einzigen Woche immer weiter. Und Georg hatte es doch mit der Angst bekommen. In den Krieg? In den echten Krieg?! Gegen Napoleon? Aber sicher, riefen die besoffenen Münder, gegen das Raubtier, das sich zur Stunde erneut von Paris aus aufbäumte. Ihm entgegen! Franzosen aufspießen, für ein geeintes Deutschland. Das es ja so noch nie gegeben hatte! Sie würden sich direkt morgen bei den Lützowern melden. Bei den Lützowern? Bei dem legendärsten Laden der ganzen preußischen Armee? So sollte es sein. Und sie hatten zusammen «Freiheit!» und «Ehre!» gerufen und «Was ist des Deutschen Vaterland?» gesungen und waren wirklich aufgebrochen. Georgs Magen hatte sich gedreht, er hatte alles in allem erhebliche Zweifel an der Sache. Aber sie waren gewandert und geritten und gefahren, immer weitergepeitscht hatten sie sich, von einer irrsinnigen Deutschland-Energie getragen, und waren dann beim Krieg angekommen. Georg, neben ihm Friedrich, sie alle.

Georg wollte aufspringen und sie umarmen. Aber man musste Deckung wahren. Es würde nicht mehr lange dauern. Wenn die Kameraden von hinten anrückten, würden sie stürmen, dann würden sie in die französische Flanke hineinrennen, und alles wäre neu.

Georg fühlte auf seinem Kopf nach dem weichen Samtbarett, das völlig durchnässt seine Form verloren hatte und ihm schlapp über die Ohren hing. Er fühlte die goldenen Knöpfe seines schwarzen Rockes, der wie alle hier mit roten Aufschlägen versehen war. Sie waren der schwarze Block, die Lützower. Schwarz waren ihre Röcke, weil sie sie selbst herstellen mussten und jede Farbe sich leicht schwarz färben ließ. Die meisten trugen ihre Haare lang, die Hemden offen und Tschakos auf dem Kopf, doch einige die Samtbaretts. Denn alles war weicher und ein Anfangszauber und voller Poesie. Die richtigen Preußensoldaten lachten gelegentlich über sie. Aber sie waren auch stolz. Dafür gab es genug Gründe. Georg kannte sie alle.

«Welchen Lützower verehrst du am meisten?», fragte er Friedrich, der ihn glasig anschaute. Er war wohl gerade eingenickt.

«Körner», säuselte sein Kompagnon. Theodor Körner also, dachte Georg. Er sagte sich im Kopf ein paar Körner-Gedichte auf. Auch der junge Dichter Joseph von Eichendorff war Lützower und natürlich ebenjener Theodor Körner, der vor zwei Jahren im Kampf gegen die französischen Besatzer gefallen war. Georg liebte Eichendorff leidenschaftlicher.

«Das sind wir!», rief er wieder viel zu laut. Bleich war Georg und brannte doch innerlich. Der Schweiß vermischte sich auf seiner Stirn mit dem Regen, der sprühte und sprühte. Georg hatte Durst, er wollte schlafen und er wollte kämpfen. Über ihnen die tiefgrauen Wolken. Hasserfüllt grinsend gingen seine Gedanken gegen Napoleon. Feuer floss durch seine Adern. Der Widerstand gegen den Franzosen hatte etwas freigelegt, das nun endlich greifbar wurde: das deutsche Wesen. Alles wurde in den Strom und heiligen Krieg hineingezogen, die Dichter, die Denker, die Politiker und Pädagogen und logischerweise auch Georg.

«Frag mich noch etwas!», schrie Friedrich, weil Georg ihn ansteckte und weil Anstecken etwas Schönes war.

«Das brauche ich nicht», sagte Georg plötzlich gefasst und kraftvoll, wieder randvoll mit Deutschland. «Wir kämpfen gemeinsam. Ich habe keine Frage an dich, denn ich kenne dich. Du bist mein Bruder. Wir werden unser eigenes Ding machen, Deutschland-Nation …»

Da ertönte ein tosender Lärm, zu dem sich beide hindrehten. Das preußische Heer kam gestürmt. Es war Georg, als würden sie fliegen, als würden sie den Boden nicht berühren, als wären die Jäger, die Dragoner, Pferde, Kanoniere, die Soldaten in dieser riesenhaften gemeinsamen Bewegung wirklich frei.

Auf der anderen Seite stand Napoleon Bonaparte und beobachtete Details des Schlachtfeldes vergrößert durch sein Fernrohr. Der kalte Menschenschlächter, er hatte sich von Frankreich aus am selben 12. Juni 1815 in Bewegung gesetzt, als Georg und die anderen in Jena die Urburschenschaft gründeten. Es sollte hier entschieden werden, auf dem verwüsteten Felde, wo Soldaten, längst von jeder menschlichen Befehlsstruktur unabhängig, wie von der Natur selbst choreografiert, in immer neuen Wellen gegeneinander geschleudert wurden. An diesem Morgen hatte Bonaparte in der kleinen Hütte Caillou, seinem Headquarter am Rande der Schlacht, entsetzliche Bauchschmerzen gehabt. Dies war der wichtigste Kampf seines Lebens, doch gegen Bauchweh kam man nicht an. Er nahm einen Schluck dünnen Fencheltee, ging in einen noch winzigeren Raum und holte sein Kölnisch Wasser aus dem Stiefel, hielt seine Hakennase über die runde Öffnung, roch den Bergamotte-Duft, der dem Fläschchen entfleuchte, und fühlte sich etwas besser. Gestern war er zur Abendstunde auf seiner majestätischen weißen Stute die Front abgeritten. Er hatte ein paar Mal vom Sattel in die Weide gekotzt, dann zwei Stunden schlecht geschlafen und beim Aufwachen gewusst, was zu tun war. Aber etwas war seltsam. Er zögerte. Er zauderte. Napoleon, der in zwei Monaten 46 Jahre alt werden sollte, zweifelte!

Sicherlich, dick war Napoleon geworden durch die Untätigkeit auf Elba, die Verbannung hatte ihn träge gemacht. Doch vor allem schien der Kaiser den Kontakt verloren zu haben, zum Wichtigsten überhaupt, zu sich selbst. Es war ihm, als stoße er von innen gegen seine Haut, ja, als würde er in sich stolpern. Davon erzählte er natürlich niemanden, nein, es war eher, als würde er es nicht einmal sich selbst erzählen, als hätte er das Gespräch mit sich verloren, als würde er sich selbst ein Fremder werden. Ein Gefühl spleeniger Ohnmacht, das er überhaupt noch nie gefühlt hatte, bemächtigte sich seines Geistes. Er war ständig erstaunt. Als wüchse da plötzlich ein anderer in ihm drin. Und dieser andere war ein Trottel.

Er konsultierte seine Generäle, die sich daraufhin alarmie-
rende Blicke zuwarfen. Napoleon hatte noch nie jemanden gefragt, was er tun sollte. Blücher und seine Preußen
würden bald wieder anrücken. Jetzt müsste man beherzt
die Briten angreifen. Doch Bonaparte wartete einen halben Tag, aß ausgiebig auf offenem Feld. «Der Regen ...»,
säuselte er verträumt und streckte seine Hand aus. Später
formulierte der Schriftsteller Joseph Roth die Gedanken
des Kriegsherrn so: «Der Regen durchtränkt die Kleider
der Soldaten. Der Regen macht den Feind fast unsichtbar.
Er macht die Soldaten feucht und krank. Man braucht die
Sonne, wenn man einen Feldzug plant. Der Regen macht
den Tag fast zu einer halben Nacht. Wenn es regnet, denken diejenigen Soldaten, die Bauern waren, an ihre hei-
matlichen Äcker, hierauf an ihre Kinder, hierauf an ihre
Frauen. Der Regen ist mein Feind.»

Der Regen war gut für einen Verteidiger wie Wellington, den
Feldherrn der Briten, schlecht war er für den größten aller
Angreifer. Weil die Pferde auf dem feuchten Feld nicht vorwärtskamen, also auch die Kanonen nicht vorwärtskamen,
vor allem aber kam Napoleon in Gedanken nicht weiter.
Als hätte das nasse Wetter und der breiige Boden, auf dem
man zu stehen versuchte, die Geschwindigkeit seiner Gedanken verschluckt. Mit Schmerzen dachte er an Russland,
vor vier Jahren war er bei seinem verheerendsten Feldzug
gegen das schlechte Wetter gescheitert. 300 000 Mann
hatte er verloren und seinen Nimbus des Unbesiegbaren.
Er meinte: ausschließlich wegen dem plötzlichen Winter-
einbruch! Napoleon galt als Mathematiker der Schlacht,
der alle Einzelheiten der Feldzüge und Bewegungen seiner
riesigen Truppen genauer plante als jeder vor ihm, weil er

wusste: Es ging ausschließlich um Timing, dass die Männer zum richtigen Zeitpunkt am rechten Ort eintrafen.

«Abwarten», sagte er nun.

Die Generäle schauten sich an.

«Abwarten!»

Und irgendwann war es eben doch so weit. Er blies endlich zum Angriff, stieg auf sein Pferd, ritt auf die Anhöhe. Seine schönen Lederstiefel schmiegten sich angenehm an den Fuß, er war kein guter Reiter, doch auf dem Pferd kam ihm aus der Erinnerung wieder zu Bewusstsein: Er war ein begnadeter Feldherr. Und in diesem Moment fiel der Hauch eines fahlen, diesigen Sonnenlichts aus den Wolken und ließ die Spitzen der abertausend Bajonette weiß aufblitzen. Ein Zeichen dafür, dass natürlich am Ende er siegen würde. Er, die Sonne. Er furzte laut. Von Anfang an war der Plan gewesen, die feindlichen preußischen und britisch-niederländischen Truppen unabhängig voneinander anzugehen. Wären sie einmal vereint, wären sie zu viele. Seine Soldaten waren zwar besser ausgebildet und männlicher, aber das war nicht zu schaffen. Den Preußen hatte er vorgestern größten Schaden zugefügt. Sie waren geflohen, er hatte ein Drittel seiner Truppen ihnen auf die Fersen gehetzt. Jetzt und hier die Briten.

Nach ein paar Stunden erbittertem Kampf war jedoch sowohl Wellington als auch Napoleon, die auf ihren Pferden sitzend dem Kampfgeschehen folgten und alle Zeitlang Befehle brüllten, klar, dass es auf das laufende Massaker zwischen ihnen am Ende nicht ankam. Sondern einzig und allein darauf, ob als Erstes die Preußen eintreffen würden und als Verstärkung der Briten dann übermächtig die Franzosen schlügen oder aber das eine Drittel der Franzosen, das zur Verfolgung der Preußen losgeschickt worden war, rechtzeitig zurückkehrte, um zu ihren Kämpfern zu stoßen und dann, zahlenmäßig überlegen, gemeinsam die britischen Einheiten zu vernichten. Die Kämpfer brachten sich zu Zehntausenden um. Sie stachen sich in die Köpfe, schossen, kanonisierten, und die beiden Feldherren schauten durch ihre Teleskope auf die angrenzenden Wälder. Immer wieder. Und noch einmal. Wer würde um die Ecke kommen? Es war wie im Kino. Wellington schaute, dann Napoleon, Wellington, Bonaparte, Wellington. Und dann war er eben da, der große Moment, in dem Napoleon, mit seinem rechten Auge durch das Fernglas stierend, die preußischen Truppen aus dem Wald sprengen sah. In dem Augenblick, in dem der größte Feldherr seiner Zeit sich angesichts der heranstürmenden gegnerischen Truppen abwendete und die Gewissheit der Niederlage giftig und gnadenlos durch seinen Körper zucken spürte, stemmte Georg wie alle deutschen Kameraden auf der anderen Seite des Fernglases seinen Körper hoch und lief außer sich vor Ekstase genau siebzehn Schritte in Richtung Schlachtfeld. Dann durchlöcherte eine Salve Schrot sein Gesicht. Er war recht bald tot. Kurz darauf riss eine Kartätsche das rechte Bein seines Nebenmanns Friedrich weg. Er fiel hin, lag dort eine halbe Stunde schrecklich schreiend, bis ein herrenloses Pferd über ihn hinweggaloppierte. Josef schaffte es und heiratete ein Jahr später Agathe. Jahn, der selbst nicht am Krieg teilgenommen hatte, schuf aus dem in Wahrheit eher nebensächlichen Einsatz seiner Turner einen heldenhaften nationalen Mythos. Napoleon verlor, er verlor dieses Mal endgültig. Passenderweise dämmerte es in diesem Augenblick. Der Kaiser flüchtete, ließ seine Truppen vor die Hunde gehen und verlor dabei seinen überdimensionalen, von allen immer erkannten Hut. Am Ende des Kampfes überbrachte ihn jemand dem Preußenführer Blücher. Der dann, Napoleons Zweispitz aus schwarzem Biberfilz auf dem Kopf, einen stolzen Brief an seine Frau schrieb und sich drei Flaschen Wein und zwei junge Weiber bringen ließ.

Später schrieb Victor Hugo über das Scheitern Napoleons, das so groß war, dass ein Sprichwort daraus wurde: «Hätte es in der Nacht vom 17. auf den 18. Juni 1815 nicht geregnet, wäre die Zukunft Europas anders verlaufen. Ein ungewöhnlich bewölkter Himmel reichte aus, um den Zusammenbruch einer Welt zu bewirken.» Doch erst 200 Jahre später entdeckte der Londoner Forscher Matthew Genge, der auch ein Leser von Hugo war, dass mikroskopisch kleine Aschepartikel des Tambora, die, in die Ionosphäre geschleudert, von Indonesien nach Belgien gezogen waren, dieses Wetter verursacht hatten.

11
RÜGEN

Am Ende des Gemetzels feierte ganz Deutschland. Schwarz-Rot-Gold war geboren. Auch auf Rügen gingen sie in den Wochen nach der gewonnenen Schlacht auf die Straße. Ein Dresdner Münzbeamter mit Namen Kummer war stolz, dass er den berüchtigten Maler dabeihatte, bester Laune kamen sie nach einer langen Wanderung auf der Ostseeinsel an. Der Maler trug seinen Bart genauso wie Turnvater Jahn und er hegte eine ebenso große Sympathie für Deutschland, denn Deutschland war so wild, wüst und dunkel, wie es in ihm selbst aussah.

«Das ist schon was, oder, Friedrich?», fragte Kummer.

«Ja», erwiderte Caspar David Friedrich, auch er meinte, dass das ganz schön was war. Die Menschen wedelten an diesem Spätnachmittag mit Fähnchen, hatten sich hübsch gemacht, Buden aufgebaut, sie sangen und lachten. Und die Möwen krächzten. Kummer und Friedrich hatten sich etwas abseits in die Dünen gesetzt, denn ganz geheuer war es dem Maler trotzdem nicht mit der ausgelassenen Freude. Friedrich war selbst nicht im Krieg gewesen, doch hatte den Kameraden von seinem letzten Geld Musketen gekauft. Und er malte in dieser Zeit, in der seine Figuren immer klitzekleiner wurden und die Natur um sie herum immer gewaltiger, ebenjene allesamt in die revolutionäre altdeutsche Tracht. Er tat seinen Dienst auf seine Weise.

Die beiden Männer hatten sich ein paar herrliche Biere reingestellt. Der Maler sah auf das Meer und hoch zu seinen geliebten Wolken.

12
LONDON

Dann war Dezember, draußen schneite es, Mary saß sachte vor- und zurückwippend in einem Schaukelstuhl und
hatte nicht nur ein Gefühl, sondern auch ein Lebewesen
im Bauch, das in ihrem dunklen Meer mitschwang und
bald hinaus wollte ans Licht. Sie dachte in diesem Augenblick an nichts Bestimmtes, eher sah sie etwas aus der Zukunft kommend, spürte es im Raum um sich, wie sollte sie
es beschreiben? Mary wusste es nicht, aber sie lächelte in
diesem Augenblick ein Lächeln, das aus einer Gewissheit
kam, einer merkwürdigen Sicherheit, die keinen Grund
hatte in der wirklichen Welt und ihren Zeichen. Das Lächeln von Mary Godwin war so alt wie die Menschen. Es
rührte aus einer ihr zuvor unbekannten und plötzlich
überdimensionalen Überzeugung: Sie wusste, dass sie
schreiben würde.

Dieses Bewusstsein hing an keiner konkreten Form. Gedichte, Theaterstücke, Romane, darum ging es nicht, es
umwölkte sie einfach. Ihr Vater, ihre Schwestern, Percy,
alle hatten immer gesagt, dass sie Schriftstellerin würde
wie ihre Mutter, doch es war etwas anderes, ob sie es sagten, oder ob sie selbst es glaubte. Das war nun plötzlich
geschehen, und sie nahm den Schwung der Schaukel und
kam in der Mitte ihres Zimmers zum Stehen.

Percy erschien in der Tür. Die beiden hatten ein rotes Backsteinhaus mit Garten gemietet, in Bishopsgate, direkt am verwunschenen Windsor Great Park, weit vom Stadtzentrum entfernt. Ihr Leben fühlte sich seitdem an wie Erneuerung. Percy hatte Zweige im verwuschelten Haar, bitterkalte Wangen, von denen eine aufgerissen war.

«Was ist passiert?»

«Ein Ast hat mich erwischt.»

«Warst du wieder suchen?»

«Ja», flüsterte er.

Percy ging dieser Tage nach dem Frühstück raus in den angrenzenden Wald. Er wollte mithören, draußen neu sehen lernen. Er wollte Wirkung, Teil werden. Und die Wirklichkeit so direkt wie möglich ab- und aufschreiben. Mit dem Notizbuch in der einen Hand und einer Feder in der Faust sprang er wie ein Reh umher und wollte die Natur hineinquetschen. Er war so glücklich dabei. Seine Gedichte waren leider noch nicht gut. Mary unterließ es vorerst, ihm Auskunft darüber zu geben. Sie streichelte seine Wange, fuhr durch seine langen blonden Haare und sagte der Köchin, dass es Zeit sei, das vegetarische Menü aufzutragen. Danach servierte sie Tee. Percy trank keinen Alkohol, Tee liebte er, jetzt kniff er die Augen zusammen.

«Dir fehlt der Zucker», sagte Mary.

«Ich bin süchtig nach Zucker!»

«Aber du weißt …»

«Ja, natürlich», jaulte Percy. «Aber ich kann nicht anders. Der, der ich bin, liebt den Zucker so sehr. Aber ich will verzichten, auch wenn mein Körper danach verlangt. Ich will ein anderer werden.»

Es war seine Idee gewesen, dass sie beide Zucker weglassen sollten, wegen der schwarzen Sklaven, die auf den

Plantagen ausgebeutet wurden. Es passierte in weit entfernten Ländern und auch hier, wohin man die Menschen verkauft und verschleppt hatte. Mary sah sie in den Docks arbeiten. Und sie erzählte Percy detailliert von den Foltermethoden der Plantagenbesitzer, über die sie gerade las. Percy nahm einen Schluck grünen Tee, auf den er auch deshalb umgestiegen war, weil man ihn ohne Zucker trinken konnte, ja, eigentlich musste. Für Mary war das kein Problem. Percy war Idealist und Dogmatiker, doch von Natur aus schwach. Mary tat einfach, was sie für richtig hielt.

«Ich werde es draußen finden, oder?» fragte er.

«Nicht ganz klar», sagte Mary scherzhaft. Percy drehte sich überrascht zu ihr um.

Mary: «Ich weiß nicht genau. Aber du musst weitersuchen. Ich habe damals dich dort gefunden.»

«Erzählst du mir die Geschichte noch einmal.»

«Soll ich?», fragte Mary lächelnd.

«Bitte!»

«Na gut. Du weißt ja, dass ich die anderthalb Jahre, bevor wir uns kennenlernten, in Schottland verbracht habe. Auf den Rat eines schnauzbärtigen Arztes, dessen Befunde viel mehr mit seiner jeweiligen Stimmung zu tun hatten als mit einer in ganz England nicht zu findenden Expertise oder Ausbildung. Der Doktor hatte an diesem Tag in der Nase gebohrt, was er dort fand, in eine Ecke seiner Praxis geschnippt, mit seiner Diagnose zufällig richtig gelegen und eine Kur angeraten. Ich wurde bei einer befreundeten Familie meines Vaters auf dem Land untergebracht, die eine alternative Idee vom Leben hatte und diese an einem weltabgewandten Ufer des Flusses Tay realisierte. Die erste Zeit in Schottland hatte ich meine eigene, kaputte Familie sehr vermisst. Doch dann geschah etwas. Der Vater Ross, die Mutter Ross, die Kinder George und Isabel, sie waren so natürlich miteinander wie Pflanzen. Familie Ross ähnelte einem Garten, in dem die einzelnen Elemente aufeinander achtgaben, so, dass man darüber überhaupt nicht nachdenken musste, denn der Organismus befand sich in einer harmonischen Ordnung. Dieser Garten war mein Startpunkt, von hier aus ging ich los, stieg auf die weiß gebleichten Felsen, am Fluss entlang, durchstreifte die dampfenden Wälder, und jeden Tag gingen draußen Türen auf. Zweige und Bäume kreuzten sich wie Wegweiser. Lichter und Schatten ließen Rastplätze erkennen. All die Ausmaße der Natur verbanden sich direkt mit meinem Geist, und das spürte mein Körper. Ich merkte genau, dass jedes Geheimnis der Welt hier verborgen lag. Wenn ich müde war, schlug ich mich in die Büsche, lag dort stundenlang. Manchmal flog mein ganzes kurzes Leben in Erinnerungsfetzen durch den Kopf, ich ließ es zu und sah unter halb geschlossenen schweren Augenlidern, wie aus diesem plastischen Spiel ein ganzes Bild wurde. Im Dickicht leben Gestalten, die schneller sind als wir. Egal, für wie schnell wir uns halten, sie sind schneller.» Mary unterbrach ihren Vortrag kurz, Percy sah versonnen aus dem Fenster.

«Einmal klopfte eine Frau an die Tür des Onkels. Ich war allein im Haus. Sie hatte gutsitzende Lumpen an, pechschwarze Augen unter sehr buschigen Lidern, sie erschrak, als sie mich sah. Sie erzählte von Medizin, schauspielerte dabei ständig ein Hatschi, indem sie sich mit beiden Händen zugleich an die Nase griff und den Kopf nach unten schlagen ließ, machte ein melancholisches Gesicht und raunte und schmatzte allerlei Verse und Geschichten, von denen ich mir keine einzige merken konnte, so seltsam waren sie. Aber dann holte die Hexe eine riesige gelb schimmernde Schnecke hervor und legte sie mir auf die Hand. Dieses Tier, flüsterte die Hexe, wird zum Mann, wenn es kalt ist und zur Frau, wenn warm. Das Geschlecht der Schnecke ändert sich durch die sie umgebende Temperatur. Alles ist relativ, mein Kind, alles ist möglich. Einen Monat später, als ich nach London zurückkehrte, gingst du bei mir zu Hause ganz selbstverständlich ein und aus.»

Percy zündete eine Kerze an, die Tage waren kurz.

«Als ich in Oxford mit Elektrizität experimentierte», sagte er, «habe ich einen Flugdrachen gebaut, an dessen Spitze ich einen Draht befestigte. Den Drachen ließ ich bei Nacht in ein Gewitter, von dort sollte er die Ladung des Blitzes nach unten auf die Erde leiten. Es hat nicht geklappt.»

Percy wollte damals Chemiker werden, dann Chirurg, und jetzt wollte er noch mal nach London.

«Es gibt einen Vortrag von einem, der neue Erkenntnisse vorführt.»

«Lass uns hingehen!», sagte Mary.

Sie waren beide Elektro-Euphoriker. Mit Percy besprach Mary die völlig verrückten Utopien des begnadeten Chemikers Sir Humphry Davy, der das Lachgas erfunden hatte, das Percys Freunde nahmen, und zum ersten Mal durch Strom ein zwar dünnes, dämmriges, aber doch künstliches Licht hergestellt hatte und der von einem Netzwerk aus riesigen Batterien träumte, das unablässig Energie in die Städte der Zukunft pumpen würde, alles stünde in permanentem Glanz. Die beiden waren fasziniert davon. Sie hatten keine Ahnung, was im Sommer geschehen sollte. Aber sie waren gut vorbereitet.

Als sie das Haus verließen, sagte Mary: «Wir müssen gut

darauf aufpassen, was wir hier draußen haben. Ich fand damals nicht nur dich im Wald, in meinem Körper erwachte auch zum ersten Mal die Fantasie. Wenn ich einmal eine große Dichterin sein werde, dann werden die Biografinnen diesen Moment als die Urszene begreifen.»

Percy und Mary lachten. So würde es sein.

Sie fuhren durch die Straßen von London und hatten sich viel zu sagen. Es war finster gewesen, jetzt war es besser. Sie waren jung, die Welt verführerisch und offen. Die Stadt war von einem neuartigen Brummen erfüllt, es brannte seit Kurzem das Licht der Gaslaternen, es drängte die Dunkelheit aus den Gassen. Jeden Abend gab es eine Flut von Vorlesungen und öffentlich vorgeführten Experimenten in Universitäten, Theatersälen oder Bars. Die beiden ließen sich durch diese Welt treiben. Es gab Magnete, die sich gegenseitig anzogen wie Verliebte, Miniatur-Roboterpuppen, die aussahen wie Menschen, Schachautomaten, Gasexplosionen farbiger Pulver in durchsichtigen Röhrchen. Sie sahen Tiere, die Forscher von Seereisen am anderen Ende der Welt mitgebracht hatten und hier vor dem staunenden Publikum auseinandernahmen. Und kupferfarbene, glatte Maschinen, die in unmenschlich regelmäßigem Rhythmus Dinge von enormer Kraft machten. Ein Doktor zeigte, wie man in den Körper schauen konnte und dass dort wirklich Blut pumpte. Die anwesenden Damen fielen in Ohnmacht. Noch nie hatten die Menschen so etwas gesehen und gehört. Einmal beobachteten Mary und Percy, wie einer auf der Bühne ein graues Mittel schniefte und dann zwei Mal so knallend rote Stichflammen pupste, dass sein Hosenboden zerfetzte. Beim dritten Mal musste er hinausgetragen werden. Die Leute waren begeistert.

Die beiden gingen lachend weiter, trafen Leute, redeten sich die Köpfe heiß. Jeder trug sein neuestes Kleid, die Eindrücke, Gespräche und Stimmungen vermischten sich wie Wundermittel. Nebelatem kam aus ihren Mündern und dampfte in der kalten Luft, sie fühlten sich selbst wie Maschinen mit Superantrieb. In diesem Augenblick wollten sie nicht mehr Dichter werden, sondern Wissenschaftler. Wie die Poesie arbeiteten diese an einem System, das die wahre Welt hinter den alltäglichen Dingen sichtbar machte. Das eben, was sie eigentlich zusammenhielt. In den Straßen roch es verbrannt, nach Schwefel und Sternenstaub. Es riefen effekthaschende Scharlatane und daneben die seriösen Fachkräfte der kommenden Eroberung der Erde, sie schauten streng wie Greife ins Publikum. Vieles, das auf diesen Bühnen aufgeführt wurde, hatte den Anschein jahrhundertealter Zaubertricks, doch es war etwas völlig anderes. Es war die wüste, schleimige, präzise, von lautem Lachen angefeuerte Geburt der modernen Naturwissenschaft. Jahrelang hatten die Erdplatten geruckelt, jetzt schleuderten sie das Innere nach außen und veränderten die Atmosphäre ihrer Zeit. Die Menschen staunten, sie grölten, und natürlich erschauderten sie ob dieses Spektakels.

So saßen Mary und Percy an ihrer letzten Station des Abends weit vorne in einer menschenvollgestopften, stinkenden Spelunke, die zur Bühne hin recht kreativ aufgemacht war, mitsamt einem schweren Theatervorhang, diabolisch illuminiert. Irgendwann erschien ein dickbauchiger, rotbackiger, schwer schwitzender Mensch mit einer Melone auf dem Kopf und einer weißen, bis zum Kragen geschlossenen Schürze und begann, einige Froschschenkel auf einem splitterigen Holztisch zu drapieren; und nicht allein zu drapieren, sondern mit kleinen, offenbar extra dafür angefertigten, silbern funkelnden Miniaturfesseln an die Oberfläche dieses Tisches zu schnallen. Daneben stellte er eine obszöne Kurbel. Allein die zuvor säuberlich vom restlichen Körper abgeschnittenen Froschschenkel auf offener Bühne bedeuteten natürlich eine Sensation. Als der Mann allerdings mit einem klinisch anmutenden, noch nie zuvor gesehenen Instrument einen Funken echter Elektrizität an die Froschflanken setzte, die ja, da blieb kein Zweifel, weil abgetrennt vom restlichen Froschkörper und also tot, toter als Tod, und dann aber eben trotzdem beträchtlich zu zucken begannen, da setzte im ganzen Saal ein freudiges Entsetzen ein. Wie man es von öffentlichen Hinrichtungen kannte, die in diesen Tagen seltener und wenn, dann vor der Stadt und nicht mehr in ihrer Mitte, auf den Marktplätzen, aufgeführt wurden. Hatten die Kinder vor ein paar Jahren noch schulfrei bekommen und waren im Ringelpiez zum Pfählen, Zerstückeln, Rädern, Brustausreißen, Kopfabschneiden oder einfach nur einem simplen Auspeitschen und Niedermachen der Menschen gewandert, durften sie heute dergleichen auf keinen Fall mit eigenen Augen mehr ansehen und mussten in der Schule bleiben. Doch hier auf der Bühne passierte das Gegenteil, es wurde etwas wieder ins Leben gestoßen, per Instrument, per Elektronik. Mary ging ein heißes Zittern durch den Körper. Sie nahm Percys Hand, die sich seifig anfühlte, und realisierte: Das Leben war nicht an Atmen, an Blut, an das Ganze des Körpers gebunden. Die Grenze zwischen Leben und Tod war womöglich nur ein Traum, der jederzeit platzen konnte.

Auf dem Weg nach Hause redeten und redeten sie und merkten nicht, dass sie durch das Viertel fuhren, in dem Lord Byron wohnte. Sie kannten seinen genauen Wohnort auch gar nicht. Der Dichter stand in seiner Wohnung und schwang zwei Pistolen. Seine graublauen Augen strahlten durch die langen Wimpern, er schrie herum. Man verstand ihn kaum, so wild schrie er. Er war betrunken und hatte heute schon mehrmals viel zu viel flüssiges Opium zu sich genommen. Seine Frau, die stets vornehme und an sich haltende ehemalige Lady Milbanke, stürzte mit erhobenen Armen auf ihn zu und bog dann doch rechts vor ihm ab ins Kinderzimmer, suchte die Tochter zu beschützen, die sie erst vor zwei Wochen geboren hatte und der sie gemeinsam den Namen Ada gegeben hatten. Byron lief zum Fenster und schoss zwei Mal Richtung Mond. Er lachte grell. Byrons Frau hatte keinen Zweifel, ihr Mann war verrückt geworden.

Ja, er war ein Ungeheuer, das spürte er lodernd in sich selbst. Genau wie sein Vater, wie alle Männer in seiner Familie, von denen man ihm von klein auf erzählt hatte, dass sie ausnahmslos Mörder, Betrüger und Trinker gewesen waren. Reiche Betrüger. Außer seinem Vater, der hatte nichts gehabt. Hatte sich immer nur mit seiner Mutter gezankt und war dann weggelaufen, als der kleine Byron noch klein war. Dann war der Vater im Nichts gestorben.

Byron steckte sich eine Priemkugel in den Mund, die er seit Neuestem kaute, weil sie beim Hungern halfen. Und er hungerte, weil er nicht dick sein wollte. So dick wie seine Mutter. Seine Mutter war seit vier Jahren tot. Während sie begraben wurde, war er zum Boxen gegangen. Er konnte Begräbnisse nicht ausstehen. Er hatte nur mehr seine

Halbschwester Augusta, die er liebte und die ein Kind von ihm bekommen hatte. Er durfte sie nicht lieben. Deswegen war er vor fast genau einem Jahr diese Ehe mit Annabella Milbanke eingegangen. Aber auch, weil sie so reizend und ordentlich und unfehlbar war. Doch lieben konnte er sie nicht. Und lieben musste er, irgendwen, irgendwas lieben. Mit Annabella stimmte etwas nicht, ihre Grundsätze und Prinzipien, sie erschienen zu vollkommen und richtig. Sie war eine stolze und schamhafte Frau, Byron hatte bereits vor ein paar Jahren um ihre Hand angehalten, sie hatte das Angebot ausgeschlagen. Das zweite Mal hatte sie es nicht geschafft. Ihr ganzes Wesen durchdrang kühle Rationalität, jedem Risiko war sie in ihrem Leben aus dem Weg gegangen, Unvorhergesehenes machte ihr Angst. Sie genoss Zahlen in Reihenfolge, umso mehr reizten sie Buchstaben in Reihenfolge, Poesie war ein sehnsuchtsvolles Geheimnis für sie. Sie begriff in dieser Nacht jedoch endgültig, dass es ein Fehler gewesen war, den Dichter zu heiraten. Dass mit ihm alles falsch war, wusste Byron selbst. In seiner kolossalen geerbten Schlossruine im Nottingham Forrest war er mit Augusta gewesen, dort hatte er gelebt! Pfauen liefen im Nebel um die Seen seiner Parks, und Augusta hatte den Totenkopfbecher bewundert, aus dem er einen Liter Rotwein in einem Zug trinken konnte. Sie liebte so was, er liebte sie. Sie war bis zuletzt auch hier in der Wohnung gewesen. Sie hatten sich nicht anders zu helfen gewusst. Aber auch das hatte nicht gewirkt. Byron hatte beide Frauen beschimpft, Drogen genommen, dann wieder Whisky, dann wieder Beruhigung. Hinter seinem Rücken hatte seine Frau mit ihren und seinen Ärzten gesprochen. Gut wäre, sagten sie, wenn sie den Kranken möglichst nicht reizen und sich liebevoll um ihn kümmern würde. Byron schoss erneut aus dem Fenster. Er war ein guter Schütze, überall Scherben. An seinen Augen vorbei lief kurz darauf seine Frau mit ihrem Kind auf dem Arm. Sie floh, aber er konnte sich nicht bewegen. Lord Byron saß noch ein paar Stunden im Sessel, schmiss dann die Pistolen auf den Teppich und hinkte aus dem Haus. Die Tür stand noch offen.

13

WEIMAR

Viel konnte er draußen nicht erkennen, es war noch Nacht. Goethe saß am Fenster und sah die Welt dunkelblau schimmern. Den Umriss der alten Eiche, die wehenden Platanen daneben. Er erkannte grob den Weg, der wegführte von seinem Haus, heraus aus Weimar. An den dünnen Fenstern rüttelte der Dezemberwind, der Mond schimmerte rund und unnachgiebig. Schon wieder war Goethe viel zu früh aufgewacht zu einer Zeit, in der er noch schlafen sollte, denn die tiefe Ruhe brauchte er. Wenn er nachts nicht schlief, konnte er tagsüber schlecht arbeiten, und deshalb hatte er praktisch jetzt, wie auch schon gestern, den vor ihm liegenden Tag bereits in der Nacht verloren. Das war verheerend. Und so unangemessen! Es wurmte den Geheimrat, dass er vor so etwas Banalem nicht gefeit war. Man konnte sich, einmal zur Unzeit aufgewacht, einfach nicht erneut in den Schlaf bringen. Kämpfen, meditieren, Atem zählen, dreihundert, vierhundert, zuletzt sechshundert Atemzüge lang, nichts half.

Die Bangigkeit, die sich neben ihn gelegt hatte, die er da unergründlich liegen sah, leuchtend wie der Mond. Weil er schon wusste, dass es neben ihr im Bett nur Verzweiflung geben würde, war der Dichter aufgestanden, hatte seinen schweren Körper und kranken Rücken gefühlt, sich ans Fenster gesetzt und auf dem Weg nicht auf die Uhr geschaut. Weil es nichts nutzte. Goethe wusste vieles genau. Doch offenbar nicht genau genug, sodass sein Körper es ein für alle Mal verstand. Das Erniedrigendste bestand darin, dass die ganze Anhäufung von Wissen und daraus abgeleiteter persönlicher Größe in diesen Momenten außer Kraft gesetzt war, dass diese Währung, die durch alle Tage in allen Ländern zählte, in der einsamen Nacht nichts galt. Das umschattete für Goethe in diesen Augenblicken das ganze Projekt Menschheit. Dass er zurückfiel. Zurück! Wie ein Kind. Er schlug die Hände über dem Kopf zusammen. Was waren das bloß für alberne Gedanken!

Goethe, das darf nicht unterschlagen werden, sah hier vor dem Fenster auf einem kleinen, mit lila Samt beschlagenen Schemel sitzend ungebührlich aus. Das bis zum Hals geknöpfte, wallende Nachtkleid, die Füße in wollgefütterten blau-weiß gestreiften Hausschuhen, die Haare wirr. Der Bauch war schon beträchtlich, er lag in dieser Pose weich und schwer auf Goethes Oberschenkeln. Das war ihm alles andere als gleichgültig. Goethe bedeutete sein Aussehen viel. Es fiel ihm wieder ein, als seine Augen, kurz bevor das Morgenlicht über die Wipfel brach, auf sein Spiegelbild im Fenster zoomten. Er sah: einen älteren Mann. Im Hintergrund: Nebel. Trüb würde es heute wohl werden, aber sicher konnte man das nicht wissen, logisch.

Und als wäre das nicht schon genug, drehten seine Gedanken schreckliche Spiralen um verschiedene jüngere Männer. Das hatte mit Beethoven angefangen. Dieser hatte Goethe einmal sehr schön vorgespielt. Sie hatten sich vor ein paar Jahren gut verstanden. Aber so ein flammender Mensch begriff so vieles nicht. Und dann war Goethe noch zu Ohren gekommen, was Beethoven, der ja nicht mal mehr etwas hörte, über ihn gesagt hatte: Ihm behage die Hofluft zu sehr – mehr als es einem Dichter zieme. Hatte er denn recht? Goethe fiel der Dresdner Maler Caspar David Friedrich ein mit seinem entsetzlichen roten Backenbart. Mit Friedrich hatte er über den Himmel gestritten. Der Maler regte ihn einfach auf. In der gleichen Art eigentlich, wie ihn Kleist immer provozierte, mit dem Goethe sich praktisch über alles gestritten hatte. Kleist war nun seit vier Jahren tot, Selbstmord, in Berlin, dieser Selbstmörder-Stadt. So ging es eben, wenn man seine Gedankengebäude nicht auf ordentlichem Fundament baute. Ohne Sinn für Harmonie und Form geriet jeder Unsinn der Welt früher oder später zu nahe an einen ran. Und dann diese Deutschnation, die ihnen allen zu Kopf stieg. Irgendwas zog ihn, Goethe, zu diesen Leuten. Warum saß er sonst mitten in der Nacht am Fenster und dachte über diese Verlierer nach? Wieso überhaupt nur einen Gedanken an sie verschwenden! Vor ein paar Tagen hatte er sich mit dem jungen Schopenhauer überworfen. Wohl von dort her, dachte er, war die nächtliche Spiralbewegung gezündet. Schopenhauer hatte immerhin ein bisschen Witz, jeden Mittag ging er mit seinem Pudel spazieren. Goethe lächelte einen Augenblick. Aber Schopenhauer hatte sich vor einem Monat gegen Goethes wesentlichste Arbeit gewendet. Seine *Farbenlehre*, an der er zwanzig Jahre geschrieben hatte, die vor fünf Jahren auf 1400 Seiten erschienen war und viel zu wenig gewürdigt wurde. Der junge Schopenhauer hatte später sogar seine eigene Farbenlehre versucht. In der Sache natürlich Unsinn, aber als Geste beeindruckte Goethe es schon.

Die Menschen in Weimar und die Menschen an sich waren naiv, das war für ihn keine Neuigkeit. Doch wenn sie ihn überhaupt nicht mehr verstünden? In der Beantwortung dieser Frage lag wohl zu finden, was ihn wach hielt. Die heranwachsenden Nationalverwirrten, die ernsthaften Wissenschaftler, die normalen Leser: Es war nicht nur die *Farbenlehre*, auch sein letzter Roman, die *Wahlverwandtschaften*, in dem er die Anziehung zwischen chemischen Elementen auf die Menschen, ihre Verliebtheit und ihr Voneinanderabgestoßensein übertragen hatte, so richtig hatten beide Bücher nicht eingeschlagen. Drang er denn nicht mehr durch? Hatte er sich zu weit vorgewagt? War zu kompliziert geworden? Allesamt Fragen und Gedanken, die sich das Universalgenie noch niemals zuvor gestellt hatte. Schluss damit!

Goethe war ja so unfassbar schlau, dass man es sich nicht ausdenken konnte. Es galt als Naturgesetz, dass der Geheimrat und Dichter die Gedanken der Welt früher hörte, aufnahm, verdaute und so eigenmächtig erst formte. Nun hatte er die ersten Geräusche des erwachenden Hauses vernommen und zum Glück schon seine Hosen an. Das Frühstück hatte er alleine eingenommen. Seine Frau war krank, er wollte sie auch nicht sehen. Er schrieb hunderte Briefe, alle in Aphorismen, zuletzt hatte er diesen neuen Ton entwickelt: Von einer leichten Erhöhung aus, kathedralenhaft und doch immer einen Tupfer Lebensweltliches, Aufmunternd-Optimistisches anbei. Riemer war gekommen, Goethe diktierte ihm weitere Briefe, auch etwas Tagebuch. Das mit dem Schlafen ließ er aus, wie hätte das in 200 Jahren ausgesehen. Das hatte ihm Freude gebracht, nun lief er los zum Schloss. Man rief ihn von hinten, er tat, als hörte er es nicht. Er sollte bei Carl August antreten, seinem Landesfürsten, seinem Freund. Der Großherzog hatte Goethe als extrem erfolgreichen Mittzwanziger nach Weimar eingeladen, und er war geblieben. Bis heute, ganze vierzig Jahre später. Gemeinsam hatten sie Weimar zur kulturellen Hauptstadt Deutschlands und einem Hub der Wissenschaften gemacht. Berlin? Da war doch immer noch nichts los. Das thüringische Herzogtum hatte die napoleonischen Kriege einigermaßen schadlos überstanden, Goethe war Wirklicher Geheimer Rat des Großherzogs von Sachsen-Weimar, verantwortlich für die Kunst und Wissenschaft, dazu die Leitung des Hoftheaters. Bücherschreiben war schön und gut, aber er wollte die Welt verstehen. Und er wollte die Welt gestalten. In ein paar Tagen sollte Goethe zum Staatsminister erhoben werden.

Carl August stand vor der Tür, hatte hier offenbar auf ihn gewartet.

«Gehen wir spazieren, Herr Geheimer Rat.»

Es war kalt, praktisch Weihnachten, die zarten Flocken, einige zergingen ihm in dem Moment auf dem dicken Mantelärmel. Goethe verstand nicht recht. Nun gut, das hatten sie lange nicht getan, dahinten stand ein wenig Sonne. Und nach einigem Geplänkel hatten die beiden angenehm miteinander geschwiegen. Ihre Blicke schweiften über das Land, das sie gemeinsam beackert hatten und das gut geraten war. Sie kamen immer noch blendend miteinander zurecht. Beinahe hatte Napoleon einen Keil zwischen sie getrieben, auch jetzt konnten sie über fast alles, nur nicht über ihn sprechen. Goethe war, wie jeder vernünftige Mensch, ein Verehrer gewesen, jeder wusste, was der Kaiser zu ihm gesagt hatte, als Goethe ihn einmal in Erfurt treffen durfte: «Vous êtes un homme!» Jeder wusste es. Doch auch der kleine Kaiser wollte dann nur über

den *Werther* reden, den er sieben Mal gelesen haben wollte. Wie sie alle nur über den *Werther* sprechen wollten, sein
Jugendwerk. Goethe verstand sich vor allem als Naturforscher, es war doch so viel mehr da!

«Wie ist der Status bei den Wetterstationen, Herr Geheimrat?», fragte Carl August. Und mit dieser Frage schien
das Ende des Tages, das ja eigentlich schon in der Nacht
begonnen hatte, endgültig besiegelt.

Seit drei Jahren ließen die beiden von der Sternwarte in
Jena aus den Himmel beobachten. Auf die Initiative des
Großherzogs waren große Pläne geschmiedet worden: Ab
dem kommenden Jahr sollte es zum umfassenden Aufbau
meteorologischer   Wetter-Beobachtungsstationen   kommen, ausgestattet mit hochmodernen Thermo-, Hygro-
und Barometern zwischen Eisenach und Ilmenau. So etwas gab es in Deutschland nirgends sonst. Der Beginn der
Klimaforschung, sie sollte unter der Oberaufsicht des Ge-
heimrats laufen. Bisher ging nur leider zu wenig voran.

Goethe überlegte. Es war schwer mit den Leuten, die in
der Sternwarte und hier in Weimar halbtags Daten sammelten. Es handelte sich zum Teil um Bibliotheksange-
stellte! Sie hatten andere Sachen im Kopf, lasen falsch ab,
es war ihnen nicht recht zu erklären. Goethe erzählte davon das Nötigste und hasste zugleich so ein Gerede. Wenn
es nicht lief, aber er natürlich nichts dafür konnte. Es war
keine Literatur, sondern Staatsdienst. Er konnte das nicht
alleine lösen. Daher schwieg er gravitätisch. Vielleicht war
es Unsinn, auch das Wetter verstehen zu wollen. Aber es
lag etwas zwischen Menschen und Himmel, es gab einen
Zusammenhang von atmosphärischer Trübung und hu-
maner Stimmung, immer noch waren wir vom Wetter abhängig, aber das sollte so nicht bleiben.

«Hmm, hmm», machte Carl August. Er deutete mit der Hand auf eine Holzbank, die in der schneeigen Gegend stand, Goethe klopfte sie frei, sie setzten sich. Der Großherzog fuchtelte in seiner Tasche, reichte Goethe eine Zeitschrift und sagte dann bemüht beiläufig: «Schauen Sie mal, der neueste Almanach der Physik.»

Goethe nahm den wissenschaftlichen Reader. Er ließ seine Hände aus den braunen Lederfäustlingen gleiten, blätterte darin, bis der Großherzog «Stopp» sagte und las: Luke Howard: «Über die Modifikationen der Wolken». Seinen Körper traf ein leichter Schlag, die innere Temperatur ging hoch. Er las grob, zügig, gierig die ersten Sätze, zwei, drei Seiten, blätterte weiter.

«Nicht schlecht, oder?» Sagte der Großherzog nach einer Weile und blickte sich genussvoll um, aber Goethe hörte ihn nicht. Er war im Text und zugleich in den Wolken. Das war ja nicht zu glauben, was dieser Howard schrieb. Irgendwann las er laut: «Wären die Wolken nichts anderes als eine Verdichtung des Wasserdampfes in den Gegenden der Atmosphäre, wo sie sich befinden, und würden ihre Veränderungen bloß durch Bewegungen der Luft bewirkt, so könnte man die Beobachtung der Wolken und ihre Modifikationen mit Recht für undankbar und eitel halten, weil ihre Gestalten unaufhörlich mit den Winden, welche die Dünste umhertreiben, wechseln würden, und nicht durch bestimmte Merkmale zu definieren wären. Aber es ist Zeit, diese falsche Vorstellung … zu berichtigen.»

Was für eine Verve. Goethe konnte die Augen nicht abwenden. Dieser Mann unternahm den Versuch, den Himmel zu vermessen. Er las im Firmament, und die Wolken wurden zu Buchstaben, zu eindeutigen Zeichen. Er gab ihnen Namen. Es gebe unzählige Wolkenformen, die da oben fliegen und sich ständig veränderten, aber im Grunde, las Goethe, nur drei verschiedene Typen: Cirrus, Stratus, Cumulus. Klassifizieren, rastern, eine Ordnung, eine Sprache in den Himmel bringen. Das war so schlicht und einfach und …

«Genial», sagte Goethe nach ein paar Minuten.

«Ich dachte mir, dass Ihnen das gefallen würde.»

«Das ist ein Neuanfang.»

«So ist es.»

«Ein ganz neuer Zweig der Naturwissenschaft ist geboren.»

«Ja.»

«Sie wissen, dass ich die Morphologie erfunden habe?»

«Jeder weiß das, Geheimrat.»

«Ich habe früh erkannt, dass es an mir ist, Kunst und Wissenschaft zu vereinen. Alle nur denkbaren Wissenshorizonte der Natur in mich einzuspeisen, zu verstehen und dann künstlerisch umzuformen. Sodass die Wissenschaft in der Poesie erst wahr wird.»

«Dafür haben wir Sie damals hierhergeholt.»

«Das hier bringt mich auf ganz neue Ideen. Die morphologische Wissenschaft von der Gestalt und der Form, sie kann von hier aus womöglich weitergedacht werden. In den Himmel. Die natürlichen Muster in der Natur …»

Goethe liest.

«Goethe?»

…

«Goethe?»

«Ja. Ja. Wer ist der Mann?»

«Ein Apotheker aus England, sehr religiös, Quäker.»

Das war ja nicht zu glauben! Aber auch, dass Carl August ihm, und nicht umgekehrt, wie eh und je, Goethe Carl

August von den neuen Sachen erzählte. Es waren neue, es würden andere Zeiten werden, Goethe würde sie nicht verpassen. Nicht mit diesem Fürsten, diesem Freund, nicht mit diesem Thema, das nun wie von Geisterhand zu ihm gekommen war in allerhöchster Not.

«Das ist Poesie», sagte Goethe beflügelt.

Carl August lächelte.

«Wolken ... Wenn es gelingen würde ... Ich muss mehr lesen.»

In einem tief euphorisierten Zen-Superzustand ging Goethe über den Markt nach Hause, sah, wie gut und irgendwo auch interessant all die lieben Leute in Weimar aussahen und wie sie sich freuten, dass er da war. Er grüßte, und die Leute schauten auf, waren angetan, verrückt nach ihm. Er würde die Wolkentheorie erfinden. Aber was heißt Theorie, die gab es offensichtlich bereits. Er würde sich natürlich die Theoriepraxis dazu ausdenken. Das Formloseste, die ewige Verwandlung und permanente Bewegung, die Wolken am Himmel. Sie waren reine Poesie, und eben auch zu etwas gut. Mit ihnen konnte man also arbeiten, und so wohl auch etwas ableiten.

«Friedrich!», rief er plötzlich aus. Jemand musste die Wolken dieses Quäkers, die nun auch seine Wolken waren, malen, illustrieren, zu Gestalt formen. Und wer war der beste Wolkenmaler in Deutschland? Der verrückte, bornierte Caspar David Friedrich.

Er schoss mit dem Fuß ein Steinchen über den Gehweg. Goethe hatte ihn voll getroffen, und er hüpfte von dem zivilisierten Weimarer Bordstein in die danebenliegende Wiese, auf der man den gefrorenen Tau auflesen konnte.

14

EUROPA

Am Vorabend des Jahres 1816 machten die Leitartikel der Zeitungen Hoffnung. Die Französische Revolution war lange vorbei, ihr Kaiser geschlagen und weit weg nach St. Helena im Atlantik verbannt. Man wollte nach den vergangenen Jahren, in denen der immerwährende Krieg gewütet hatte und die Ausläufer einer kleinen Eiszeit die Länder bereits erkalten und dann darben ließen, wieder einmal zu Kräften kommen. Die Fürsten hatten auf dem Wiener Kongress die alten Regeln reinstalliert. Und ob das nun gut oder schlecht war, immerhin empfanden die meisten wieder eine feste Ordnung. Das war, was man von alters her lehrte, und konnte so grundverkehrt also nicht sein. Denn sonst wäre es schon vergessen worden. Weil man das Missliche immer vergaß und von der Vergangenheit das Schönste in der Erinnerung überlebte. So dachten jedenfalls die meisten am Silvesterabend. Es knallten Leuchtfeuer im Himmel, man schoss dazu aus Musketen in die Luft und nicht mehr auf Menschenbrüder. Man wollte alles Gute gerne glauben. Warum sollte die Welt nicht eine bessere werden?

15

LONDON

Lady Byron hatte die Scheidung eingereicht. Ein Blatt Papier, ein rotes Siegel aus Wachs darunter, Byron sollte es unterschreiben. Er schaute es an. Wörter waren für ihn lebendige Wesen. Sie unterschieden sich nicht von Pflanzen oder Tieren, aber erzeugten eine ungleich höhere Wirkung. Durch die Wörter, die er schrieb, das hatte er bald gemerkt, gelangte er nach überall. Sie waren sein Antrieb, seine Flügel, sein Schicksal. Der erste Sex seines Lebens war ohne Worte gewesen, mit neun Jahren hatte sein Kindermädchen ihn entjungfert. Danach hatte Byron in Palästen und Baracken, in der Wüste und den Weltmeeren Sex gehabt, mit allen Geschlechtern jeden Alters. Weil er es wollte? Weil er es tat.

Nun wollte seine beinahe schon Ex-Frau ihm das Kind nehmen. Dazu stach sie Berichte an Journalisten durch, die ihn zum Vergewaltiger und Verrückten machten. Von Inzest und Homosexualität tratschte die englische Gesellschaft seit Wochen. Es war schwer für eine Frau, dem Mann sein Kind zu nehmen, ihr schien es zu gelingen. Byron fasste sich in die voluminösen Locken und dann an den Bauch, er fraß hemmungslos. Danach Abführmittel. Seine sonst transparente Haut war von Pusteln gerötet, er schob die dicke Suppe und den Scheidungsantrag von sich und raffte sich auf. Was die Fakten anging, hatte Lady Byron mit den meisten Anschuldigungen wohl recht. Aber störte ihn das alles überhaupt? Nicht besonders. Er suchte sich eine Abwechslung.

Lord Byron ließ sich an diesem kalten Morgen zu Beau Brummell fahren, der bis vor Kurzem größten Stilikone Englands. Ein alter Freund, dem es, und das war das Tröstliche, noch schlechter ging als ihm. Brummell hatte nicht weniger als den modernen schwarzen Herrenanzug erfunden. Er war der Erste, den man einen Dandy nannte. Anders als alle, die ihn bewunderten, war er nicht in die Aristokratie hineingeboren, Brummell war der Sohn eines Sekretärs, der ihn allerdings in Eton und Oxford unterbringen konnte. Ein damals magisches Beispiel sozialer Mobilität, die Brummell noch weitertreiben sollte. Er war Husarenoffizier geworden und hatte beim Militär den Prinzen von Wales kennengelernt, den Sohn des verrückt gewordenen Königs von England, der noch auf dem Thron saß und herrschte, doch nicht mehr öffentlich in Erscheinung trat, denn er lebte in einem konstanten Delirium. Ein Geist herrsche über England, das Volk machte Witze über ihn. Sein Sohn ärgerte sich über das Volk und über seinen geistig umnachteten Vater. Der Prinz fand, er selbst sollte König sein. Und vielleicht mochte er deswegen Beau Brummell von Anfang an. Weil er alles zu können schien, was er wollte. Der Königssohn hatte sich in Brummell verliebt, so wie kurz darauf die ganze allerhöchste Gesellschaft Londons. Wie er das gemacht hatte? Sagen wir: Er achtete auf sich.

An diesem Morgen waren schon einige Herren anwesend und in feste, hochwertige Stoffe gekleidet. Wie stets bemühten sich die Männer, den von Brummell diktierten Stil exakt zu kopieren. Sie alle atmeten seine zwei obersten Regeln. «Absolute Ungerührtheit» und «Gut gekleidet sein heißt nicht auffallen.» Er brachte Schlaghosen in Mode, verbot gepuderte Perücken und trieb den reichen Bürgern die exaltierte und überdekorierte Travestie der Aristokratie aus, die diesen auch Jahre nach der Revolution noch nachhing wie eine schwere Krankheit. Der Dandy entwickelte eine neue Grammatik der absoluten Reduktion und des makellosen Schnitts, er sprach unverschämt und vernichtend. Seine Assistenten, die er danach auswählte, seiner Körperform genau zu ähneln, hatten die einzige Aufgabe, seine aus den besten Stoffen geschneiderten Jacketts wochenlang einzutragen. Er stopfte ihnen dazu Wackersteine in die Taschen, sodass die Jacken, wenn er sie später anzog, bereits auf gute Art abgetragen wirkten. Er brachte England bei, etwas so aussehen zu lassen, als hätte man nicht darüber nachgedacht. So schauten hier heute also steife Kragenecken schneeweißer Blusen aus dunkelblauen Anzügen. Einige Männer trugen in der Hand Zylinder. Sie waren eine Legion, seine Armee. Und so beflissen auf ihr eigenes Wirken konzentriert, dass ihnen entging, dass Lord Byron etwas ausscherte. Er trug das Hemd offen und unordentlich, ein verspielt-pastellfarbenes Halstuch, am Saum seiner Hose war eine Kordel aus bunten griechischen Perlen befestigt.

Als Beau Brummell das Zimmer betrat, erkannte er Byrons Ausschweifung sofort und nahm es persönlich, ließ sich aber vorerst nichts anmerken. Es ging los. Der Anlass des

Treffens war derselbe wie jeden Tag: Beau Brummell zog sich an. Es war neun Uhr in der Früh, und die Zeremonie würde wie stets mehrere Stunden umfassen. Byron genoss jeden der Schritte, zigmal hatte er dem hier beigewohnt. Angenehm schwer wurde sein Körper, er sah Brummell an einem runden Tisch sitzen, er wusch sein Gesicht mehrmals gründlich mit reinem Wasser und tupfte es mit einem weißen Handtuch trocken. Er sah ihn sich rasieren, dazu mehrere schäumende Seifen benutzen, dann einige Cremes in die Haut massieren. Brummell wusch sich langsam die Zähne mit einer schlichten Bürste, die Zuschauer waren begeistert. Sorgfältig reinigte er danach die Instrumente zur Pflege seiner selbst, es duftete nach Moschus. Byron erkannte von seinem Platz aus sein Gesicht in Brummells Spiegel und dachte an seine Mutter, die weder glücklich gewesen war, als sie arm waren, noch, als er durch den Tod eines Verwandten völlig unverhofft zum Lord und dadurch reich wurde. Er fragte sich, ob er jemals glücklich sein könnte. Von klein auf klang dem Dichter der heftige Krieg zwischen seinen Eltern in den Ohren, er war schon immer allein auf der Welt. Doch eine Zeitlang hatte er sich der schönen Illusion hingegeben, dass es nicht so wäre. Derart gedankenverloren streichelte Byron sich mit den Fingern über die Wange wie ein Vater seinem Kind. Als er zuckend aus einer Träumerei erwachte, goss Brummell prickelnden Champagner auf seine Stiefel und rieb sie damit ein. Die Männer rückten näher. Und dann hielten sie die Luft an, es war der Augenblick der Wahrheit gekommen, der liturgische Höhepunkt des Gottesdienstes. Nach drei Stunden brachte ein Diener, den ein leichter Schweißfilm auf der Haut zum Glühen brachte und dessen beinahe geschlossene Augen der Zeremonie die nötige Frömmigkeit verliehen, Brummell auf einem wattierten Tablett die Krawatte. Der nahm sie ohne zu zögern und schlug sie in Sekunden mit einer Eleganz um den Hals, die unbeschreiblich war. Nie wieder würde man so etwas erleben. Byron wusste genau, dass Brummell für diese Bewegung stundenlang experimentiert hatte. Es lag sowohl vollendetes handwerkliches Können als auch geistiges Geschick und reines, nie versiegendes Talent darin. Und kurz darauf kam der Clou, den auch Byron nicht vorausgesehen hatte. Brummell zupfte ein schwarzes Taschentuch aus der Hosentasche, ein Raunen ging durchs Zimmer. Es schien das perfekte Schwarz zu sein. Aus einem Teil Samt bestand wohl der Stoff, glaubte Byron zu sehen, der der hauchzart genähten Baumwolle einen kaum sichtbaren, meisterhaften Stich ins Graue gab. Eine Wissenschaft, die Brummell seit Jahren betrieb, das perfekte, das schwärzeste Schwarz überhaupt zu finden, auch sie schien vollendet. Brummell tupfte sich kurz, fast ohne sein Gesicht zu berühren, die Stirn, die Männer stöhnten auf.

Der Dandy schaute in das verschlossene Gesicht seines Freundes, um das herum seine rötlichen Haare schimmerten. Wie alle hier Anwesenden wusste auch er: Brummell war bankrott. Der traurige Königssohn hatte mit ihm gebrochen, nachdem Brummell ihn zum wiederholten Mal als dick bezeichnet hatte. Danach war die Modeikone gefallen, wie ein Stein einen schroffen Berg hinunterfällt, in immer weiteren Sprüngen, immer unaufhaltsamer. Da er von Haus aus kein Geld besaß und leidenschaftlich spielte, um den Lebensstandard seiner aristokratischen Freunde zu halten, vorwegzunehmen und immer weiter zu diktieren, war er hochverschuldet. Die Einladungen kamen seltener, und das allein war letztlich das Ausschlaggebende, die Vernichtung. Jahrelang galt eine Veranstaltung nicht als eine solche, wenn Brummell nicht teilnahm. Auch die Freunde hier, das sah Byron genau, waren nicht mehr so einflussreich. Doch erst vor diesem Hintergrund, begriff er, konnte die Morgentoilette zur größten werden, der er je beiwohnen würde. Falten waren im Gesicht seines Freundes zu finden, auch ein nie mehr verschwindendes Doppelkinn, aber der Dandy wirkte darüber vollkommen erhaben. Dass dieses Schauspiel aufgeführt wurde, ob- wohl doch alles vorbei war, als eine leere Geste, machte es so unerreicht. Der Meister war vernichtet, eine Epoche zu Ende.

Brummell sagte die vier Stunden über kein einziges Wort. Doch ganz am Ende, Byron war bereits im Gehen be- griffen, rief er ihn zu sich, schaute für vier Sekunden eisig und abschätzig an ihm herab und sagte mit der wärmsten Stimme: «Um zweierlei beneide ich die Tiere. Sie wissen nicht, was an Bösem droht, und sie wissen nicht, was über sie geredet wird.»

Als Byron nach Hause kam, lag dort ein schwach rosa- farbener, parfümierter Brief. Absender anonym, offenbar von einer jungen Bewunderin. Byron las ihn und legte ihn gelangweilt beiseite. In der Bauchgegend fühlte er etwas wummern, er goss ein großes Glas Brandy darüber und legte sich auf sein Bett. Unter dem Kopfkissen lagen seine geliebten Pistolen. Byron berührte das Eisen sanft mit den Fingern.

Den Brief hatte Claire Clairmont geschrieben. Sie war seit einem Monat zurück in London, und niemand fragte, ob sie dort, wo sie gewesen war, ein Kind bekommen oder

weggemacht hatte. Und ob es Percys Kind war. Sie wohnte abwechselnd bei ihren Eltern und ihrer Schwester, sie
wollte wieder Schauspielerin werden, ein Glanz sein. Die
Verehrung für Byron verwebte sich in ihrem schwarzge-
lockten Kopf und ihrem großen Herzen mit dem Wunsch
nach gesellschaftlichem Aufstieg und einem neuen Kapitel
im schwesterlichen Wettstreit. Von klein auf wurde Claire
deutlich gemacht, dass die ein Jahr ältere Mary der strah-
lendere Stern war. Nun wollte sie es allen zeigen, vor allem
Mary, die sie so bewunderte und so beneidete. Voll von
einem Hass, stark brennend und leicht löschbar, wie er
nur bei Teenagern ausbrechen kann. Sie würde nun Lord
Byron erobern.

In ihren ersten Brief hatte Claire alles geworfen, was sie
von Percy und Mary aufgeschnappt hatte: Eine Aktivistin
sei sie, gegen die Ehe, Gott gibt es nicht, die Liebe müsse
frei sein, die Verhältnisse zerstört! Sie erhielt keine Antwort.
Ein paar Tage später schrieb sie: «Seit einem Jahr sind Sie
der Gegenstand meiner Überlegungen in jedem Augenblick, den ich allein für mich habe. Ich erwarte nicht, dass
Sie mich lieben, ich bin Ihrer Liebe nicht würdig. Haben
Sie Einwände gegen folgenden Plan? Donnerstagabend
könnten wir mit einer Schnellpost oder auch der normalen
Post zehn oder zwölf Meilen aus London wegfahren. Dort
wären wir frei und unbekannt, am nächsten Tag könnten
wir zu früher Stunde zurückfahren.» Sie unterzeichnete
nun mit ihrem Namen. Und schrieb dann noch: «Wenn
Sie sich unterhalten wollen, lassen Sie Ihre Launen an mir
aus, ich werde lieber alles hinnehmen, als Ihnen zu wider-
sprechen.»

Byron imponierte die seltsame Mischung aus Selbstbe-
wusstsein und Unterwürfigkeit. Und dass ihre Schwester
Mary Godwin war. Leserinnen boten sich ihm regelmäßig
als Liebhaberinnen an. Sie wollten den Mann aus den
Büchern, sich selbst in Kunst verwandeln. Für Byron gab
es nur das Leben, von Kunst hielt er im Grunde nicht viel.
Claire verachtete er bereits, bevor er sie zum ersten Mal
sah.

Er lud sie zu sich nach Hause, zog sich ein hautfarbenes
Präservativ aus Schafsdärmen über sein erigiertes Glied
und band die am Ende angenähten Stoffbändchen kräftig
zu, Claire fletschte die Zähne. Sie sahen gut zusammen aus,
als sie von Schweiß bedeckt nebeneinanderlagen. Byrons
schwere Locken auf Claires weißer Brust. Seine harten,
brutalen Hände, ihre kleinen brutalen Hände, zwei Körper,
die sich auf Anhieb verstanden. Er schickte sie danach
nicht fort, wie er es eigentlich geplant hatte und wovon
auch Claire ausgegangen war. Sie machten weiter. Er fand
es beruhigend, wie irre sie permanent daherplapperte, aus
ihrem Roman vorlas, den sie *Der Idiot* nannte. Sie konnte
sehr schön singen, er liebte ihren kleinen festen Arsch, den
Claire ihm jederzeit enthusiastisch entgegenstreckte. Sie
liebte seinen riesigen Neufundländer, alle Tiere, sein Haus,
die orientalischen Teppiche, seinen sinnlichen Mund und
die weiche, schattige Stimme, die aus ihm herauskam.
Claire liebte jedoch auch sich selbst, sie fühlte sich weit
über ihre Zeit hinauswachsen. Frauen durften nicht einmal alleine über die Straße gehen. Männer konnten sie sich
nehmen, jederzeit. Die Radikalität und selbstbewusste Of-
fenheit, mit der sie sich hingab, machte Byron Eindruck,
ihre Verführungskunst und sexuelle Ausschweifung über-
tölpelten ihn, sie hatte die Oberhand. Als sie am nächsten

Morgen aufwachten, schmiss er sie jedoch raus. Claire stand auf der Straße und war überglücklich. Sie glaubte an Gott und liebte den Teufel. Byron war der schönste Teufel. Er hinkte sogar. Sie hatte es schon vorher gewusst, jeder wusste so viel über ihn. Nun hatte sie es mit eigenen Augen gesehen.

Wie ein Pfau stolzierte die junge Frau durch London. Sie war erfolgreich und verliebt, ihre Fantasien verwandelten sich in Realität. Die Sonne schien, sie frühstückte warmen Apfelkuchen im Gehen. Die Leute schauten sie an, fand sie. Claire fuhr zu Mary, in der Kutsche nach Bishopsgate meinte sie eine Baronin zu sein. Dem Kutscher gab sie alles Geld, das sie hatte, ein zu großes Trinkgeld für ein Mittelschichtmädchen, aber so würde es nun sein. Er steckte es gierig ein und lachte sie aus.

Mary war erschöpft. Sie lag auf einem Canapé inmitten bunter Kissen, ihre Augen halb geschlossen, ihr kleiner Sohn neben ihr. Er war vor drei Monaten, Ende Januar 1816, geboren. Mary und Percy hatten ihn William genannt, nach Marys Vater, mit dem sie noch in erbittertem Streit lagen. Für einen Tee ohne Zucker gingen die beiden Schwestern hinaus in den Garten. Claire lief auf die Schaukel zu, schaukelte so hoch, dass zwischen ihren Beinen jubelnde Luft wurde. Mary bettete ihren Sohn auf einer blauen Decke ins Gras, gleich neben den Margeriten, den Lupinen, dem Jasmin, in deren schwere Blüte in diesem Augenblick eine dicke Hummel tauchte, ihr unheilvolles Brummen klang mechanisch. Ein Mädchen, das ein wenig aussah wie Claire, servierte den Tee. Mary erzählte, wie es war mit dem Kleinen, mit dem Haus, dem Garten, den Büchern, ihrem ausdauernden Studium der Bücher. Sie wunderte sich, warum Claire nichts sagte. Sie redete doch sonst in einem fort.

«Wo ist Percy?», fragte Claire irgendwann.

«Ich habe dir gerade gesagt, er ist in London. Er muss das mit dem Geld klären. Seine neueste Idee ist, dass wir nach Italien auswandern.»

«Sollte er nicht hier sein bei dir und Willi?»

«Ich habe dir gerade gesagt, dass ich es mir wünschen würde. Hast du denn gar nicht zugehört?»

Sie schwiegen.

Wenn man so einen Vater hatte und so eine Schwester, brauchte man keine Feinde mehr, dachte Mary und überlegte, wann der kleine William das nächste Mal Hunger haben würde. Müde fragte sie: «Was machst du den ganzen Tag?»

Claire lächelte maliziös und schwieg. Plötzlich wurde sie sauer. Sie konnte es sich nicht erklären, denn sie war doch verliebt und hatte großen Erfolg gehabt. Etwas in ihr hielt sie davon ab, ihrer Schwester von Lord Byron zu erzählen. Sie wusste, dass, wie es dazu gekommen war, kein gutes Licht auf sie werfen würde. Gleichzeitig wollte sie Mary unbedingt davon erzählen. Sie sprang mit Schwung aus der Schaukel.

«Lord Byron will euch treffen», rief sie. Sie wusste nicht, warum sie es sagte. Vielleicht war es ein Kompromiss.

«Lord Byron?», lachte Mary. «Wie kommst du denn darauf? Percy hätte es mir sicherlich erzählt. Ich glaube nicht, dass Byron uns treffen will. Ich würde denken, er hat gerade andere Probleme.» Auch Mary las die Zeitung.

«Doch, er hat es mir gesagt.»

«Woher kennst du Lord Byron?», lächelte Mary verwundert.

«Ich habe ihn am Theater getroffen. Er will mir helfen, eine Rolle zu finden.»

«Lord Byron?»

«Ja, Lord Byron.» Claire lachte hochmütig und nervös. Aber sie war jetzt noch wütender auf sich selbst und lief zurück ins Haus. Mary blieb im Gras liegen. Willi schlief selig. Marys Augen fielen zu. Was redete diese Schwester nur.

Lord Byron antwortete nicht auf Claires Briefe. Wenn sie verzweifelt bei ihm klopfte, ließ er sich von Dienern mit mitleidlosen Augen verleugnen. Für ihn war diese Affäre beendet, er hatte der Scheidung zugestimmt und betrank sich jeden Tag mit seinen Freunden. Die Welt um ihn herum brannte, bald würde er London verlassen müssen, es blieb keine andere Möglichkeit. Ein letztes Mal traf er seine Schwester, die er umso mehr liebte, je weniger er sie sehen durfte. Am Ostersonntag verabschiedeten sie sich weinend.

Einmal noch sah er Claire. Es war am Ausgang des Drury Lane Theatre, Byron ging gerade hinaus, sie kam. Einen kurzen Augenblick überlegte er, ob er Claire in einem der ekelhaften Schauspieler-Schminkräume nehmen sollte, dann sagte er: «Ich gehe weg aus London.»

«Wohin denn?»

«Den Sommer werde ich in Genf verbringen.»

Claire stand da und fragte:

«Ich komme mit?»

Byron schaute sie an, als wäre sie geistesgestört.

«Mary liebt Sie, sie will Sie, ich kann das arrangieren», stammelte sie verzweifelt, «es ist für mich auch in Ordnung.»

Byron sagte Adieu, Claire rief: «Wir kommen auch! Mary und Percy wollen weg. Wir kommen Ihnen nach!»

Byron humpelte bereits fort, sein riesiger, schwarzer Rücken. Er fuchtelte mit dem rechten Arm in der Luft herum, als verscheuche er Fliegen.

Die fest entschlossene Claire verbrachte die nächsten Tage bei Mary und Percy: «Byron will, dass ihr nach Genf kommt. Lass uns gemeinsam dorthin reisen!» Percy war elektrisiert von der Idee, befand sich jedoch in furchtbarer Verfassung. Aß nicht mehr, redete oft wirr. Er sah in den Hecken des Gartens Gestalten, bildete sich ein, dass sein Vater ihn einsperren lassen wollte. Sein Buch bekam keine Kritiken, nicht einmal schlechte. Er brauchte Gleichgesinnte.

«Seit über einem Jahr bringt mich dein Vater zur Verzweiflung», stritt er sogar mit Mary. «Ich habe ihm viel Geld gegeben. Ich habe nichts mehr. Er gibt keine Ruhe. Hat er Ideale? Wo sind sie?»

Ihr Vater ging Mary nicht auf die Nerven, nein, ihr Vater machte sie seit einem Jahr unglaublich traurig. Er sprach nicht, er kam nicht zu ihr. Mary konnte es nicht mehr ertragen, auch sie war nun fest entschlossen. Sie wollte los, egal wohin. Das vergangene halbe Jahr war das bisher schönste in ihrem Leben gewesen. Es löste sich gerade in Paranoia und Stress auf.

Anfang April ließ Byron das genaue Abbild der monumentalen dunkelblauen Kutsche bauen, mit der Napoleon nach Waterloo in den Krieg gefahren war. Er war ganz vernarrt in den kalten Herrscher. Wer war er selbst in dessen Angesicht? Byron packte seine Möbel und Tiere ein, die riesigen Hunde, drei Affen, Katzen, einen Adler, eine einäugige Krähe, einen dicken Falken. Zudem engagierte er einen geltungssüchtigen, halbitalienischen Leibarzt, der ihn auf der Reise begleiten sollte. Er hieß John Polidori. In den letzten Tagen hatte sich in seinem Herzen eine fatalistische Freude eingefunden, es war ja doch alles verloren. Sein Schloss, seine Familie, das England, das er sich innerhalb von vier Jahren zum Untertan gemacht hatte. Er musste weiter.

Am Morgen des 25. April schlug er die Tür seines Hauses endgültig zu. Freunde begleiteten ihn, eine Menschenmenge hatte sich versammelt und staunte. Man wusste nicht, was zu tun war. Pfeifen, weil er so gemein war, oder frenetisch klatschen, weil sie ihn anhimmelten. Es hatte einen wie ihn noch nie gegeben, und ihre Münder blieben still, sie schauten mit großen Augen. Byron schmiss ihnen lässig eine weiße Rose hin, der Star und sein Gefolge fuhren los nach Dover, wieder einmal nach Dover. Nur wenige Stunden später kamen die Gerichtsvollzieher und nahmen mit, was noch übrig war, auch sein gezähmtes Eichhörnchen mit den riesigen schiefen Zähnen.

In einem Restaurant am Hafen aß er ein letztes Dinner mit seinen drei besten Freunden. Das Meer toste laut, sie lachten das Lachen von Männern von Welt und tranken einige leichte französische Weine. Auf nichts kam es so sehr an wie auf Wirkung und nichts machte einen glücklicher als Gleichgültigkeit, das hatte er von Brummell gelernt, der drei Wochen später ebenfalls aus England fliehen musste, allerdings nicht so weit kam und in Armut starb. Als Byron das Schiff für die Überfahrt betrat, lächelte er und seine Augen weinten. Er würde weder England, noch seine Ex-Frau, noch seine Tochter jemals wiedersehen.

16

DRESDEN

Eine Milliarde Menschen lebten auf der Erde. Und ob diese die Gestalt einer Scheibe, einer Kugel oder einer Kartoffel hatte, interessierte die meisten von ihnen überhaupt nicht. Wenige überschritten in ihrem Leben die Grenzen des Dorfes, in dem sie geboren wurden. Natürlich wusste praktisch niemand, dass der Tambora explodiert war. Sie hatten keine Ahnung, dass es den Tambora gab. Dabei hatte der Vulkan viele Namen. Viele, die seine Namen kannten, waren nicht mehr da. Der Radscha von Sanggar war letzten Montag verstorben. Rasselnd und röchelnd hatte er zuletzt nach Luft geschnappt und bald keine mehr gefunden. Seine Hand hielt eine ihm unbekannte Frau. Wie Feuer leuchtete das Zimmer, in dem er seine Augen zum letzten Mal schloss.

Ein großer Teil der Weltbevölkerung begann unter den Folgen des Vulkanausbruchs zu leiden. Die Wolke traf im Frühling 1816 verschiedene Orte auf unterschiedliche Art und Weise. In Indien herrschte eine brennende Dürre, ebenso in China. Dort kam es zudem zu enormen Überschwemmungen und vereisten Küsten. Auch Nordamerika, Kanada und Mitteleuropa wurden zu Zentren der Klimakrise. Die Temperaturen fielen langsam und tödlich zu den klirrendsten seit Beginn der ersten Wetteraufzeichnungen. Schneestürme zogen übers Land, der Himmel schoss faustgroße Hagelkörner auf die Felder, es hörte nicht mehr auf zu regnen. Bitterkalt und dunkel wurde es in diesem Frühling, aber niemand kannte den Ursprung. Wie sollte man davon wissen? Wie sollte man eine Insel in Indonesien kennen? Wie den Zusammenhang herstellen?

Die kleine Minna kannte Gott. Sie wusste, dass er schon immer alles bestimmte und machte, wenn die Elisabeth krank wurde, der Teufel den Karli nahm und man ihm danken musste, wenn man Essen hatte. Gott war abertausend mal mächtiger als die Natur. Auch sie hatte er geschaffen. Immer mal wieder kam einer in die Stadt, machte sich groß am Rathausplatz und redete fremd und geschwind, behauptete einen anderen Gott als den Allmächtigen oder sagte Sprüche auf, in denen man selbst entscheidend und schön war. Einer dieser Heilpriester hatte ein Gesicht, das man nur lieben konnte, weil es so offen und klar war wie der blaue Frühlingshimmel. Er kam einmal im Jahr auf den Dresdner Marktplatz und erzählte für ein paar Pfennige von einem neuen Evangelium, und dann kam er nicht mehr und Minnas Vater sagte, dass die vom alten Evangelium ihn gekriegt hätten. Die Priester waren überall, und so war Gott. Aber Gott lebte auch in den Pflanzen und im Wind, und Minna spürte das am frühen Morgen, wenn sie rausging zu den warmen Kühen, damals, als ihr Vater noch Kühe hatte.

Sie war wohl zehn Jahre alt und saß auf den grauen kalten Steinstufen, die heraufführten zum Haus An der Elbe 33. Die Ränder der Elbe froren noch immer zu, es trieben schneebedeckte Inseln auf der Oberfläche des Stroms. Aus ihren kleinen grünen Augen schaute das Mädchen hoch zum Maler, der gerade im Begriff war, aus dem Haus zu stürzen, in dem er wohnte und malte. Sie wartete auf ihn.

«Du schon wieder!», freute sich der große schlanke Mann beim Anblick des kleinen Mägdleins. «Wo wohnst du eigentlich?»

«Da hinten.»

«Ah ja. Da hinten», sagte der Maler in Gedanken.

«Hast du noch eins für mich?»

«Ah ja», sagte er lachend und auf einmal ganz da.

Minna sagte: «Ich habe aber nicht viel Zeit, ich muss gleich arbeiten.»

Der Maler, der fast nie lachte, lachte.

«Na, dann komm doch mal schnell mit rein, es ist ja kalt hier. Wie lange wartest du denn schon?»

Der Maler, der nie sprach, sprach plötzlich viel. An sich durfte niemand einfach so in sein Atelier. Der Landschaftsmaler Caspar David Friedrich lebte als mittlerweile vierundvierzigjähriger Junggeselle. Man kannte ihn seit seiner Ankunft in Dresden vor fünfzehn Jahren als unzugänglichen, humorlosen Eigenbrötler. Dresden, so ließ sich getrost sagen, mochte seinen Maler Friedrich nicht.

Obwohl sie nie in die Schule ging, war sie schlau, das sah er in Minnas Augen und darin, wie sie ihren Körper hielt, auch mit zehn Jahren. Wenn sie ein bisschen Glück hatte und genügend zäh war, würde sie sich dies noch etwas bewahren können. Das Mädchen war vernarrt in seine Zeichnungen. Sie fragte alle paar Tage nach neuem Material. Friedrich zeigte ihr einige Werke. Äste, verdorrter Baumstumpf, Wurzeln. Er wühlte in Entwürfen und schenkte ihr ein Blatt mit zwei dürren Fichten drauf, die er im Gebirge skizziert hatte. Minna schaute auf die Leinwand am Fenster. Sie sah einen halben Hafen im Nebel stehend.

«Es ist der Hafen von Greifswald. Warst du mal in Greifswald?», fragte Friedrich.

«Nee, ich war hier. Ich muss gleich arbeiten.»

Minna wusste, dass heute in der Küche die Kuchen gebacken wurden, und wenn sie Glück hatte, würde sie von oben ein kleines Stückchen abnehmen können und den sahnigen Teig dann wieder so aufschichten, dass es niemand merkte, aber sie würde es merken in ihrem warmen Bauch.

«Ich komme von Greifswald», sagte Friedrich. «Dort ist das Meer, die Ostsee, du würdest es mögen. Man wird still, man kann in Ruhe in die Welt schauen. Man muss viel schauen. Aber ein Maler, der in sich selbst nichts findet, das lass dir gesagt sein, der ist kein rechter Maler, der braucht mit dem Schauen gar nicht erst anfangen», erklärte er wie ein Zeichenlehrer.

Minna sagte nichts.

«Man kann die Bilder nicht aufschließen wie ein Schloss.»

Er redete die Woche über oft kein Wort. Nun redete und redete er. Minna verstand nichts.

‹Er redet und redet, und auf seinen Bildern ist fast nichts drauf›, dachte das Mädchen. Als wäre es noch nicht zu Ende. Auch in seinem Malraum war nichts. Er musste wohl ein reinlicher Mann sein, alles hielt er in Ordnung. Wie bei ihrer Mutter. Es gab jedoch nur einen Stuhl, einen Tisch, an der Staffelei lehnte ein langer dünner Stab, für dessen Bewandtnis sie sich keinen Grund denken konnte. Zwei große Fenster, dahinter die Elbe. Der Geruch offener Farben. Vollkommen schwarz angestrichen hatte der Maler die Wände. Tiefschwarz, alles. Wie ein Loch. Unheimlich fand sie es aber nicht.

Friedrich sah, dass Minna hungrig war. Man sah es schnell, wenn man den Hunger kannte. Viel hatte er nicht, er ging in die Kammer und brachte ein Knuten dunkles Brot und Milch. Er hatte noch ein Bier. Sollte er es schon trinken?

«Danke», sagte sie leise, biss ins Brot, und ihre Augen kamen sanft zur Ruh. Bald musste sie saubermachen gehen bei der Frau. Sie schaute mit großen Augen auf den halben Hafen, Friedrich schaute sie an. Draußen läuteten die Glocken. Mit einem plötzlichen Stich dachte er an seinen Bruder Johann Christoffer. Das Mädchen mochte genauso alt sein wie er. Zwölf Jahre war er gewesen, und Friedrich erinnerte sich, dass es ein Samstag war, weil sein Vater da nicht in die Gießerei ging. Er erinnerte sich, wie er ohne seinen kleinen Bruder nach Hause kam und der Vater in seinem alten Sessel saß. Wie er dastand in seinen steif gefrorenen, dampfenden Kleidern und der Vater es sofort wusste. Sein Vater schrie so laut wie nie davor und nie danach, er schrie wie ein Schwein, wie ein Löwe, wie ein Tier. Johann Christoffer und Friedrich hatten sich Schlittschuhe unter die Füße gebunden, waren auf dem ersten Eis gewesen, Vater und Mutter nichts gesagt. Die Sonne schien, der Winterwind blies. Plötzlich knackte es, und Friedrich brach ins klirrend kalte Wasser. Im Eiswasser weiß man nichts mehr, der Kopf hört auf, der Körper auch. Der jüngere, stärkere Bruder zog ihn aus dem Wasser, rettete den großen Bruder. Und glitt dann selbst in die endlose Kälte. Friedrich hatte die Augen aufgeschlagen, auf dem Eis liegend, der Bruder war verschwunden.

Seit sieben Jahren waren sein Vater und seine Schwester Dorothea tot. Vor sechs Jahren starb seine Mutter, die Schwester Elisabeth nur ein Jahr darauf, und Friedrich verstand wohl, dass man sich nicht abhärten konnte gegen den Tod und das, was er mit denen machte, die blieben. Er durfte nicht daran denken, weil er sich sonst in der Finsternis verlor. Lange konnte er sich dann nicht wiederfinden, manchmal tagelang. Als alle tot waren, war es ihm plötzlich gut ergangen. Goethe hatte ihm einen Preis gegeben, der Weimarer Hof begann seine Bilder zu kaufen, der große Dichter Kleist schrieb über sie. Friedrich hatte auf einmal andere, größere Bilder malen wollen, den Mönch, alleine vor dem Meer. Der junge Königssohn aus Berlin hatte den Mönch gekauft. Die Dämonen waren geblieben. Friedrich malte seitdem keine Portraits mehr, keine Menschen, nur Landschaften. Er war schon immer alt gewesen im Herzen, und er würde für immer ein kleiner Junge bleiben.

«Darf ich dich mal fragen», sagte er zu Minna, «was magst du an meinen Bildern?»

«Sie erzählen nichts», sagte sie schnell mit staunendem Gesicht.

«Wenn man sich nach etwas sehnt …»

«Ah ja», entgegnete er grübelnd. «Das klingt gut. Gefallen sie dir denn?»

Sie antwortete nicht.

«Was tust du mit den vielen Bildern, die ich dir schenke?»

«Ich wickele meine Brote hinein», sagte sie erschrocken.

Minna griff das Blatt und lief hinaus, Friedrich blieb verblüfft sitzen. Er lachte krautig vor sich hin. Saß auf seinem kahlen Holzstuhl und freute sich. Das Kind von zehn oder 12 Jahren konnte nicht verstehen, worum es dem Maler ging, sagte er sich selbst. Es war ein Kind, und daher war klar, dass es die wahre Tiefe seiner Bilder nicht erkennen, jedenfalls nicht in Worte fassen konnte. Und das war doch eigentlich sehr schön. Gerade weil sie es hochschätzte, wickelte Minna ihre Brote hinein, denn die Brote waren das Wahre. Friedrich liebte die Kinder, ihnen konnte er alles verzeihen, sonst niemandem irgendetwas. Und er kam ab von den Gedanken an Minna, hin wieder zu sich selbst und seinen Bildern und dann wieder zu Goethe, der ihn einmal hier besuchte. Zwei Mal hatte er Goethe getroffen, stets war es schwierig gewesen. Kunst solle das Leben entzücken, hatte der gesagt, und in Friedrichs Bildern herrsche die Trostlosigkeit. Friedrich stürzte plötzlich hinaus, die Treppen hinunter, flüchtete aus dem Arbeitsraum, den Gedanken, der Wohnung, Dresden, hinein in die Natur. Er lief und lief und wurde ruhiger, kam zu sich und sah, dass er noch zur rechten Zeit gekommen war, gerade setzte die Dämmerung ein. Festeren Schrittes ging er hinein in den Wald, über die Felsen, hinter denen die ältesten Eichen standen, noch kahl zu dieser Zeit und schwarz vor dem Halbdunkel.

Wenn der Tag zum Tag wurde und aus dem Tag die Nacht, ging Friedrich hinaus. Er war ein drahtiger Mann, aus voller Überzeugung in die altdeutsche Tracht gehüllt, trug gebirgsfeste Lederstiefel, eine graue Mütze auf dem Kopf. Er begann die Kälte zu spüren in seinem Hals, und das tat gut. Jeden seiner Schritte verstand er nun, merkte, wie sie sich federnd zusammensetzten zu einem eigenen Rhythmus, der die Dinge um ihn herum in Einklang brachte, über den Atem und wohin die Augen blickten. Er verstand, wie alles seinen Gang nahm. Friedrich schaute hoch, der Himmel begann in lila Wellen zu scheinen. Er durfte keinen Augenblick verpassen, legte den Kopf in den Nacken und konzentrierte sich mit aller Macht nach oben. Doch er musste die Anhöhe noch erreichen und stolperte mehrmals über knorrige Wurzeln, die aus dem Boden ragten wie Tentakeln, riss sich die Hose auf und das Knie, aber fluchte nicht, weil er bis über beide Ohren im Himmel war. Ekstatisch glühte sein rotes, fratzenhaftes, weiches Gesicht. Der Himmel brannte! Keine Sekunde durfte er sich entgehen lassen. Er erreichte die Anhöhe, war hier allein, und das Gegenteil. Die Natur war alles, sie war, aber er wusste nie, ob er das wirklich sagen und denken durfte, aber sie war eigentlich Gott. In jedem kleinsten Sandkorn war Gott.

Aus dem weiten Lila wurde nun Orangeblau, dann ein Knallrot. Dünne Farbstreifen schossen wie Speere in die Fläche, breiteten sich langsam aus sich selbst heraus aus, zerflossen wie Töne auf seiner Palette. Die Wolken stießen vor, rollten sich aus, legten sich breit, bauten für kurze Zeit ein festes Haus. Die zierlichen Federwolken formten sich zu scharf geschnittenen Bataillonen, die sich dann rührten und ineinanderfielen. Neue kamen, wie Drachen, wie Pflanzen, wie ein Hahn, dann Zipfel, verliefen wieder, tanzten langsam und drohten, grüßten scheu und bündelten sich erneut. Der Himmel tunkte die Welt in rasch wechselnde Farben, hinterrücks angestrahlt von der untergehenden Sonne wie ein Computerbildschirm. Es war eine seltsame Zeit, die dort oben im Himmel war. Schaute man nur kurz hin, schien sie langsamer zu verlaufen, schaute man den Wolken länger nach, ging dort oben alles doch viel schneller als hier. Friedrich roch die kalte Luft des Waldes, die rauchende Holzkohle der Stadt, und er schämte sich nicht mehr. Er konnte sich so sehr schämen. Dass er Maler sein wollte. Schämen gegen die Geschwister, die noch übrig waren, die er so liebte, aber denen er das nicht sagen konnte. Je weiter er weg ging, desto besser konnte er mit ihnen. «Ihr nennt mich Menschenfeind», schrieb Friedrich einmal, «aber ihr irrt euch. Ich liebe sie. Doch um die Menschen nicht zu hassen, muss ich den Umgang unterlassen.» Nun spürte er Trost und Geborgenheit. Noch nie hatte der Himmel solche Dinge getan. Nie käme Friedrich auf die Idee, jetzt zu malen. Er skizzierte draußen, aber er malte nicht hier. Er spürte seine Haut nicht mehr, denn er war in der Luft, in den Bäumen, die keine Rinde mehr hatten wie er keine Haut. Er war im Holz, im Nass auf den Blumen, in den Kristallen des Schnees. Nichts konnte er anfassen, weil er dann in sich selbst fasste wie in eine Wunde, so schön und schmerzend wie eine Symphonie. Wie war eine Symphonie? Er kannte keine Musik, er hörte sie nur in der Kirche. Er sammelte die Farben, die Lichter, den Mond. Mit seinen Augen fing er die letzten Strahlen der Sonne, um sie später auf der Leinwand auszugießen. Er fühlte die Feuchte der Luft, die in seinen Wimpern hängenblieb, dort Tropfen bildete und als heiße Tränen seine Wangen hinunterlief. Er liebkoste sie weg von den Wangen und spürte die harte Oberfläche der Erde unter seinen Stiefeln, das knackende Eis und das matschige Moos daneben, die spitzen, jahrtausendealten Felsen. Der Wind schlug Friedrich ins Gesicht, es war Nacht geworden. Ungestüm machte er sich los, wollte hoch, stürzte, lachte voller Freude, voller Leben, es lachte in ihm drin. Er konnte malen. Er durfte schauen, was von dem hier übrig bleiben würde.

Friedrich schloss sich in sein Atelier ein und malte tagelang an Himmeln. Er war damit nicht allein, auch anderswo begann es zu explodieren, auch andere waren trunken davon. Der britische Maler William Turner richtete in London den Kopf nach oben und malte, was dort geschah. Der erhöhte Schwefelgehalt in der Atmosphäre verfärbte die Wolken und zauberte plötzlich teuflisch anmutende, phänomenale Sonnenuntergänge in den Himmel. Er leuchtete in nie gesehenem Rot, Orange und Blau. Maler in ganz Europa begannen, ihn einzufangen. Es veränderte sich etwas, im Auf- und Untergang der Sonne sahen sie nicht mehr wie bisher Hoffnung, fröhliche Träumerei und Aufbruch. Die Künstler wurden Zeugen der ersten Effekte des Tamboraausbruchs auf der anderen Seite der Weltkugel und erkannten dort oben Zeichen einer modernen Trübung.

Sie sahen, was sich schon bald auf der Erde zu materialisieren begann. Unsichtbar sank die Wolke herab vom Himmel und begann mit dem Frühling ihre Gestalt zu verändern. Mächtig geisterte sie nun, durch alle atmosphärischen Formen schreitend, über die Erde, verwandelte sich in Regen, Hagel und Schnee. In unmittelbarer Nähe des Ausbruchs vergiftete die toxische Schwefelwolke die Welt. Die ausgestoßenen Gase fraßen sich in die Bäume, die Fische, die Menschen. Sie bekamen Durchfall, sie erstickten. Die gekühlte Lava veränderte die Oberfläche der Erde und der Meere. In Nordamerika und China, in England, der Schweiz und Deutschland begann es damit, dass der Himmel wunderschön aussah.

Viele Jahre später begutachtete der griechische Physiker Christos Zerefos mit seinem Team 554 Arbeiten von 181 Malern. Ihr Ziel war es, herauszufinden, inwiefern atmosphärische Auswirkungen von Vulkanausbrüchen die Kunst beeinflussen. Sie fanden 2007 heraus, dass in der Zeit, nachdem Vulkane ausgebrochen waren, die Landschaften der Maler entschieden mehr Rot- und Grüntöne aufwiesen als sonst. In ihrer Studie nimmt Friedrich einen prominenten Platz ein: Für 1816 errechneten die Forscher gar eine Steigerung von 89,5 Prozent, von allen untersuchten Malern der höchste Wert in diesem Jahr.

Friedrich tunkte seinen Pinsel tief ins Rot und Grün, um zu malen, was er gesehen hatte: Den mal leidenschaftlich flammenden, mal verschleierten Himmel des Vulkans und sein Licht, das nicht mehr reichte.

17

LONDON, GENF

Seit ein paar Tagen klapperte ihre Kutsche über die uneben-
en Straßen Europas, vier Pferde waren davor gespannt,
drei hatten braunes, eines schwarzes Fell. Mary und Percy saßen still da, Claire plauderte für jeden etwas. Zum
Beispiel, warum alles so grandios war. Für Percy, weil die
baldige Nähe zu Byron einen produktiven Einfluss auf sein
Dichten haben würde. Er mochte Percys philosophisches
Gedicht *Queen Mab*, das dieser am Ende im Selbstverlag
herausgebracht hatte und das ja ehrlicherweise kaum jemand kannte. «Byron kennt es!», rief Claire. «Und für den
kleinen Willi wird die Landluft das Beste sein. Die Schweiz,
wisst ihr noch? Die Berge.»

Mary wusste noch, aber die Welt war anders geworden. Sie
wusste nicht, warum, aber sie schaute Percy an und sagte:
«Es gibt nichts zu befürchten.» Dabei fuhren sie geradewegs ins Zentrum des Orkans. In der Schweiz sollte das
Jahr ohne Sommer besonders wüten. Mary trug die Haare offen, sie überlegte, wie man wohl etwas Farbe hinein-
kriegen könnte. Ihre Kutsche überholte junge Männer, die
Tagelöhner waren oder Dichter oder beides, sie hatten ihre
Bündel umhängen, viele waren es. Mary warf einem aus
dem Fenster eine Kusshand zu, Percy lachte und küsste
Mary. Sie erinnerte sich unterwegs wieder an andere Ver-

sionen von sich. In den vergangenen Monaten hatte sie schlichtweg vergessen, dass es sie gab. Die Welt war porös, jede Sekunde verwandelbar. Mary sah es im aufmüpfigen Grinsen des Postknechts, dem Stolz des Kutschfahrers, hörte es in dem Lachen der Wirtsleute hinter ihrem Rücken. Steckte man dem Hausmädchen kein gutes Trinkgeld zu, führte sie einen in das schlechteste Zimmer und schüttelte nie die Flöhe aus den Kissen. Jeder hatte seine eigene kleine Gewalt, und die gab den Menschen Würde und machte sie schön. Keiner, merkte Mary, war ihnen hier verpflichtet, überall existierten Welten für sich. Das Gefühl der Ohnmacht, das sich in den letzten Monaten so tief in ihren Alltag gebohrt hatte, ließ sich überwinden. Die Bewegung und die Betrachtung der Welt aus der Kutsche heraus ermöglichten eine Distanz, in der ihr eigenes Leben voller Möglichkeiten schien. Mary war achtzehn Jahre alt, Claire war es gerade geworden, Percy dreiundzwanzig. Sie betrachteten sich stundenlang gegenübersitzend, zum zweiten Mal irrten sie gemeinsam durch Europa, doch jetzt fühlte sich die Flucht ernster an. Ihre Kutsche rauschte mit sagenhaften zehn Kilometern pro Stunde durch die Lande, die Straßen waren so hart, so weich, so schlecht, dass sie im Innenraum, den sie mit vielen Kissen hatten ausstaffieren lassen, ständig übereinander fielen und mit dem Kopf gegen die samtbeschlagenen Wände schlugen. Dem Baby gefiel die Schaukelei, es lag in einem Bastkorb, den man an den Sitz schnallen konnte. Am vierten Tag erreichten sie Paris. Sie verbrachten dort zwei Tage.

Ohne dass sie davon wussten, ereignete sich nur ein paar Kilometer entfernt etwas Außerordentliches. Am Rande der Stadt, in einem kleinen Kasten aus Holz. Der französische Erfinder Joseph Nicéphore Niépce hatte diesen in seinem Arbeitszimmer aufgebaut. Er tüftelte mit seinem Bruder, der gerade nach London gefahren war, seit Jahren an einigem herum, etwa am ersten Verbrennungsmotor oder an der hydraulischen Wasserpumpe für das Versailler Schloss. Nun hatten sie kein Geld mehr, aber sich in den Kopf gesetzt, herauszufinden, wie man Bilder festhalten kann. Niépce war gerade 51 Jahre alt geworden und hatte ein sehr fein geschnittenes Gesicht. Nach vielem Überlegen, langem Probieren und großem Verzweifeln hatte der Erfinder ein weißes Blatt Papier mit Silberchlorid bestrichen und an eine Innenwand seiner Camera obscura geheftet. Niépce wusste bereits, dass sich ein mit lichtempfindlichem Silbersalz bestrichenes Papier unter dem Eindruck der Sonne dunkel verfärbte. Was er nicht und niemand sonst zuvor gesehen hatte: Das Licht, das nun durch das kleine Loch auf der anderen Seite der Kiste einfiel, malte die Wirklichkeit auf das Papier. Niépce sah es mit eigenen Augen, als er es triumphierend aus dem Holzkasten nahm. Es war ein Bild, und darauf sah er seinen Garten. Der Baum und alle anderen Dinge strahlten allerdings weiß, der Hintergrund düster. Es war ein Negativ, und für Niépce ein Zauberrätsel. Doch er konnte es nur kurz betrachten, denn der helllichte Tag belichtete sein Bild immer weiter, nachdem er es aus dem Holzkasten genommen hatte. Das Papier färbte sich schwarz, und das Bild darauf verschwand in der alles verzehrenden Dunkelheit wie ein Geist. An den Bruder schrieb er mit seiner euphorisch wirbelnden rechten Hand einen enttäuschten und hoffnungsvollen Brief: «Mir scheint die Möglichkeit, auf diese Weise zu zeichnen, so gut wie erwiesen.» Niépce hatte das erste fotografische Bild der Welt produziert.

Je länger das Trio fuhr, desto mehr schien sich auch ihre Kutsche in der Düsternis aufzulösen. Nach Paris kam Troyes, gefolgt von kleinen französischen Provinzdörfern. Mary zog ihre Decke unters Kinn, versuchte sich dem Rhythmus der Straße zu überlassen und hörte das Wasser in unterschiedlichsten Aggregatzuständen gegen die Fenster klopfen. Ihre Augen fielen zu, sie öffnete sie wieder. Sie sah ihren Atem aus dem Mund brodeln und das bleiche Gesicht Percys. Sie fuhren durch Tage des Halbdunkels, ein seichtes Plätschern der Bergflüsse sagte ihr die Schweiz an. «Die schreckliche Unwirtlichkeit der Landschaft», schrieb Mary später, berauschte sie.

«Draußen gigantische schwarze Kiefern, manchmal mit Schnee beladen, manchmal von Schwaden des verstreut dahintreibenden Nebels umwunden. Wie uns die Einheimischen erzählten, war der Frühling ungewöhnlich spät gekommen, und tatsächlich war es äußerst kalt; während wir den Berg hinanstiegen, überschütteten uns dieselben Wolken, die uns im Tal mit Regen begossen hatten, mit einem dichten Treiben großer Schneeflocken.» Es schien Mary, als würden sie in der gefährlich wackelnden Kutsche die Zeit zurückreisen. Da draußen war überhaupt kein Frühling. Seine Farben, seine Wärme, alles fehlte. Es war, als würden sie wieder in den Winter hineinfahren, in die gnadenlose Kälte, in alte Zeiten. Mary mochte den Gedanken. Zurück zu ihrem verlorenen Kind, zu ihrer Mutter. Ich werde wieder jung, ich werde neu geboren. Es roch nach Sumpf und dann wieder nach kaltem Schnee. Einmal mussten während der Fahrt zehn Männer mit rauen Dialekten und knurrenden Mägen an den Seiten die Kutsche stabilisieren, damit sie überhaupt vorwärtskamen. Ganz selten durchbrach die Sonne die dunklen Wolken und schlug dann mit einer so strahlenden Kraft auf die Erde, dass alles in einem weißen unnatürlichen Glanz stand. Einmal blickte sie in so einem Moment aus dem Kutschfenster und sah eine spärlich mit Gras bewachsene Wiese, angestrahlt wie von Theaterscheinwerfern, Kinder spielten dort ein merkwürdiges Spiel. Wie Kühe bewegten sie sich auf dem Boden, jeder für sich. Langsam, kraftlos, dachte Mary. Und dann sah sie, dass die Kinder auf allen vieren in dem schlaffen Grün hockten und dort wirklich grasten wie Kühe. Sie rupften in dem wenigen, schlammigen Rasen mit zitternden Händen oder direkt mit dem Mund. Mary sah in die verstörten, silbernen Augen eines Jungen, der gerade hochschaute. Nichts war hinter seinen Augen. Der blonde, barfüßige, spindeldürre Junge hieß Josef, und seine glatten, vom Sprühregen nassen Haare hingen ihm in die Stirn. Er hatte ein wunderschönes Gesicht, dachte Mary. Alles darin war kongruent, spiegelte sich perfekt in sich selbst. Vor drei Wochen hatte er den Kopf in den Nacken gelegt, den Mund weit aufgesperrt und die ersten Schneeflocken des Sommers auf seiner Zunge zergehen lassen. Der Schnee war nicht weiß, fand der Junge, sondern hatte die Farbe von Fleisch. Nur ein paar Wochen später saß seine Familie frierend vor einem gusseisernen Kessel, in dem das letzte Gras kochte, das sie besaßen. Gestern, gleich um die Ecke, hatte sein Onkel zuerst seiner Tochter, der kleinen Ava, und dann mit kalten Tränen in den Augen auch dem Baby mit dem Hammer auf den Kopf gehauen. Dann seiner Frau. Dann stopfte er sich Steine in den Mantel und wankte langsam in den See. Ein paar Stunden zuvor noch war der Onkel wieder einmal im Morgengrauen auf dem Feld gestanden und hatte so lange mit den Fingern auf der vereisten Kruste des Ackers gekratzt, bis seine

Hände voll Blut waren. Doch der Boden gab nichts her. Er ließ sich nicht öffnen, war nicht zu bearbeiten. Die Kruste der Erde blieb kalt, sie alle würden verhungern. Der Junge mit den Schneeflocken beobachtete ihn, als er das mit seiner Familie machte. Er stand mit seinem kleinen Bruder am Rand des Sees, weil sie dem Onkel irgendwas stehlen wollten. Als keine Blasen mehr auf der grünen Wasseroberfläche aufstiegen, waren die beiden ins Haus der Toten gerannt und hatten etwas zu essen gesucht, aber natürlich nichts gefunden. Nun mochte Josef nicht mehr neben seinem Vater sitzen und nicht mehr neben seiner Mutter. Der Junge konnte ihnen nicht in die Augen schauen, weil seine Eltern gegen all das nichts unternahmen.

Jählings hielt die Kutsche, Mary wachte auf, und die Sonne schien plötzlich prahlerisch. Sie stieg taumelnd aus dem Gefährt, fiel gegen Claire, die Schwestern lächelten sich verwirrt an. Genf, sie waren angekommen. Mary verscheuchte ihre Träume und sog die Luft ein, die voll und schwer war wie Sonntagsessen. Man wurde satt und müde und glücklich von ihr. Dort stand das weiß getünchte Hotel d'Angleterre. Claire lief voraus, fragte nach Lord Byron, der Hotelier wusste nichts. Es kamen viele elegante Briten, um in seinem schönen Hotel am Genfer See zu übernachten. Während er ihre Sachen hineinbringen ließ, erzählte er den bei genauerem Anblick doch recht verlottert aussehenden jungen Leuten Geschichten über den genialen Voltaire und die legendäre Madame de Staël und all die anderen freien Menschen, die in der freien Schweiz die Freiheit genossen und ja, genau hier in seinem Hotel gelebt hatten. Er war ein energischer, geschäftstüchtiger Mann von vierzig Jahren, alle Haare waren ihm ausgefallen. Er sprach ein lustig eingefärbtes Französisch und immer wieder ein paar Sätze Englisch. «Mary und Percy Shelley», sagte Percy beim Check-in. «Claire, Schwester.» Mary war voller Freude, in ihren Zimmern standen saubere, weiche Betten, helle Lärchenmöbel drum herum, große Fenster ließen das Licht hinein, und die Gegenstände schimmerten einfach und fein, es roch nach Lavendel. Die nächsten Tage vergingen in einer außergewöhnlichen Sanftheit. Als wären sie durch die Hölle gefahren und nun, elf Reisetage später, im Himmel gelandet. Die Wolken lagen so tief, dass sie in sie hineinfassen konnten. Sie waren so weit oben und sie blieben für sich, ohne Kontakt zu den wenigen anderen Hotelgästen, die die junge, seltsame Familie jeden Tag strenger beäugten. Percy benutzte während des Essens seinen Strohhalm als Spuckrohr, um sie mit Erbsen zu beschießen, wenn sie nicht schauten. Claire erkundigte sich nach Byron, Mary konnte nicht aufhören, ihren majestätischen Mont Blanc zu beobachten, Willi gluckste. Stundenlang lag Mary mit ihm im Gras und beobachtete, wie seine kleinen Hände und Füße und Beine lernten und lernten. Sie begann ihre Gedanken in ein schwarzes Notizbuch zu schreiben. Ohne Ziel, ohne Hast. Es kamen plötzlich wieder Wörter zu ihr. Percy studierte Rousseau, der hier in Genf geboren war. Eines Abends las Mary ihm einen Brief vor, an dem sie schrieb: «Während der Mittagshitze lesen wir Latein und Italienisch, und wenn die Sonne sinkt, spazieren wir durch den Hotelgarten, schauen den Kaninchen zu, befreien heruntergefallene Maikäfer, beobachten die Myriaden von Eidechsen, welche die südliche Gartenmauer behausen. Du weißt, dass wir gerade erst der Düsternis des Winters und Londons entkommen sind; und durch den Besuch dieses entzückenden Fleckens bei diesem göttlichen Wetter fühle ich mich so glücklich wie ein frisch geschlüpfter Vogel, und es kümmert mich kaum, zu welchem Zweig ich fliege, um meine neu entdeckten Flügel erproben zu können.»

Ende Mai erschraken die Mitarbeiter des Hotels fürchterlich. Von sechs weißen Pferden gezogen, sauste eine monströse Kutsche auf das Hotel zu. Es war Napoleons Kutsche, jeder kannte sie. Die Leute hatten Angst. Im Fenster erschien jedoch das strahlende Gesicht eines jungen Mannes mit wunderschönen Locken. Er schien kein bisschen müde, hüpfte aus dem Gefährt und haute einem Hotelfachangestellten auf seinen Po. Dieser lächelte voller Furcht. Der junge Mann zog ein Bein nach, das rechte, es stand etwas nach innen. An der Rezeption gab er sein Alter mit 100 an. Sein Begleiter, der schüchtern, eitel und zänkisch aussah, lachte darüber. Er kriegte sich gar nicht mehr ein. Der Mann, der sich als George Gordon Noel Byron vorstellte, nahm das größte Zimmer und verließ es für einen Tag und eine Nacht überhaupt nicht. Dann kaufte er sich ein Boot und ging segeln, während sich in den nächsten Tagen die Gerüchte und Geschichten aus London über dem Hotel zusammenzogen wie ein Gewitter. Byron und sein Leibarzt waren einen Umweg gefahren, um das Schlachtfeld von Waterloo zu besichtigen. Dort hatten sie unter weitem Himmel alleine herumgestanden, Polidori war kalt gewesen, Byron hatte sich gebückt, etwas Sand aufgehoben und ihn zwischen seinen Fingern gerieben. Es hatte noch immer der Geruch des Todes über dem Feld gehangen. Ein paar Bauernsöhne verkauften Byron für zu viel Geld Knochen, die sie aufgelesen hatten. Byron aß wenig, trank kaum, er war auf Diät.

Zwei Tage später gingen Mary, Percy und Claire am glasklaren Genfer See spazieren, als sie zwei Männer ein Segelboot festmachen sahen. Claire lief auf sie zu, Mary und Percy folgten zaghaft. Claire sprach und sprach, große Freude hatte von ihrem Gesicht Besitz ergriffen, auf den Zehenspitzen tänzelte sie daher. Byron schaute Percy an, der hielt Polidori die Hand hin:

«Herr Byron», sagte Percy zu ihm, «es ist mir eine Ehre.»

«Nein, nein», sagte Claire lachend. Sie zeigte auf Byron. «DAS hier ist Lord Byron. Dieser Mann ist …»

«Polidori», sagte Byron amüsiert, «mein Leibarzt. Ein ganz besonderes Exemplar, er ist nämlich öfter krank als ich. Und ein Dichter!» Er schaute dabei, als wäre Letzteres nicht ernst gemeint. Polidori streckte die Brust raus und nickte in die Runde.

Byron hatte seinen Bauch mit einem silbern schimmernden Gürtel zusammengebunden, über dem offenen Hemd trug er eine blau-golden bestickte, orientalisch anmutende Weste und sah überhaupt exakt aus wie Jim Morrison bei der legendären Live-Performance der Doors im Juli 1968 in Los Angeles. Claires Look war bizarr. Sie übertölpelte die Sehgewohnheiten aller mit einem Reifrock, der im Grunde längst veraltet war, doch auf die Art, wie sie ihn trug, antizyklisch pervertiert, sich noch einmal ins Radikale steigerte. Byron verstand, dass sie ihre Zeit instinktiv lesen und ihr so modetechnisch vorgreifen konnte, das machte ihm Eindruck. ‹Wir sind nicht wie Brummell. Wir sind neue Menschen›, dachte er. Hätte Claire das gewusst, wäre sie zersprungen vor Glück. Aber er sagte es nicht. Claire war trotzdem glücklich, dies war ihr Werk, das nun endlich zu einem Bild verschmolz. Sie hatte großes Talent, Menschen zusammenzubringen. Es dauerte dennoch verwirrte zwei Minuten, in denen eine Konversation nicht recht in Gang kommen wollte, bis Byron und Percy aufeinander anschlugen und zu reden begannen, als wäre es immer so gewesen, über alles und jeden, über Segelboote und das Schlechte an und für sich: die in den Augen der Dichter endlos vergammelte englische Aristokratie. Es gab nur eines, in dem sie ganz anderer Meinung waren: Frauen. Aber bevor sie das realisieren würden, dauerte es noch einen Moment. Zuerst einmal verliebten sie sich Hals über Kopf ineinander und in ihrer beider Blitzgescheitheit. Claire sah etwas eifersüchtig auf Polidori, weil er die letzten zwei Wochen mit Byron in der Kutsche gesessen hatte. Polidori sah eifersüchtig auf Percy, weil Byron in den letzten zwei Wochen mit ihm so nie gesprochen hatte. Byron und Mary sahen sich kaum an. Doch sie hatten höchste Erwartungen an den jeweils anderen. Polidori schrieb am Abend in sein Tagebuch: «Percy Shelley getroffen, Autor von *Queen Mab*; bescheiden, schüchtern, schwindsüchtig, 21 Jahre, getrennt von seiner Frau, unterhält die beiden Godwin-Mädchen, die seine Theorien praktizieren, eine von ihnen gehört Lord Byron an.»

Es sollte nun losgehen, was jeder für sich mit ganz unterschiedlichen Wünschen herbeigesehnt hatte. Der Frühling hatte begonnen. Mary steckte ihre Hände in ihre Kapuzenjacke, sie trug eine graue Wollmütze schief auf dem Kopf, und sie fühlte sich wie die Figur in einem Roman.

18

ST. HELENA

Napoleon stand auf einem schwarzen, scharfkantigen Felsen und schaute aufs Meer hinaus. Es war der elfte Monat
nach seiner endgültigen Niederlage bei Waterloo und der
siebte Monat auf St. Helena, seinem Gefängnis. Lebens-
länglich hatte das Urteil der Siegermächte geheißen, bis
zu seinem Ende sollte er auf dieser Tropeninsel verbannt
bleiben, die zwischen Afrika und Südamerika, inmitten
des nicht enden wollenden Blaus des Atlantiks lag, entstanden durch einen gigantischen Vulkanausbruch. Nun
war also Mai und alles egal.

Stundenlang beobachtete Napoleon den Rhythmus, in
dem die Brandung gegen die Klippen klatschte, und er
konnte nicht anders, er überlegte dabei, ob ihn, wenn er
sich aus einigen Palmenstöcken und Kleidern ein wendi-
ges Floß bauen würde und damit im richtigen Moment
vom Felsen ins Wasser hinunterspränge, die gefährliche
Strömung aufs Meer hinaus und in die Freiheit zöge, ganz
von alleine – statt, wie es leider den bröckelnden Steinen
passierte, die er zum Zwecke seiner Beobachtung ins Meer
warf, von der Wucht der Wellen am Vulkanstein zu zer-
schellen. So oft hatte er sie alle reingelegt!

Er kehrte um, ging zurück zu seiner Residenz, seiner
Strafanstalt, von der ganz Europa den Namen kannte:
Longwood House.

In der Nacht ankerte ein wunderschöner Viermaster im Hafen von St. Helena. Napoleon bekam davon zuerst nichts mit, bis weit in den Nachmittag hinein schloss er sich täglich in sein kleines Zimmer ein, in dem das alte Feldbett aus dem Krieg stand. Der Kapitän des Schiffes war Stamford Raffles, und, man kann es nicht anders sagen, auch ihm ging es nicht sehr gut. Der Gouverneur von Java hatte verloren, fast jeden Kampf. Gegen die javanische Bevölkerung, gegen die Natur und gegen seinen Arbeitgeber, die Ostindien-Kompanie. Kein Geld hatten sie ihm mehr gegeben, keinen Ertrag konnte er generieren. Er war schließlich abgesetzt worden. Raffles befand sich demgemäß gezwungenermaßen auf dem Weg zurück nach London. Seit sieben Wochen segelte sein Schiff übers Meer, er wollte nun, was für nur ganz wenige Männer überhaupt in Betracht kam, Napoleon einen Besuch abstatten, dem größten Feldherrn, dem größten Eroberer, dem größten Mann seiner Zeit. Und auch dem größten Verlierer. «Let's go to Lockdown House», hatte Raffles gewitzelt, als er an Land sprang, und seine Mannschaft hatte angespannt gelacht. Denn es hing eine düstere Stimmung über der Insel, in deren zerklüfteten, gigantischen Felsen Kanonen eingebaut waren. 3000 britische Soldaten überwachten hier die Gefangenschaft Napoleons.

Sie ritten die acht Meilen ins Innere des Landes, und als Raffles nach der Zeit auf See wieder den Geruch eines schnellen Pferdes in der Nase hatte, der sich mit demjenigen zu Boden gefallener und dort zerborstener Kokosnüsse mischte, dachte er plötzlich an den Büffel und an den Tiger. Büffel gegen Tiger, das war der Kampf gewesen, den die Javaner zu ihrer eigenen Belustigung so oft aufgeführt hatten. Dazu wurde ein Käfig aus Bambus aufgestellt, und man ließ den Büffel und dann den Tiger hinein. Die beide Tiere wichen dem Kampf anfangs aus, doch sie wurden von Einheimischen angetrieben, die oben auf dem Käfig saßen und kochendes Wasser auf den Büffel kippten oder mit Speeren nach dem Tiger stachen. Der weiße Tiger, an diesem Tag eine besondere Attraktion, griff den Büffel daraufhin sofort an, riss ihm mit seiner rechten Pranke ein Stück der Schnauze weg. Der Büffel konnte dem Tiger kurz darauf die Hörner in die offene Flanke rammen. Meistens gewann der Büffel den Kampf. Was die Javaner in frenetischen Jubel ausbrechen ließ, denn nach alter Tradition stellt der Büffel den Javaner und der Tiger den Europäer dar.

Das Schauspiel hatte Raffles immer gehasst. Mit gesenktem Kopf hatte er in der ersten Reihe gesessen, während die Menge fluchte und schrie und ihren Spaß hatte bei der Quälerei, bei dem Spiel der Zeichen. An diesem Tag hatte der weiße, blutüberströmte Tiger trotz schwerster Blessuren gewonnen, der Büffel lag reglos und zerfetzt am Boden. Raffles griff energisch in die Mähne seines braunen Pferdes, klopfte auf dessen rechte Flanke. Er und seine Offiziere waren angekommen, sie standen auf einer tropischen Insel, vor der Holzhütte des größten Gewalthabers ihrer Epoche.

Einige Stunden ließ man Raffles und seine Leute warten. Zeit, sich umzuschauen. Der lustige, grün und dilettantisch angestrichene Gartenzaun, das Gestrüpp, die spießigen Beete davor. Alles doch schon sehr, sehr klein, fand Raffles. Der Kaiser schlief noch, erklärte ihnen ein untersetzter Hofmarschall. Obwohl Napoleon aktuell gar keinen

Besuch erlaube, dürfe Raffles wohl vortreten, eine große Ehre, wurde der Hofmarschall nicht müde zu betonen. Wie ein Hund kam dieser gehetzte Mensch immer wieder angeschlichen und meldete ehrerbietig, dass es auch gut sein könne, dass Besuch heute nicht möglich sei. Plötzlich, nach einigen Stunden, als gerade erneut eine Zwischenverpflegung serviert wurde, holte der heftig winkende Marschall die Truppe heran, jetzt, ja, jetzt, aber bitte, denken Sie daran, sprechen Sie Ihn niemals als Imperator an, sondern als General, und bitte, keine dummen Fragen, ja? Danke, also los.

Sie standen im Garten vor Napoleons Haus. Raffles hatte noch einige Brocken des viel zu trockenen Kuchens an der Unterlippe, er kam auf sie zu. Jedoch, Raffles sah es bereits aus einiger Entfernung, traf er nicht den erwarteten größten Feldherrn, sondern, wie er später schrieb, «einen schwerfälligen, plumpen Mann, der sich sehr unbeholfen bewegte und uns an einen Bürger erinnerte, der sich am Sonntagnachmittag in den Gartenrestaurants von London die Zeit vertreibt». Raffles wollte es nicht, doch er spürte Mitleid mit Napoleon, der seinen federgeschmückten Hut abnahm. Die anderen folgten dem Beispiel des Kaisers. Er trug einen dunkelgrünen Jagdmantel und weiße Seidenstrümpfe. Seinen schwarzen Hut unter dem linken Arm hertragend, stand der Korse vor dem sehnigen Raffles und schnauzte diesem in diktatorischer Art eine Reihe von Fragen entgegen: «Name? Geboren? Wohin des Weges? Wie lange in Java gewesen? Wer waren die Vorgesetzten? Was machen die Holländer? Ist der javanische Kaffee besser oder ihr Bourbon?»

Die Fragen waren so ruppig herausgeschleudert, dass Raffles bald merkte, dass er wohl zuerst alle abzuwarten hatte, um mit dem Beantworten zu beginnen. Doch als er nach einer kurzen Pause Napoleons gerade dazu ansetzen wollte, schritt dieser schon wieder zum Nächsten in der Reihe. «Seine Augen wirkten gelblich, ohne Glanz. Ich erkannte, dass er auf die gesamte Gesellschaft als seine Untergebenen herabsah und dass er nicht im Geringsten ein Philosoph war. Ich bekam Angst, dass er entkommen könnte», würde Raffles, der stark unter den Achseln schwitzte, später seiner zweiten Frau erzählen. Er war völlig vor den Kopf gestoßen. «Leblos», fiel ihm als Wort ein.

Während Napoleon kurze, unsinnige Sätze sprach, schnupfte er aus einer hellblauen Tabaksdose, oder gab jedenfalls vor, zu schnupfen, denn, das konnte doch jeder sehen, sie war leer! Raffles hatte das Gefühl, hintenüberzufallen. Auf dem Schiff hatte er Napoleon vor sich gesehen, wie sie sich unter einem Zitronenbaum begegneten, unter vier Augen, und dieser ihm als sein ebenbürtiges Gegenüber etwas unverständlich zuflüsterte: «Der Horror – ich habe ihn gekannt, auch Sie kennen ihn. Er wird uns nicht mehr verlassen.» Und Raffles hätte in diesem Moment stolz genickt. Stattdessen sah er einen Mann ohne jede Seele. Raffles schrieb in seinen Memoiren: «Dieser Mann ist ein Monster. Dieser Mann kennt keine wahren Gefühle.»

Er hatte Napoleon nicht verstanden. Der Ex-Gouverneur von Java mit seinen ehrgeizigen Augen und seinem romantischen Herzen begriff nicht, dass Napoleon längst nicht mehr in der Gegenwart lebte. Während Raffles sich durch die groteske Gestalt Napoleons seiner selbst versicherte, war Raffles für diesen völlig wertlos. Der Brite ritt zu seinem Schiff zurück, um schnellstmöglich weiter nach England zu segeln, Napoleon ging zurück in sein

Haus. Es verfügte über kümmerliche vier Räume, und wie jeden Tag um 16 Uhr lief er nun in sein Arbeitszimmer, wo bereits sein treuer Kammerherr Las Cases auf ihn wartete. Er schlug die klapprige Tür hinter sich zu. «Sire, wir werden von der Vergangenheit leben», hatte der Kammerherr seinem niedergeschlagenen, in grenzenlosem Selbstmitleid versinkenden Herrscher bei der Ankunft auf der Vulkaninsel gesagt. «Haben wir uns nicht am Leben Caesars, an den Taten Alexanders ergötzt? Und haben wir nicht viel Besseres zu bieten?» Gemeinsam schritten die beiden seitdem die Geschichte ab. Sein Schriftführer reichte ihm die in der Nacht ins Reine geschriebenen Erinnerungen, Napoleon brüllte Korrekturen. Alle Schlachten, die er gekämpft, alle Frauen, die er geliebt, alle Leben, die er gelebt hatte, ging er hier, stehend und monologisierend, mit Las Cases Tag für Tag noch einmal durch. Jedenfalls diejenigen, die ihm etwas wert waren. So verwirklichte sich Napoleons letzte große Idee: «Wenn Jesus nicht am Kreuz gestorben wäre, würde er heute nicht als Gott gelten», sagte er seinem Schriftführer, der den Satz sehr wahr fand. Ein Gott konnte er nirgendwo besser werden als hier, weit weg, in der reinen Fantasie der wirklichen Welt, deren Bewohner natürlich noch immer mit Schrecken und Schaudern und Liebe an ihn dachten. Auf der Felseninsel begriff Napoleon: Wahre Helden gab es nicht ohne Tragödie. Er musste zum ersten Mal ein Opfer werden. Um dann eine Legende für die Ewigkeit daraus zu modellieren. Der Diktator diktierte also seinen Mythos, sein Meisterstück, seine letzte, schärfste Waffe. Und so spuckte er die Wörter in die Luft seines stickigen Arbeitszimmers, der treue Las Cases, der sich im Geheimen von seiner Arbeit versprach, berühmt zu werden, was auch gelang, sammelte sie auf und ordnete die Sätze in das immer dicker werdende Buch. Sein Mammutwerk *Denkwürdigkeiten von Sanct-Helena, oder Tagebuch, in welchem alles, was Napoleon in einem Zeitraume von achtzehn Monaten gesprochen und gethan hat, Tag für Tag aufgezeichnet ist* handelt auch von eingeschlossenen Menschen, die an der Isolation verzweifeln. Im März 1816 notierte er: «Der Regen und die Nässe drangen in unsere Zimmer von Pappe ein.» Das Klima sei außerordentlich ungesund, die Qualen der Nacht mit den Qualen des Tages in vollkommener Harmonie. Und: «Heute war das Wetter abermals sehr schlecht.»

Natürlich hatten sich auch Napoleons Feinde gerüstet. Das von ihnen auf St. Helena aufgebaute Szenario barg täglich todbringende Gefahr. Nach Amerika hatte er gewollt, sie hatten ihn 7000 Kilometer von zu Hause auf diese Insel gebracht. Sie hatten sich nicht getraut, ihn umzubringen, doch es war schlimmer als der Tod, dieser weltverlorene Ort war eine Falle. Hier sollte er, am Leben zwar, aber ohne Leben, ohne Krieg, langsam in Vergessenheit geraten. Sie schossen weiter auf ihn, ihre verheerendsten Kanonenkugeln waren aus Einsamkeit. Sie zeigten Wirkung, fraßen an seinem Fleisch, an seinem Gehirn, an seinem Herzen. Ihre Folter war die Langeweile. Wie unglaublich er sich langweilte! Anfangs war er mit der Kutsche ausgeritten, mit den Pferden, mit einigen kreischenden Kindern, es machte ihm lange schon keinen Spaß mehr. Es war immer dasselbe, dieselbe helle, sumpfige Schwüle, derselbe ununterbrochene Nieselregen und die Engländer, die jede Bewegung von ihm aufzeichneten. Drei adlige Gouverneure und ihre Familien hatte Napoleon mitnehmen dürfen, die ihm nun als Hofmarschall, Staatsrat und Feldmarschall dienen sollten. Sie und Las Cases und dessen fünfzehnjähriger Sohn, der kaum je ein Wort redete, bildeten seinen Hof, seinen Staat. Man musste keine Feinde mehr totschlagen, sondern nur noch die Zeit. Intrigen hatte er immer geliebt. Als er nach dem Diktat ins Esszimmer trat, hörte er, wie sie stritten:

Ich will neben ihm sitzen.

Ich muss.

Sie saßen erst gestern in seiner Nähe.

Sie bedeuteten ihm nichts.

Doch, ich bin länger beim Militär. Wer sind Sie, ein kauziger Idiot!

Ich muss!

Ich fordere Sie zum Duell!

Als er kam, wurde es still, man setzte sich, und Napoleon war zufrieden. Sie stritten noch immer, wie schön. Ihre hochroten, von den Fliegen zerstochenen Gesichter. Napoleon dachte an seinen Garten. Die Eifersüchteleien seiner Leute, sich tagelang vor den neurotisch nach ihm suchenden Engländern in seinem Haus zu verstecken und das Gärtnern – das machte ihm noch Spaß. Fast all sein Geld gab er für Rechen und Harken aus, alle seines Staates mussten mit anpacken, wenn er als Bauer verkleidet im Schatten eines Orangenbaumes stand und Befehle gab. Er versuchte, das Essen hinauszuzögern, aber es gelang nicht. Es war ihm nie gelungen. Essen bedeutete Napoleon nichts, er vermisste keine Froschschenkel, Foie gras oder in fetter Butter geschwenkte Schnecken. Gutes Brot bedeutete ihm etwas. Es gab hier kein gutes Brot. Napoleon schlang, was es gab, in sich hinein. Auf den leergefressenen Tellern seines handbemalten Service, das einmal extra für ihn angefertigt worden war, erschienen die von brauner

Soße verschmierten Bilder seiner größten Schlachten. Alle am Tisch sahen, dass dieser Mann nicht mehr länger leben konnte. Dass die tropische Öde mit ihrem zarten, verzweifelten, uneindeutigen Wind ihn bald zerstören würde.

Allen war der kleine Korse immer voraus gewesen. Nun schaute er zurück. Seine Zeitgenossen glaubten, jeder Mensch auf der Erde habe eine bestimmte Lebenskraft, die er für die Dauer seiner Zeit auf der Erde aufbrauchen durfte. Wenn man vorsichtig und nachhaltig mit ihr umging, hielt sie lange. Verschwendete man sie mutig und exzessiv, blieb bald nichts mehr. Napoleon interessierte sich nicht für solcherart spekulative Gedankenexperimente, aber sein Körper schien dieser Theorie zu gehorchen. Lange beherrschte und definierte er die Zeit, nun nahm sie sich alles zurück. Napoleon vergreiste doppelt so schnell wie normale Menschen. Sein Lebensmut schwand, sein dicker Körper, aber auch sein Geist zerbröselte, die letzten Brocken versuchte er mit tollpatschigen Händen zu fassen und in das Buch zu meißeln. Die Erinnerung spielte ihm Streiche, sie war ein Tier, das eigenen Gesetzen gehorchte, aber er musste es zähmen.

Napoleon erhob sich und griff nach seinem riesigen Hut. Eine Ratte sprang vor Schreck auf den Tisch, die Frauen kreischten. Napoleon seufzte. Gut, las man sich noch ein wenig vor, wie jeden Abend.

19

AARGAU

Vier Tage nach dem Treffen auf St. Helena, am 23. Mai, ertönte im schweizerischen Aargau vor einem Schloss der
gellende Schrei einer jungen Frau. Zugegeben, es war eher
ein kleines, angenehm heruntergekommenes Schlössli. Es
ähnelte einer Burg, aber hieß doch Schloss, Schloss Lie-
begg, um genau zu sein. Die junge Frau hieß Charlotte und
wartete dort mit ihrer Tante und Mutter. Sie standen schon
eine ganze Weile auf dem regennassen Vorplatz, wo sich
immer mehr Leute einfanden und allesamt zum zweiten
Stock hinschauten, denn dort sollte das Sonnenweib aus
dem Norden bald erscheinen.

Charlotte sah die Furchen in den Gesichtern ihrer Verwandten. Es gab seit Wochen weniger zu essen. Und das
war auch der Grund, warum die meisten sich hier versammelten. Nicht nur viele Worte hatte die Prophetin für sie,
über den richtigen Gott, seinen Zorn und wie es einmal
wieder besser würde – das Sonnenweib organisierte auch
Speisungen, die zwei Mal am Tag den Hungernden kosten-
frei ausgegeben wurden. Charlotte sah weiter hinten die
Nguyen-Schwestern, die eine blonder als die andere, ihre
boshafte Mutter, den bleistiftdünnen Vater und ihren Sohn
Claudius, in den sie sehr verliebt war. Sie wollte gerne hingehen, aber traute sich nicht. Weil die armen Nguyens

noch mehr hungerten als sie. Und weil die Mutter ihr gestern die Haare so dolle, wie das Sonnenweib es verlangte, abgeschnitten und ein graues, grobes Büßergewand übergezogen hatte. Es waren mehr Frauen als Männer hier, fiel Charlotte auf. Viele waren aber auch Herumtreiber, Gesindel, Bettler, Verlorene und Verrückte, das sah die Teenagerin.

Vor Kurzem war die von den Menschen als Sonnenweib verehrte Frau unter ihrem alten Namen bekannt gewesen: Baronin von Krüdener. Am Rande des Wiener Kongresses geriet kein Geringerer als der russische Zar ins Schwärmen, als seine alte Freundin mit einigen Anhängern auftauchte. Die Krüdener, nun bald 50 Jahre alt, es gab viele Geschichten über sie.

Ihr Leben begann, als sie sich als Vierzehnjährige von einem älteren, einflussreichen Mann in die Welt mitnehmen ließ. Bis dahin lebte sie in Estland, nun fuhr sie über Kopenhagen nach Venedig, nach Paris. Die junge Krüdener, nach dieser Hochzeit Baronin, entwickelte sich in kürzester Zeit zu einer der glamourösesten Frauen in Europa. Sie ließ sich bald scheiden, schrieb den sinnlichen Roman *Valérie*, der stark dem *Werther* ähnelte und ihren Ruhm noch vergrößerte. Überall war man bezaubert von ihrem Stil, aber vor allem von ihrer Grazie, ihrer Gabe zu gefallen. Ihr Roman handelte von einer Frau, die in den äußersten Sinnenfreuden schwelgt, um am Ende, als sie von allem gekostet und sich nichts hat entgehen lassen, zum wahren Glauben zu finden. Dasselbe machte die wirkliche Krüdener. In den Jahren nach dem Erscheinen des Buches schwor sie dem ausschweifenden Leben der Leidenschaften ab und begann zu glauben. Sie machte erneut eine Runde durch Europa, nur unter anderen Vorzeichen. In Karlsruhe traf sie den berühmten Mystiker, Augenarzt und Geisterseher Johann Heinrich Jung-Stilling, lernte Visionen. Bald schon reichte ihr das Beten nicht mehr, sie wollte wirken. Sie war überzeugt, auserwählt zu sein, zog von Land zu Land, weissagte, heilte, predigte und bekehrte, wurde öfters auch aus Städten hinausgeworfen, wie etwa gerade eben aus Basel. Jetzt und hier hatten sich jedoch erneut wahnsinnige 2000 Menschen zusammengefunden, um ihre Kunde zu hören.

Einige von ihnen riefen immer wieder «Widerstand!», eine Christengruppe sang ein Lied zur Klampfe. Zwischen den staunenden schweizerischen Polizeibeamten saßen Abgezehrte im Schneidersitz auf dem Boden und meditierten für die Bibelgesetze. In Gesprächen wurden dunkle Mächte und große Lügen angedeutet: die Verschwörung der Regierungen und der Aufklärer mit den neuen, falschen Ideen. Besorgte, Verängstigte, Wütende, Hungernde. Hungrig nach Brot und hungrig nach einer Botschaft. Es hing eine dunkle, verwirrte Euphorie in den kleinen Gassen um die Burg.

«Wir müssen nur auf sie hören, dann wird es gut!», rief Charlottes Mutter.

«Wir können ihr aber nicht unser ganzes Geld geben», erwiderte die Tante.

«Wir müssen es tun», sagte die Mutter.

«Dann haben wir nichts mehr. Wovon sollen wir Essen kaufen?!»

«Essen gibt es hier, für jeden dasselbe. Die Krüdener sammelt es und verteilt gerecht. Die Müllers haben auch alles gegeben.»

«Das wird unser Unglück.»

«Du hast gehört, was die Krüdener gestern gepredigt hat», sagte die Mutter, «die Armen sind für Gott die Wichtigsten. Die Reichen wird er vernichten, wenn es kommt.»

«Ja, wenn es kommt.»

«Es kommt ja! Das Himmelreich auf Erden, Christus wird im Kaukasus auf dem Berg Ararat wiederauferstehen. Es ist nah, du hast sie doch gehört!»

«Vorgestern hat sie aber gepredigt, dass das Ende der Welt kurz bevorsteht.»

«Hmmm.»

«Deswegen, finde ich, sollten wir nicht unser ganzes Geld geben.»

«Überleg doch mal», sagte die Mutter, «wenn die Welt bald untergeht, wäre es doch sowieso egal.»

«Wir haben selbst kaum noch. Guck dir doch das Mädchen an.»

Sie schauten Charlotte an. Charlotte war blass und dünn und schaute sehnsüchtig zu Claudius.

«Ja, aber schau doch mal die anderen an, die haben alle gar nichts mehr», sagte die Mutter.

«Die Ernte droht auszufallen bei dem Regen. Der Himmel hat sich geöffnet, womöglich fällt er uns bald auf den Kopf», heulte die Tante. Und dann schrie Charlotte, weil sie es nicht mehr aushielt. Weil es keine Lösung gab. Und weil sie, würde das alles so weitergehen, nie mit Claudius reden würde.

Ein paar der 2000 Menschen schauten kurz auf die schreiende Charlotte, niemand wusste mehr mit ihnen umzugehen. Die Polizei kam nicht dagegen an, die Richter auch nicht. Manche wollten die Regierung stürzen, viele nach Amerika auswandern, manche waren auch da, um gegen die vor ein paar Jahren erfundene Pockenimpfung ein Zeichen zu setzen. Erst vor zwei Wochen hatte ein Arzt in Bayern ein Dossier verfasst, in dem er vor den wahnhaften Gegnern des Impfens warnte, die noch immer glaubten, dass man sich durch die Injektion in Kühe verwandelte. Sie waren alle hier, weil sie spürten, dass etwas in der Luft lag, dass sie gesündigt hatten, dass der Teufel deshalb mit dem Himmel im Bunde stand. In Karlsruhe, Stuttgart, in den Dörfern von Bayern, in Bern und Aargau spürten sie in diesem Mai den kalten Hauch der Gefahr. Was sollte denn dieses Wetter sein, außer einer Strafe! Sie zerstörten daraufhin in ihren Köpfen die ersten zarten Knospen der neuen Vernunftlehre, liefen zurück in die Kirche, wollten jetzt ihre Wallfahrten wiederhaben und ihre Wetterkerzen und ihren schärfsten Straf- und Schuldgott. Reuig schmissen sie sich zu Boden, krochen zu Kreuze. Die Krüdener sagte ihnen die Wahrheit: Sie mussten nur wieder beten, wieder fasten, wieder an nichts anderes als an Gott denken. Den alten Gott mit der toten Sprache, die sie nicht verstanden, und den Geschichten, die ihnen Angst machten. Der weihrauchige, böse Gott, der alles wieder gut machen konnte. Da trat sie ans Fenster, und das Sonnenweib war so dick wie Gott und so wächsern im Gesicht wie Balsam, und sie rief: «Es gibt nur eine einzige Möglichkeit! Es gibt nur eines, das ihr tun müsst.»

20

DIODATI

Um meterlange Pfützen herum stapfte der junge Mann den Weg entlang, ein sanfter Schleier sprühte auf sein Gesicht und lief in Fäden die lange Nase hinunter. Das ihn umgebende Grün und Braun bebte und schlackte und schlickelte. Er erreichte das Tor der Villa, platschte durchs Vorzimmer direkt in den prächtigen Salon, und dort stand, nur mit einem Mantel bekleidet, Byron, bester Laune und ein leises Lied summend. Nein, das war gar kein Mantel, sondern eine Decke, dicht besetzt mit Entenfedern, die der Dichter lasziv über seinen nackten Körper geschwungen trug. Vor ihm hockte ein Diener, Byrons kaum erigiertes Glied zwischen den vollen Lippen. «Polidori», brüllte der Lord freundlich, «Sie nasses Bündel!» Mit einem Plopp zog er sein Genital aus dem Mund des Dieners, der, bei Eintreten des Leibarztes zuerst halb motiviertes Entsetzen vorspielend, sogleich sein ewig liebenswürdiges, einfältiges Gesicht wiederfand. Auch Polidori ging über das sich ihm Dargebotene hinweg wie ein routinierter Postbeamter über einen kaum merklich zu großen Briefumschlag. Einfach wegordnen, es war wurscht.

Mit tonloser Stimme klagte er: «Kaum jemand traut sich vor die Tür. Das Wetter, auch heute kaum Besserung in Sicht.»

«Ach Pollylein, was sagt der fremde Spaziergänger, was

hängen den Menschen für Kleider am Leib? Haben sie noch immer so einen Hunger? Finden Sie überhaupt irgendwann einmal irgendetwas interessant?»

Byron fletschte die Zähne, kratzte sich unter der Entendecke, dann an seinem Kinnbart. Polidori dachte an den kahlen Baum, den er draußen lange beobachtet hatte, konnte seine dumpfen Empfindungen dazu aber kaum in artikulierbare Bahnen lenken, wusste nichts zu antworten auf Byrons Provokationen und suchte kommentarlos das Weite. Die Treppe hochschreitend, sah er im Augenwinkel, wie der Dichter hauruckartig ein Buch aufschlug und sofort in einer Glocke der Konzentration gefangen war.

Ähnelte er selbst mehr dem Diener Manila oder dem Dichter Byron – das war die Frage, die Polidori schwer beschäftigte. Er stieg nach oben, der Lord hatte ihm das kleinste, aber am höchsten gelegene Zimmer in der wunderschönen, extrem geräumigen Villa zugeteilt, in die sie vor ein paar Tagen gezogen waren und die vom permanenten Regen abgewaschen hellweiß glänzte. Es war Juni, aber was war das für ein Juni, es war der schrecklichste Juni. Polidori setzte sich auf sein Bett. Sein Bauch gluckerte mächtig und ohne Grund, leise ließ er etwas Luft.

Der Leibarzt konnte sich nicht mehr erinnern, wie die Welt aussah, wenn die Sonne auf sie schien. Es regnete tagsüber und in der Nacht, in kleinen Tropfen, dann in Fäden. Der Regen kam von vorne, hinten, links, rechts, er kam von oben und manchmal schien er gar von unten zu kommen. Von der Schweiz hatte Polidori noch nichts gesehen ohne Regenwände zwischen der Realität und seinen Augen. Überhaupt fühlte er sich so getrennt von seiner Umgebung! Die Schuld trug natürlich Byron.

Während seiner Studienzeit hatte Polidori alle Bücher des sieben Jahre Älteren gelesen, seine Gedichte auswendig gelernt, sie mit einer aus Dung und Teig zusammengemischten braunen Klebe an die Wände seines Studentenzimmers in Edinburgh gepinnt. Obwohl sich der begabte Mediziner am Tage und in der Nacht melancholischen Gedanken und einer undefinierbaren Sehnsucht hingab, wurde er letztes Jahr mit erst neunzehn Jahren promoviert. Im Innersten wusste er jedoch schon lange, dass er zu Höherem berufen war – er wollte ein Künstler sein! Das spürte er in den Romanen, die er las, und er merkte es, wenn er alleine die Straße hinabschritt, was er oft tat und nach Stunden des Watschelns die Sonne in einem guten Winkel auf den Häuserdächern untergehen sah. Er sah sich dann genau die Bücher schreiben, die die Welt und das Jetzt in sich zusammenfassen würden. Es waren einsame, aber gute Spaziergänge gewesen.

Einen Monat vor dem heutigen Tag erschien dann in einer zugleich schäbigen und interessanten Spelunke dieser Mann, der sich hinkend, schnaufend, mit wilden Augen auf einen Stuhl, dann auf einen Tisch schwang und, ähnlich wie Jesus im Jerusalemer Tempel, die Menschen herausjagen wollte. Statt einer Peitsche führte er fantastische Worte, hellwache Beschimpfungen und Sätze aus Gift. Die begeisterten Zuhörer jauchzten vor Freude und warfen ihm Blumen zu, die der wortgewandte Mann ihnen in der Luft zerriss und auf dem Tisch zertrampelte. Irgendwann fiel er herunter, riss sich das Schienbein auf, das Blut spritzte, und er jaulte. Polidori eilte zu ihm, verband das Bein und erkannte, Kopf an Kopf, Schweiß an Schweiß, mit einem Mal, wer dieser Mann war, der dieses Theater aufgeführt hatte. Alle jubelten, klopften Polidori auf die Schulter, rissen die Arme mit den Getränken hoch, und Byron riss Polidori an den Haaren zu sich runter und flüsterte heiser: «Kommen Sie morgen Nachmittag zu mir.»

Seitdem wich er nicht von seiner Seite. Er war der Leibarzt des begnadetsten Dichters Englands geworden. Was eine gewisse Ironie in sich barg, denn schon Polidoris Vater Gaetano, der selbst ein Schriftsteller war, diente dem großen Dichter Vittorio Alfieri als Sekretär, bevor er nach England fliehen musste und dort das Lieblingsbuch seines Sohnes, und auch Marys und Percys, ins Italienische übersetzte: *Das verlorene Paradies* von Milton. Und dieser Milton, der eine neue, verführerische Art des Teufels erfand, war sogar selbst 1639 einmal Gast in der Villa Diodati gewesen. Polidori war der Älteste von acht Geschwistern, natürlich spürte er einen gewissen Druck. Seit er Byron kennengelernt hatte, erlebte er Dinge, die er sich nie hätte träumen lassen und die er nie jemandem erzählen würde. Das hatte er jedenfalls bis kurz vor dieser Reise in die Schweiz gedacht. Denn einen Tag, bevor sie losstürzten, hatte ihn Byrons Verleger zu sich bestellt und ein Angebot gemacht: Fünfhundert Pfund sollte er bekommen für ein Tagebuch der gemeinsamen Reise. Polidoris eigene Gedichte wollte der Verleger nicht lesen. Er nahm nun, in seiner Schweizer Kammer sitzend, einen Stift zur Hand und fragte sich, ob er Notizen machen sollte. Auf zwei Fragen hatte er keine Antwort. Erstens: War es Verrat? Er tendierte dazu, dass es das eigentlich nicht war. Also, dass es das durchaus war, aber dass der hier nicht galt. Vielleicht mochte Byron die verschlagene Idee sogar, er war verrückt, alles war für ihn Schauspiel und Schwindel. Das zweite, viel schwerer wiegende Problem: Sollte Polidori nicht sein eigenes Buch schreiben, statt die Geschichten berühmterer Männer nachzuschreiben? Er schmiss den Bleistift in die Ecke und zerknüddelte das leere Blatt Papier so pathetisch, als würde er dabei beobachtet.

Am Fenster zerplatzten ovale Wassertropfen. John Polidori war ein hagerer, etwa 1,86 Meter großer Mann von zwanzig Jahren, der sich nicht recht traute. Er warf seine dunkelbraunen Locken aus dem Gesicht, was toll aussah, und schmiss sich von seinem Stuhl aufs Bett. Er setzte sich aufrecht hin. Was tat er dort auf dem Bett sitzend? Er, nun ja, er schaute eigentlich in sich hinein. Und trüb war es in ihm, wie das Wetter draußen. Bei dem Gedanken musste er schmunzeln. Er trieb durch Erinnerungen, durch gerade Erlebtes, Gefühle von weit weg. Bilder aus Romanen, der gestrige Traum einander freundlich stupsender Pinguine im Schnee, wie früher beim Bäcker das helle Glöckchen an der Tür klingelte beim Eintreten, die Schimpfe des verhassten Lehrers, weiße Blitze, die entfernt am Himmel zuckten, eine Lawine, die das alles unter sich begrub, und die Süße aus dem Buchladen am Ende der Straße, die ihn verschmitzt anlächelte, wenn ihr Vater nicht hinschaute. Er musste erneut lächeln. Mal flog in kurzer Dringlichkeit unter unentwirrbarem Geflirre ein Gedanke herbei, der sich an einem Gegenstand, öfter aber einer Erinnerung aus seiner just abhanden gekommenen Jugend entzündete. Polidori schaute den Gedanken an und – er flog von dannen, ohne dass er sich fangen ließe, futsch. So drehten sich seine Augen wieder aus dem Kopf heraus in die Realität, wurden seiner Knie ansichtig, die Hände darauf, die Decke darunter, und er hörte einen Krach von draußen. Polidori schmiss seine Locken auf die andere Seite des Scheitels, bog seinen schmalen, außergewöhnlich schönen Körper etwas zu kapriziös vom Bett auf und lugte aus dem runden Fenster nach draußen in den Hof. Sie waren wieder da, Mary war wieder da!

Vorne lief Percy, sah Polidori neidisch: Er sah wirklich lieb aus, nach Herz am rechten Fleck und trotzdem scharfem Verstand. Es folgte Claire, sie rief, keiner hörte zu. Und dann kam Mary, sie rannte durch den Nieselregen der Haustür entgegen. Polidori eilte hinunter, stakste in die Küche, ließ sich eine warme Milch machen und versuchte, cool auszusehen.

Manila schob ihm die Tasse zu, die mit einem goldenen Henkel verziert war und das verwesende Bein eines Igels darstellen sollte.

«Was ist das für eine seltsames Gefäß?», fragte Mary von der Tür aus. Sie trug ein Kostüm aus Seide. Polidori verschluckte sich an der Milch, Manila rauschte lautlos aus der Küche. Mary sah dünn und eigenartig hübsch aus. Die zarte Gestalt, ihre blasse Haut, dachte der Arzt konfus, sie war wirklich ganz offensichtlich die perfekte zeitgenössische Erscheinung.

«Nun», stotterte Polidori, «ja …», lachte er verlegen, «das kapiert doch kein Mensch, das habe ich auch gesagt.» Er versuchte sich zusammenzureißen. «Noch im Hof des hiesigen Tassenmachers habe ich Byron praktisch angefleht. ‹Lassen Sie es doch bleiben, bitte, keine Extrawünsche, kapiert eh keiner, und wirklich, die Menschen sind doch schon aufgebracht genug. Der Töpfer wird es direkt hinausposaunen zu den schrecklichen Waschweibern und so fort.› Und der Töpfer verstand dann logischerweise überhaupt nichts von dem Auftrag, aber nachdem

Byron ihm einen Stapel Scheine über den Tisch schob, na ja.»

Mary sah ihn amüsiert an. Sie nahm sich ein Stück Brot und setzte sich Polidori gegenüber.

«Es ist immer dasselbe, je einfältiger der Mensch, desto größer Byrons Wunsch, ihn zu entsetzen», schüttelte der Arzt mit dem Kopf und schmeckte die Milch in seinem Mund. Es war einen winzigen Augenblick so still, als wären sie beide nicht hier. Draußen im Sprühregen flogen Vögel um den See, und Polidori meinte, den feuchten Schlag ihrer Flügel im Gesicht zu spüren.

«Sind Sie sehr eifersüchtig auf ihn?», fragte Mary lächelnd. «Mir scheint, Byron hat einen übernatürlichen Zugang zu Situationen und Menschen. Alles scheint sich zu ihm zu verhalten. Die richtigen Leute kommen zu ihm, ohne dass er etwas tun muss. Wo er auch hinkommt, sogleich merkt jeder, dass es mit ihm Zeit zu verbringen gilt. Weil dann etwas passiert. Er weiß, was er will, und tut die Dinge einfach. In vollem Bewusstsein, ohne Angst. Wie nennt man so etwas? Charisma? Präsenz. Die Energie fließt ihm automatisch zu, und in dieser Energie will man auch selbst sein. Auch wir fliegen nun um ihn herum, wie an Fäden gezogen. Als sei Byron ein Pol in der Welt, der mehr Kraft besitzt als andere, nicht?»

«Sie fragen immer so viel», sagte Polidori etwas verletzt.

«Alles ist mit allem verbunden. Das stimmt doch, oder? Sie wissen es, Sie sind Arzt.»

«Ihr Mann, nein, er ist nicht ihr Mann, ihr Freund, Shelley, er redet doch so gerne darüber, dass es keinen Gott gibt. Wir geben ihm alle recht.»

«Außer Jane, ah, ich meine Claire.»

«Und außer Byron. Wenn Sie mich fragen. Aber was weiß ich schon, nicht? Ich lebe in seinem Schatten. Wir sitzen im Regen und glauben nicht mehr daran, dass Gott für all das verantwortlich ist. Aber wird es jemals wieder so etwas Großes geben wie Gott? Was sollte das sein? Ich muss Ihnen sagen, ich finde Sie hinreißend.»

«Mich?» Mary schaute auf ihr Brot.

«Ich tue doch nichts. Meine Mutter …»

«Ja, Ihre Mutter war auch genial.»

«Vorgestern übergab ich der Babysitterin unseren Sohn William. Sie heißt Elise, haben Sie sie gesehen? Sie ist etwas älter als ich. Sie hat auch einen Sohn, sonst hat sie niemanden. Denn wie ich, da haben Sie recht, ist sie nicht verheiratet. Der Vater ihres Kindes ist verschwunden. Gestern fragte sie, warum ich hier wäre. So eine Frage ist ihr nicht erlaubt, aber sie brannte in ihr. Ich antwortete, dass ich schreiben will. Sie schaute mich an wie etwas, das kein Mensch ist.»

«Aber Ihre Mutter …»

«Ja, meine Mutter war eine meisterhafte Autorin, und meine Mutter hätte ihr widersprochen und versucht, es ihr zu erklären. Ich habe es nicht getan.»

«Ich möchte auch schreiben!»

«Aber Sie sind doch Arzt.»

«Ja.»

Mary fühlte sich zur Melancholie Polidoris hingezogen. Er war anders als die beiden Lichtpunkte Byron und Percy, die permanent knallend ausschlugen. Sie hörte die beiden, wie sie sich im Nebenzimmer aneinander berauschten. In der Aura des jungen Arztes fühlte sie einen wehmütigen Zweifel, den sie gut kannte.

«Seit Sie hier eingetroffen sind, hört es nicht mehr auf zu regnen», sagte Mary.

«Das kann ich mir gut vorstellen», antwortete Polidori bekümmert.

«Ich frage mich oft, was ich noch hinzufügen soll. Was kann ich tun, was meine Mutter und mein Vater nicht schon getan haben? Wenn ich Chemikerin oder Mathematikerin wäre, aber dazu habe ich kein Talent. Die Leute, auch Sie, John, sehen in mir die Introvertierte und Zarte. Aber ich habe ganz andere Versionen zur Verfügung. Oft weiß ich nicht, welche ich wählen soll, allein diese Möglichkeit irritiert mich. Ich beneide die, die diese Wahl nicht haben. Es klingt eitel, ich weiß. Aber woher wollen Sie wissen, dass eine von mir nicht an Gott glaubt? Um eine Geschichte zu erzählen, brauchen wir einen Helden, nicht wahr? Selbst meine Mutter verzichtete nicht darauf. Eines ihrer Bücher hieß *Mary*, so wie sie und so wie ich. Ich mag die Idee des Helden nicht, und trotzdem frage ich mich: Bin ich diejenige, die in den Wald geht und den Wolf sucht und dazu das Grauen, oder auch einfach sich selbst überwindet? Entschuldigen Sie, es ist sehr peinlich, was ich sage. Es liegt an Ihnen, Sie eitler Prinz.»

«Wissen Sie, dass ich meine Abschlussarbeit über den Somnambulismus, das Schlafwandeln, geschrieben habe? Die, die im Dunkeln und im Unterbewusstsein umherwandern, auf Wegen, die sie selbst nicht bestimmen. Dort finden sie Verbindungen, die den Wachen verschlossen sind. Auch die Wachsten unter uns würden sie nicht finden. Gerade die nicht.»

«Ja, und manchmal stürzen die Schlafwandelnden die Veranda hinunter und sind tot.» Mary lachte zärtlich und schaute ihn an. Alles in ihm ging auf wie eine Blume.

Sie hörten Percys Stimme, die sich nach oben überdrehte, wenn er sich aufregte. Sein Lachen fiel in Byrons.

«Sie sollten auf Ihren Shelley aufpassen», sagte Polidori, «sonst schnappt Byron ihn weg. Was machen Sie dann?»

«Was soll Percy denn ohne mich tun?», lachte sie verunsichert.

«Er ist mit Ihnen zusammen und mit Claire?»

Mary schaute Polidori an wie einen, in dem man sich getäuscht hat, der leider doch gar nichts verstanden hatte. Sie sagte:

«Denken Sie nicht, dass wir hier aus einem Grund zusammengekommen sind?»

«Für mich ist der Grund, dass Sie hier plötzlich aufgetaucht sind.»

Polidori rückte Mary näher.

In dem Moment platzte Claire in die Küche und rief: «Kommt! Kommt schnell.» Sie sprangen auf, und beim Hinausgehen streifte Marys Hand die von Polidori. Er wusste nicht, ob es Absicht gewesen war. Im Salon sauste Percy über die Sofas, Claire ihm nach, ihnen standen die Haare zu Berge. Byron saß auf einem Stuhl und kratzte Wörter auf ein Blatt Papier. Er blickte auf, als sie eintraten, wie ein Zirkusdirektor zeigte er nach draußen, wo ein Gewitter tobte, wie Mary es noch nie gesehen hatte. «Darf ich vorstellen: die Energie des Lebens, Ihnen zu Diensten.»

Byron war ein böser Mensch, davon war Polidori überzeugt, aber Mary hatte recht, es war oft, als habe er die Dinge, Menschen und selbst das Wetter in der Hand und könnte es lenken. Percys Pupillen glänzten, Claire spielte seltsame, lärmende Akkorde auf der Gitarre, ihr Körper wiegte einem Pendel gleich vor und zurück, sie summte in

Trance. Es dröhnte ohrenbetäubend, Claire kreischte auf und suchte die Nähe Byrons, er schlug sie von sich. Mary sah weg, zu den wehenden Baumwipfeln, kurz vor dem Knacks. «Eines Nachts kamen wir in den Genuss eines Sturms», schrieb sie später, «großartiger, als ich es je zuvor gesehen habe. Der See stand in Flammen – die Kiefern des Jura wurden sichtbar gemacht, und die ganze Landschaft war für einen Augenblick erleuchtet, als pechschwarze Dunkelheit obsiegte und der Donner in furchtbaren Schlägen über unsere Köpfe hinweg in die Dunkelheit fuhr.» Ihr Blick durchdrang die Gegend, sie sah gen Himmel und zu Polidori, er meinte in ihren Augen Tränen zu erkennen, ihre Hände berührten sich erneut, er spürte einen Strom von Gefühlen. Die vier standen aufgereiht am Fenster und studierten bewegungslos die Effekte des Gewitters.

«Es ist doch vielleicht so», sprach Mary nach einer Weile, «unsere Augen schauen durch Mikroskope aufs Kleinste und durch Teleskope ins Universum, immer höher aufgelöst die Bilder unserer Welt, immer zahlreicher die Informationen und unser Wissen, doch paradoxerweise begreifen wir immer weniger, wie das alles miteinander verbunden ist. Es ist voller Licht, aber niemand versteht mehr irgendwas. Seht doch hinaus. Liegt nicht in der Nacht und im Dunkel die Hoffnung, ist nicht das unser Weg? Wir müssen den dunkelsten Punkt finden, dort ist ein Neubeginn.»

Die Sätze Marys vermischten sich mit dem Geräusch des Unwetters, das in den Garten krachte. Dann riss Byron die Flügeltüren auf, Wind schlug herein und Regenmassen ihnen ins Gesicht. Sie liefen gemeinsam nach draußen. «Es ist dermaßen schrecklich und dermaßen schön», rief

Percy Byron zu und wollte ihn küssen. Claire kam von hinten und sprang auf Byrons Rücken, sie schien ihm in den Hals zu beißen, und der immercoole Byron drehte sich mit ihr im Kreis und lachte gegen die Blitze über dem See. Ja, auch er war aufgeladen. Percy hüpfte neben Mary, küsste sie, es krachte wie im Krieg. Sie tanzten im Regen vor der Villa, grimassierten und machten sich Angst. Percy zog sein nasses Hemd aus und wirbelte es über sich wie einen Propeller, Mary hatte sich eine antike weiße Maske genommen und verfolgte ihn. Der Lord ging in die Villa, fächelte Richtung Claire mit den Händen, und sie lief ihm grinsend nach. Auch Mary und Percy stiegen euphorisch die Treppen hoch.

«Sehen Sie, John, Sie können es mit den Händen greifen», rief Mary und er blieb alleine im Regen stehen.

21
WEIMAR

In diesem Sommer wollte Goethe endlich eine seiner wichtigsten autobiografischen Schriften beenden, die *Italienische Reise*. Darin beschreibt er auch sein Verhältnis zu Vulkanen, das kein einfaches war. Als er im Angesicht seiner größten Krise von allem genug hatte und Weimar 1786 abrupt und heimlich gen Italien verließ, um die Sonne zu entdecken und eine neue Version von sich selbst, bestieg er dort auch den spuckenden Vesuv. Jeder wusste, er hatte die Welt gesehen. Am Ende seines Lebens war Goethe bis weit in den Süden, nach Sizilien gekommen, im Norden nach Tegel, im Osten bis nach Polen und westwärts, als er seinen Landesvater einmal in den Krieg begleitete, in die französische Champagne. Warum er nie nach Paris ging, obwohl Napoleon selbst ihn dahin eingeladen hatte, das mochte für immer sein Geheimnis bleiben.

Damals also, der Dichterfürst zählte 38 Jahre, schaute er in den kochenden Schlund des Vesuvs. Überschwänglich hatte Goethe sich innerhalb weniger Tage drei Mal auf die Höhe geschleppt, beziehungsweise schleppen lassen, denn das ermöglichten zwei braungebrannte napoleonische Jünglinge, von denen einer nur ein Auge hatte, die die in Scharen kommenden Touristen mit einem Riemen an ihren starken Körpern befestigten und 1300 Meter in die Höhe hievten. Dabei schauten sie, weil man es eben so machte, kurz beim nackten, weißbärtigen Eremiten vorbei. Und dann hoch. Beim ersten Mal war nicht viel passiert, beim zweiten Mal hatte der Dichter den Maler Tischbein mitgenommen. Goethe würde später beschreiben, wie sie mit einem grauen Taschentuch vor dem Mund staunend auf noch heißen Lavabröckchen standen, neben ihnen schmatzte ein Glutstrom dahin wie ein Mühlbach. Sie kamen zu dem Schluss, das alles sei doch recht abscheulich. Man mochte gerne zugestehen, dass das vulkanische Schauspiel eine gehörige Wirkung erzeugte, ein rechter Sinn jedoch wollte sich schlicht nicht einstellen. Goethe fand das Ganze «weder unterrichtend noch erfreulich». Der Vulkan sprach nicht zu ihm. Oder anders: Goethe verstand ihn nicht.

Er wollte es genauer wissen, weil er es immer genauer wissen wollte. Goethe ließ den zitternden Tischbein zurück und stand gemeinsam mit seinem Bergführer am Rand des Vulkans, die Lebensgefahr um sie herum, als plötzlich allerlei Geröll aus dem schwelenden Abgrund an ihnen vorbeischoss. Der Bergführer tippelte hektisch mit dem Zeigefinger an Goethes großen Rücken, sie konnten gerade noch die Flucht antreten. Doch auch der mächtige Energieschub gab ihm nichts, ja, er stieß den Dichter geradezu ab. Was, außer offener, roher Gewalt war es denn, das einem dort orange leuchtend, alles verschlingend entgegenbrannte? Mit äschernen Vulkanteilen im Haar rief er aus: «Wir haben hier einen Text vor uns, welchen Jahrtausende zu kommentieren nicht hinreichen.» Tischbein sah ihn fassungslos an. Der Vulkan, ein Text, genial!

Goethe wollte sich unter keinen Umständen leichtfertig dem touristischen Trendgefühl des Erhabenen hingeben. Sie waren alle so vernarrt in den Schock und den schönen Schrecken. Die Vulkankrater dampften als dessen Ausdruck, galten als Ereignisse, deren schauerlichen Effekten man sich genüsslich hingab. Es spiegelte sich in der Gluthölle die entfesselte, weibliche Lust, die wütende Revolution, die ganze explosionsartige Umwälzung der Welt. Aber genau daran glaubte Goethe eben nicht! Die Welt bröckelte und veränderte sich in kleinen Schichten, allmählich und zumeist fast unsichtbar für das menschliche Auge, das nicht die Arbeit von Jahren in Sekunden erfassen konnte. Wie sah man denn den Frühling kommen? Er kam über Nacht. Man konnte den Blumen nicht beim Wachsen zusehen. Man wachte morgens auf, die Blüten standen da. Nur Verrückte schauten einen Tag lang, wie die Blüten aus dem Baum schlagen. Veränderungen kamen langsam aus tiefen Sedimenten über die Welt. Verrückte sahen gar nichts. Goethe konnte die reißende Revolution nicht vertragen, schon seitdem die Fantasie des Frankfurter Bürgersohns durch die Nachricht über das Erdbeben von Lissabon in Besitz genommen wurde. Mit seinen 100 000 Opfern stürzte das Beben 1755 sowohl die Gläubigen als auch die Philosophen der Vernunft in eine tiefe Krise: Was konnte einem noch Halt geben in einer Welt, in der eine solch infernale Katastrophe einfach geschah?

Seinen Frieden mit dem Vulkan machte er drei Monate nach seiner Besteigung, als er in einem prächtigen Salon bei Capodimonte stand. Leicht erhöht am Hang gelegen und mit weitem Blick über Neapel, sodass man von einem der großen schönen Fenster auch den qualmenden Vesuv sehen konnte. In der Mitte dieses Zimmers, so beschreibt es der Geheimrat später, begriff er endlich. Durch die Distanz des Panoramablicks und seine ruhige Betrachtung fügte sich die vormals zu heiße, zu gefährliche, viel zu direkte Vulkannatur plötzlich klar und deutlich in ein angenehmes Bild. Sie gehörte zu etwas, nämlich der Landschaft um sie herum. Sie war nun erfassbar, man konnte Dinge in sie hinein- und aus ihr herausrechnen. Im Augenblick dieses erhellenden Gedankens tauchte die Hausherrin hinter ihm auf, die Herzogin trug ein kräftig nach Blaubeeren und Myrrhe duftendes Parfum. Goethe zeigte mit dem Arm weit ausholend zum Fenster hin. Dort fand die Beherrschung statt, hier erst erkannte er den Vulkan. Endlich eine Rahmung, endlich der «Eindruck des großen Ganzen», notierte er genügsam. Auch diese Hölle, verstand Goethe, wurde, von einer Erhöhung aus betrachtet, schön. Er machte seinen Frieden mit dem Vulkan und nahm einige Lavasteine mit nach Hause.

Hatte Goethe den Vesuv an und für sich intellektuell in die Beherrschung gezwungen, wüteten die Auswirkungen des Tambora in diesem Juni 1816 just vor seiner Tür. Er schrieb auf, womit er vor allem seine Zeit verbrachte: «Howards Wolkenterminologie ward fleißig auf die atmosphärischen Erscheinungen angewendet, und man gelangte zu besonderer Fertigkeit sie mit dem Barometerstand zu parallelisiren.» Es war das Jahr, in dem Goethe mehr als jemals in den Himmel schaute.

Hier auf der Erde musste man leider sagen: Der Garten stand völlig unter Wasser und der Blick aus dem Fenster begann die Seele des Hausherrn zu quälen. Völlig überschwemmt, sowohl die botanischen Anlagen als auch der

Gemüsegarten. Der Spargel zerstört. Aber es waren nicht die ununterbrochenen Regengüsse, die Goethe in diesem Nichtsommer am schwersten zu schaffen machten. Eher bildete deren immerwährendes, dichtes Plätschern, das Klangbild und die Schatten der breiten Gewitterwolken den düsteren Hintergrund für eine andere Gewalt, die nach ihm griff: der Tod. Goethe versuchte ihm mit aller Macht auszuweichen. Aber dem gefährlichen Zustand, in dem sich seine Frau seit einigen Tagen befand, war nicht auszuweichen.

Christiane von Goethe starb. Und Goethe wollte es nicht wahrhaben. Still wurde es und langsam. Viel zu langsam und viel zu still für Goethe, dessen Geist nervös vibrierte. Er konnte seine Gedanken und seine Gefühle nicht ordnen ob dieses Unglücks, das sich in seinem Haus und seinem Körper breitmachte. Sie war erst 51 Jahre alt. Sie war so stark. Nichts würde ohne seine Frau funktionieren. Was, wenn sie wirklich stürbe?

Er verbarrikadierte sich in seinem Arbeitszimmer. Nachrichten wurden ihm überbracht aus dem Schlafzimmer, in dem seine Frau von Fieberanfall zu Anfall trieb, von Krämpfen geschüttelt, immer wieder das Bewusstsein verlor. Der Arzt kam herein und sagte ihm die Neuigkeiten. Goethe verbrachte die Nächte nicht bei ihr im Ehebett. Er war ausgezogen, schlief nun in seinem Reich, neben seinem Arbeitszimmer, mit Blick auf den Garten, mit Blick auf den Wald. Er konnte sich überhaupt nicht auf seine Arbeit konzentrieren, schmiss die Zeitung von letzter Woche von sich.

Er hatte die Gewohnheit, Zeitungen erst einige Tage nach ihrem Erscheinen zu lesen, Goethe war überzeugt, man verstand dann mehr. Nur fünfzehn Meter Luftlinie lagen zwischen seinem Bett und dem seiner Frau, aber er nahm die Kunde von dort wie von einem weit entfernten Planeten. Er versuchte es einzuordnen, aber es war wieder zu nah. Er zog die Decke über den Kopf.

Aus Trotz und Verzweiflung wurde Goethe krank. Es war draußen so kalt wie im Winter. Er bekam Fieber, die Träume voller alter Bilder. Direkt nach seiner Italienreise hatte er Christiane kennengelernt. Dreiundzwanzig war sie gewesen und heimlich in sein kleines Gartenhaus im Weimarer Park gekommen. Er hatte draußen eine Liege gezimmert, in der man die ganze Nacht in die Sterne schauen konnte. Später installierte er ein Teleskop, sie sahen gemeinsam den weißen Mond. Ihren Körper hatte er sofort geliebt. Arm war sie, nichts wusste sie, alle Wörter schrieb sie falsch. Sie hatte eine unbändige Energie, von der niemand verstand, warum sie zu ihm passen sollte. Aber er hatte es sofort gefühlt. Fast zwanzig Jahre hatte er nicht zu ihr gestanden, ihren Sohn hatte sie geboren, doch zu sich genommen hatte er beide fast zwanzig Jahre lang nicht, eine schöne und traurige freie Liebe mit vier weiteren Kindern, alle starben schnell. Wie viele Betten unter ihren Körpern zerbrochen waren. Ihre Haare hatte sie gerne offen getragen, so lagen sie nun wohl auf ihrem Leidensbett. Immer unter Leute wollte sie, immer lachte sie, groß und offen war alles an ihr, sein Leben hatte sie gerettet. Einmal, nach der Schlacht bei Jena, hatte sie sich betrunkenen französischen Soldaten in den Weg gestellt, die ihn schon in seinem eigenen Schlafzimmer am Schlafittchen hatten. Sie hatte sie verscheucht, immer alle Gewalt verscheucht. Sofort danach hatte Goethe sie geheiratet und ihr damit endlich den Weg in die Gesellschaft geebnet. Die Gesellschaft, die sie hasste, der sie nie gut genug war. Seit zehn Jahren waren sie heute verheiratet, fast dreißig Jahre hatten sie zusammen verbracht. Wie ein Regenschirm war sie ihm gewesen, dachte Goethe, alles Schlechte unerschütterlich abwehrend. So geduldig, so schön, schwer, heiter und natürlich. Dann war sie einfach in Ohnmacht gefallen.

Die letzten sechs Tage verbrachten die beiden im gemeinsamen Haus. Aber sie sahen sich nicht mehr. Goethe blieb allein, er suchte ihr Zimmer nicht auf, sie sprachen nicht mehr miteinander. Er ging runter zum Essen, er ging im Regen spazieren, er war eine kalte Majestät. Er arbeitete, es kamen Menschen, um mit ihm zu sprechen. Goethe wusste sich durch nichts zu halten als die strengste Disziplin, sein Sekretär sollte über Nacht bei ihm bleiben. Zuletzt verließ er sein Bett nicht mehr. Das Fieber, die Angst, er kam nicht mehr heraus. Er besuchte sie keinmal mehr in ihrem Zimmer. Auf Christiane von Goethes Grabstein stehen die von ihm gedichteten Abschiedsverse:

Du versuchst, o Sonne, vergebens,
Durch die düstren Wolken zu scheinen!
Der ganze Gewinn meines Lebens
Ist, ihren Verlust zu beweinen.

Zwei Tage nach dem Tod seiner Frau schrieb der verzweifelte Goethe in einem Brief: «Ganz ohne Badeausflug bringe ich mich nicht durch, da unser cimmerischer Sommer mehr niderhält als aufrichtet.» Er schaute öfter durch sein Teleskop. Der Dichter unterhielt kein einfaches Verhältnis zu naturwissenschaftlichen Apparaten. Allein die reinen Sinne der Menschen sollten ausreichen zum Dichten und auch wissenschaftlichen Erkennen der Welt, davon war er überzeugt. Man musste das menschliche Maß einhalten. Ganz lassen konnte er aber trotzdem nicht von ihnen und von dem, was sich im Inneren der Apparate befand.

22

DIODATI

Auch Mr. Dejean, der Hotelier des D'Angleterre, hatte sich für viel Geld ein neuartiges Teleskop in Paris bestellt, das nun glänzend auf vier dünnen Holzfüßen stand. Bereits kurz darauf tummelte sich auf seiner Veranda, was sich für die bessere Gesellschaft Genfs hielt, und stand an, um durch das Fernrohr auf die Villa zu schauen, die auf der gegenüberliegenden Seeseite von seinen ehemaligen britischen Gästen bewohnt wurde. Es dürstete die Zuschauerinnen und Zuschauer, mit eigenen Augen zu sehen, wovon sie schon so viele schmutzige, unglaubliche Geschichten gehört hatten, um diese dann weiterzuerzählen. Nur war überhaupt nichts zu erkennen, außer jede Menge großer Fenster, einem Park, durchkreuzt von Kastanien und einer Wäscheleine. Mr. Dejean wusste daraus Spannung aufzubauen. Das harmonische Bild der Ruhe, das die technische Optik scharf und vergrößert auf seine Veranda trug, ließ viel Fantasie für das, was sich im Inneren abspielen musste, bei dieser Truppe, von der jeder bereits so viele schmutzige, unglaubliche Geschichten kannte.

«Sehen Sie die weiße Wäsche?», fragte er.

«Können Sie sich vorstellen, was nachts in ihr getrieben wurde?» Sie glotzten auf die Laken wie Leinwände, der Wind riss an ihnen. Oh ja, das konnten sie sich vorstellen.

Die Genfer schauderten genüsslich. Es begann wieder zu regnen.

Auf der anderen Seite der Villa Diodati, abgewandt von den Blicken des Publikums, standen Polidori und der Hausherr auf der Terrasse, die auf dicken Säulen fußend das Haus umgab. Der Mietpreis war horrend, der Regen schoss schräg unter dem schützenden Dach auf sie zu, mitten in die schönen Gesichter. Über den Bergspitzen braute sich ein Sturm zusammen, weiße Funken schlugen aus den Wolken. Sie spiegelten sich in der Sonnenbrille, die Byron den Wetterumständen zum Trotz trug und deren eines rundes Glas rot und das andere grün eingefärbt war.

«Jetzt geht es schon wieder los,» seufzte der Arzt dem Regen zu.

«Ist es nicht herrlich?», freute sich Byron.

«Ich finde es nicht herrlich.»

«Ja, was finden Sie schon herrlich, Polidori.»

Der Arzt schaute traurig auf die Berge.

«Wie oft habe ich Ihnen schon gesagt, wenn von allein nichts existiert, an dem sich Ihr kleiner Geist entzündet, dann schaffen Sie sich selbst solche Situation. Verändern Sie die Wirklichkeit, dann finden sogar Sie etwas, über das Sie schreiben können.»

Die beiden sahen in diesem Moment, dass von unten Mary Godwin im Anstieg zur Villa begriffen über den feuchten Boden glitschte. Byron kniff Polidori in den Bauch, der kreischte theatralisch.

«Helfen Sie ihr. Sie sind doch in sie verliebt. Jeder sieht es.»

Polidori schaute erschrocken.

«Na los, klettern Sie ihr zur Hilfe, das Meterchen können Sie schon springen.»

Es waren fast drei Meter, das wussten sie beide. Byron lachte heimlich in sich hinein. Der hübsche Arzt sah in die tiefe Schlucht hinunter. Aber er fand sich auch ermutigt durch die Worte Byrons. Ja, er war in Mary verliebt. Und ja, dann wussten sie es eben alle. Er würde ihr helfen, aber nicht seiner Verliebtheit wegen, sondern weil er ein italienisch-britischer Gentleman war.

«Sie können wohl nicht, Ihr Hinkefuß, was?», fragte Polidori auf der Suche zu verletzen. Byron machte hmmmhm und hob die Hände zu einem hopphopp. So suchte sich der Arzt alsbald an dem glatten Felsen abzuseilen, nur eben ohne Seil. Mary sah das Desaster von unten, «Polidori», rief sie, «bleiben Sie besser zurück!» Polidori jedoch hangelte schon zu weit zwischen oben und unten, rutschte wenige Augenblicke später ab und den Abhang hinunter in den Dreck. Er hielt sich das rechte Fußgelenk und brüllte vor Schmerzen. Byron freute sich und humpelte zurück in den Salon, während Mary Polidori nach oben schleppte. Der Arzt fühlte sich wohl in ihrem Arm.

In gewisser Weise war der Salon der Villa zum Schutzraum der Familie Shelley geworden, öfter blieben sie über Nacht. Es war Mitte Juni und das Feuer des riesigen Kamins malte Schatten auf ihre spitzen Gesichter. Von draußen schlugen Tropfen gegen die Fenster, es roch nach Petroleum, die langen roten Samtvorhänge, die goldenen Leuchter, glänzende Ritterrüstungen und allerlei Zeug, das Byron dazugestellt hatte: eine ausgestopfte Schlange, Totenköpfe, durchsichtige, illuminierte Glasgefäße mit Knochen und Fischen drin, abgewetzte Perserteppiche. Percy und Byron sprachen miteinander, etwas versetzt saß Claire, sie schaute immer abwechselnd auf Byron und ihre Fingernägel. Also wenn Percy etwas sagte, auf ihre Fingernägel, und wenn Byron sprach, auf Byron. Sie trug ihr Kinn ganz hoch, es sah extrem süß aus. Mary saß alleine auf einem gelb bezogenen Sofa, ihr gegenüber hatten sie Polidori gebettet. Der Arzt hatte Anweisungen gegeben, wie sein Bein zu behandeln sei, und die Sonne, die sich den ganzen Tag nicht hatte blicken lassen, ging irgendwo hinter den Regenwolken unter.

Nachdem das Malheur mit Polidoris Bein passiert war, hatte Byron ihm noch eine weitere Falle gestellt, die er zu spät als solche erkannte. Er solle doch endlich seine Tragödie vortragen, über die er so viele hitzige Nächte gegrübelt habe. Sie verrissen sie dann allesamt, lachend hatte Byron gebrüllt: «Sie werden immer Arzt bleiben, Polidori. Darauf verpflichtet, Menschen zu helfen. Was kann es Trostloseres geben.»

Aber immerhin, aus Polidoris Stück, über das er nicht mehr nachdenken wollte, waren sie bald auf Themen gekommen, bei denen er den Dichtern überlegen war. Mary hörte den Arzt über die allerneuesten Theorien des Lebens erzählen. In London gab es aktuell einen philosophischen Streit mit zwei harten Fronten: die einen glaubten nur an Gott, und die anderen überlegten, ob es noch eine andere, womöglich elektrische Lebenskraft gäbe. Angeführt wurde diese Gruppe von Percys und Marys Londoner Leibarzt, den sie sich auch deswegen ausgesucht hatten. Hier in Genf waren sie überzeugt davon, dass in der Energie des Blitzes ein Ursprung des Lebens liegen würde.

«Haben Sie gehört, dass es kaum mehr Frösche gibt, weil so viele galvanische Experimente mit ihnen durchgeführt werden?»

«Und haben Sie gehört, dass es kaum mehr Leichen gibt, weil auch an ihnen versucht wird, sie mit Hilfe der Elektrizität zum Leben zu erwecken?»

Sie kamen von der Medizin über die Philosophie zur Technik, denn immer wieder ging es letztlich um den elektrischen Schlag, der gerade ein neues Zeitalter begründete. Der Strom, der schon immer zwischen Himmel und Erde herrschte, er sollte nun eingefangen und festgehalten werden. Sie gruselten sich, und wenn es nicht genug war, las Byron aus einer Sammlung deutscher Schauergeschichten vor, die er in der Villa gefunden hatte. Auf dem Cover prangte der Name: *Fantasmagoriana*.

Mary vertiefte sich dabei ins Nachladen der Opiumpfeifen, das sie für Polidori übernahm. Der präzise Umgang mit den Instrumenten und Materialien machte ihr Freude. Claire empfand die Grazie, die die Schwester versprühte, und das war ihr überhaupt nicht recht. Verblüffend, dachte sie an Mary vorbeischauend, wie Byron es geschafft hatte, diesem Raum eine wohltemperierte, doch zugleich fordernde Aura zu verleihen. Das samtene Sofa wird er wohl mitgebracht haben, wie hätte er so etwas hier am Ende der Welt anfertigen lassen können. Wie das Pflanzen-Arrangement um die Monstera in ihrer Mitte herumspielt, auf dem gewienerten, mit steinalten Spuren ausgezeichneten schwarzen Dielenboden.

«Nein», sagte sie bockig auf Marys freundliche Frage, sie wolle Opium heute weder rauchen noch trinken, sie wusste nicht warum. Claire mochte eigentlich jede Art des Rausches. Mary hatte selbst etwas flüssige Drogen eingenommen, strich sich über die blonden Haare, die sich weich und endlos anfühlten. Sie fand, dass Percy mit seinem dünnen Gesicht aussah wie ein Drache. Sie flüsterte ihm zu: «Meine kosmische kleine Elfe.» Ihre Stimme klang merkwürdig laut, meinte sie, als gehöre sie jemand anderem. Sie fühlte den Stoff ihres dunkelblauen Kleides, die Ebenen in der Haut ihrer Finger schienen exakt in die raue baumwollene Struktur des Stoffes zu gleiten, warm wurde ihr Bauch, ihr Unterleib, ihre Zehen.

Ein Beobachter konnte wohl denken, Mary tat nichts, aber das war nicht der Fall. Wer das verstand, war die Baby-sitterin Elise, die sich hinter einer der Türen des Salons krümmte und praktisch mit ihrem ganzen Körper durch das Schlüsselloch auf die Szene lugte. Vor einer Stunde hatte sie Baby William ins Bett gebracht, aber die Auf-regung in ihr ließ sie nicht schlafen. Die einundzwanzig-jährige Frau, die nie etwas gelernt, aber eine reine Seele hatte, machte sich viel zu schwere Gedanken, ihr Kopf tat weh davon und ihr Herz schlug. Sie hatte nicht aufhören können, darüber nachzudenken, was Mary damit meinte, als sie ihr sagte, dass sie schreibe. Elise wusste nicht, was das bedeutete. Sie hatte einiges gesehen vom Leben, viele junge und viele alte Männer waren über sie gegangen, in der Kirche las der Pastor Sprüche aus der Bibel vor, aber noch nie hatte sie mit eigenen Augen gesehen, wie jemand Gedanken aufschrieb. Und was Elise vor allem noch nie gesehen hatte, war eine Frau wie Mary. Elise, die eigentlich Louise Duvall hieß, strich ihre dicken Haare zurück, die zu einem französischen Zopf gebunden waren. Sie machte es genau so, wie sie es gerade bei Mary gesehen hatte. Sähe man umgekehrt durchs Schlüsselloch, würde man einen leichten Schweißfilm um ihre Nase schimmern sehen. Sie hatte etwas Langsames an sich, auf dem linken Auge schielte sie leicht. Percy war ganz wahnsinnig davon geworden, schielenden Frauen konnte er nicht widerstehen. Wo immer Louise Duvall war, war sie die schönste Frau. Sie war fast so groß wie ein Mann und ihr Körper so dünn und fest und weich wie eine Pflanze. Umso mehr quälte man sie. Dass sie etwas schwer von Begriff war, damit hatte man sie gequält, seit sie denken konnte. Sie hatten sie gepikst, dann gehauen, dann genommen. So war das Leben. Aber Mary, die sie Fräulein Godwin nannte und die noch jünger war als sie, saß in dieser Runde und schwieg auf eine Art, die Elise noch nie gesehen hatte. Sie kannte es gut, wenn Frauen nichts sagten. Sie selbst sagte nie etwas. Sie hatte nie etwas zum Piksen, zum Schlagen, zum Nehmen gesagt, weil es nichts änderte. Sie wusste wohl, dass, je höher die gesellschaftliche Sphäre war, und je mehr die Menschen wert waren, desto weniger sagten die Frauen. Ihre Mutter, ihre Tante und ihre Schwester brüllten zu Hause rum, und so ein Brüllen gab es nicht in den Häusern der Reichen. Aber dieses Schweigen hier war ein völlig anderes Schweigen. Denn obwohl sie nichts sagte, sah Elise, dass Percy und Byron und Polidori immerzu zu Mary schauten, nachdem sie etwas gesagt hatten. Sie wollten es sich zwar nicht anmerken lassen, aber Mary, die konzentriert mit dem Pfeifenstopfen beschäftigt schien, war ganz offensichtlich der Ort, zu dem all die Wörter hinsollten. Elise verstand es nicht. Es musste eine seltsame Magie in diesem Zimmer vorhanden sein, von der sie auf der anderen Seite nichts verstand. Elise war zwar selbst eine Zauberin, sie konnte mit ihren kleinen Händen ganz automatisch die Kinder ruhig machen, besser als alle anderen im Dorf. Ihr eigenes Kind konnte sie natürlich nicht mehr sehen, es war hoffentlich noch bei ihrer Mutter. Hier verstand sie nun: Das also war wohl das Schreiben, dass man all die Dinge nahm, die in die Luft gesprochen wurden. Dass man machte, dass sie zu einem gesagt wurden, und sie dann sicher auffing. Mary trug mehr aus den Vorzeiten in sich als die anderen im Zimmer, Elise sah es. Mary trug die schwere Zeit ganz ruhig in ihrem Körper. Elise sah die spitzen Ohren des Luchses an ihr, sie sah sie die Stirn runzeln, die kleine Nase ragte dann ganz leicht nach oben. Sie kannte so ein Gesicht nicht, es war ein wunderschönes Gesicht. Vor dem Schlüsselloch sitzend, machte sie Grimassen mit ihrem Mund, mit den Augen, mit der Nase, Elise versuchte Marys Gesicht zu machen. Wie ging es nur?

Die Zeit verschwamm und Mary wusste nicht, ob es gestern oder vor zwei Wochen gewesen war, als sie mit dem Boot in den Abend hinausgefahren waren, Claire hatte auf der Gitarre gespielt, Percy die elegischsten Gedichte seines geliebten William Wordsworth rezitiert, Byron albanische Lieder gesungen und geheult wie ein wilder Hund in einer europäischen Wüste, wenn es so etwas denn überhaupt gab. Es waren Tage wie im Flug, in denen Percy mit Claire ging und Mary mit Byron, und alles war offen. Keiner wollte wissen, was in der Nacht passierte, keiner wollte mehr sprechen außer Percy, aber Mary hielt ihm den Mund zu, und er lächelte. Es waren die Tage der Sonne, mitten im Juni, als wäre es ein echter Juni. Dann wurde es wieder dunkel. Mary hatte vergessen, dass es Frühling, dass es Sommer gab, sie waren in einem geschlossenen Sarg, aber sie lebten!

Auch Byron, der Unstete und Wegläufer, genoss die Abgeschiedenheit. Er war zehn Jahre älter als sie und der größte Schriftsteller der Welt, arbeitete viel, war scharf und gnadenlos wie ein Messer. Die Nachmittage verbrachte er mit Fechten, Boxen, Pistolenschießen, er war ganz verrückt nach seinem ausgeklügelten Trainingsprogramm. Anders als Friedrich Jahn brauchte er vor allem die Auseinandersetzung, den Kampf mit seinem eigenen Körper. Mary wurde nicht recht schlau daraus, was er beständig mit nacktem Oberkörper im Niesel aufführte. Sein trotz aller Ertüchtigung und Diät fleischiger Körper passte nicht zu dem perfekten griechischen Wangenknochengesicht. Sie schüttelte amüsiert den Kopf und übte Italienisch mit Polidori, Claire schrieb Byrons Texte ins Reine. Percy, immer gleich dünn, redete nur vom Segeln. Die letzten Stunden hatten sie damit verbracht, in der Villa Verstecken zu spielen und sich Angst einzujagen. Mary saß in der dunklen Ecke eines fünfzehn Meter langen Raums voller Ritterrüstungen und schlechten Portraitmalereien und dachte an die süße Gerissenheit von Claire, die braunen schläfrigen Augen ihrer Schwester Fanny und das Herz ihres Vaters. Wie er daran verzweifelt war, ihr Mathematik beizubringen und wie er jetzt fast schon nicht mehr da war. Sie dachte an die Dunkelheit der Wohnung in der Skinner Street, an die Holztreppe, die nach oben zu den Kinderzimmern führte und die ihr damals so riesig vorkam wie ganz England oder zumindest wie eine Brücke in ein fremdes Land. Sie spürte die warme, nach Lavendel riechende Heimeligkeit und Heimlichkeit und überlegte, was diese Worte eigentlich miteinander zu tun hatten. Und sie dachte, dass es ihnen in der Villa um etwas anderes ging, aber dass es ihrem Vater ja auch schon um etwas anderes gegangen war, und plötzlich war Polidori aus dem Nichts neben ihr aufgetaucht. Er hatte sie am Arm gefasst und sie angesehen wie die Liebe, und Mary hatte die Liebe erkannt und ihn weggeschubst. Dann stürzte sie sich auf ihn, ihre Knie auf seinen Armen, ihr Po auf seiner Brust und flüsterte: «Sie sind ein Bruder für mich, John, wieso verstehen Sie das nicht.» Ein Schweißtropfen löste sich von ihrer blassen Stirn, fiel auf seine halbitalienischen Lippen, und Mary hatte von ihm abgelassen und war fortgelaufen. Ihre Körper bebten, und sie hatten immer ihre schönsten Kleider an. Wenn Byron im Salon die ins Französische übersetzten Spukgeschichten las, kamen sie alle gelaufen, schmissen sich auf die Sofas und hörten ihm gebannt zu. Das Plätschern des Regens, der stürmende Wind und das Knistern des brennenden Holzes. Es war alles ein Tag und es war alles eine Nacht und sie tauchten tief hinein in die Welten von kopflosen Reitern, französischen Feen, geschändeten Frauen, verlorenen Kindern, Grafen und Rittern.

Polidori hielt das Glück nicht aus, machte *bella figura* in Genfer Familien. Galoppierend sah er das Wasser über die Ufer treten, in manchen Teilen Genfs konnten sich die Menschen nur noch in Kähnen fortbewegen. Männer kletterten an glitschigen Häusern hoch, um die gerade erfundenen Blitzableiter abzuschlagen und, wieder auf der Erde, auf ihnen herumzutrampeln, als wären sie Teufelswerkzeuge, die das Böse anzogen. Man brauchte immer einen Schuldigen, wusste Polidori. Gestern hatte er sich heftig mit Percy gestritten, sie wollten sich sogar duellieren. Obwohl der Leibarzt kurz davor den kleinen William geimpft hatte und Percy ihm sehr dankbar dafür war. So war das Leben hier: empfindlich und schnell entzündbar. Die Energie schaukelte sie durch, durchpflügte sie, nahm ab und wurde dann wieder stark. Sie schliefen wenig und fest, sie weinten viel, sie wurden rasend über- und aufeinander. Claire spielte auf dem Klavier ganz langsame Lieder, die wie Kirchenmusik klangen, wie Bach, wie Musik, die keinen Anfang hatte und kein Ende, sich nur ganz leicht wandelte, in der Struktur bewegte und dadurch schöner wurde.

Seine ausgeleierten, tropfenden Wollleggins in Händen, stand Friedrich Jahn am Rande seines Turnplatzes in der Hasenheide. Die hölzernen Geräte abgedeckt von grünlich schimmernder Plane, der Neuköllner Park unter Wasser, keine Leute da. Dem Turner kribbelte es in den Beinen, wenn er sich lange nicht regte. Jahn machte kehrt und marschierte zum Buchladen. In der Auslage entdeckte er sein Werk: *Die deutsche Turnkunst.* Er hatte es vor zwei Monaten der Öffentlichkeit vorgestellt, in seinem Turn-Brevier hatte er erstmals die von ihm erfundenen Geräte erklärt, die Funktion des Recks, die Arbeit am Barren, aber auch über das rechte Werfen, Klettern, Schieben, Schwimmen, Stürmen. Es gab nun die Turnkunst und hinter der Turnkunst gab es Turnspiele, eine Turnzeit, Turntracht, Turnübungen, Turnzeug, den Turnplatz, darauf Turner und Turnlehrer, eine Turnsprache, jetzt also Turngesetze und natürlich auch Turnfeinde. Er erntete sehr regen Zuspruch, die Leute wollten turnen, mehr als jemals. So viele hingen ihm in diesen Tagen an den Lippen, weit über 10 000 Mitglieder in über 100 Vereinen zählte man in Deutschland, sie installierten gerade neue Turnplätze in Mecklenburg, Sachsen, Hamburg und Düsseldorf. Sie wurden mehr, ihr Gang kriegerischer und ihre Gesichter mutiger, seine Bewegung stand im Zenit. Sie kamen. Wenn das Wetter es erlaubte.

Jahn trocknete sich mit einem klammen Halstuch das Gesicht und begann zu laufen, lief im Gleichschritt, immer schneller, nahm Bordsteine wie Bockhilfen, als wären die Wege der Stadt ein Trimm-dich-Pfad, nur für Eingeweihte zu lesen. Man musste jedes Steinchen seiner Stadt kennen, wenn der Häuserkampf beginnen würde. Am Cottbusser Thor schwang er sich von einer Laterne auf eine kleine Bude, von dort mit einem Riesensprung auf ein schiefes Dach, oben der Wind um die Nase, immer wieder abrupt abstoppend für einige Dehnungen und Drehungen, dabei jäh den Dolch zückend und manches Mal unsichtbaren Gegnern ausweichend. Jahn spürte jede Sehne, jeden Muskel in sich glühen und durch den ununterbrochenen Wechsel aus Spannung und Entspannung an Kraft gewinnen. Über den Dächern der Stadt, außer Atem: Ein achtunddreißigjähriger Sportler mit langem Barte. Ein Kämpfer, dem viele in Deutschland in diesem Moment sehr viel zutrauten.

Jedoch, dunkle Wolken bildeten sich, er war sich dessen bewusst: Einige wollten ihn weghaben. Wo im Kleinen seines Turnplatzes die Dinge sich verbesserten, wurde im Großen alles verraten. Preußen hatte immer noch keine Verfassung, in der Welt der alten Fürsten und ihres Beamtenapparats war kein Platz für vaterländisches Turnen. An seinen Geräten waren die Standesgrenzen aufgehoben, Arm und Reich stählten gemeinsam ihre deutschen Körper. Die Restauration beäugte seine patriotische Gemeinschaft kritisch, er fühlte bedroht, was so schön und empfindlich zu wachsen begonnen hatte.

In Jahns Kopf trieben dieselben Gedanken, wie sie eine Stunde vor Berlin, in Möglin auf dem Land, eine junge meteorologische Lehrkraft an völlig anderem Gegenstand ausheckte. Tagesaktuell nahm dieser Messungen des Wetters vor, die er mit Blick auf Boden, Wasser und Getreide auch verschriftlichte: «Das zarte Leben der perennirenden Feldfrüchte z. B. des Klees, ward durch bedeutende Temperatur geweckt, des Nachts aber durch die eben so niedere Temperatur wieder gestört und vernichtet.» Die Rede war von unsteter Witterung, ungewöhnlicher Winternässe, großem Lichtmangel und einer mitten im Juni vom Frost attackierten Erde.

Über den Wetterverlauf schrieb der Lehrling: «Die niedrige Temperatur und der beständige Regen im ersten Viertel des Juni hatte das Blühen des Roggens ziemlich gehindert, wohingegen die bedeutende Wärme und die Trockenheit den 12, 13 und 14ten Juni die Blüthen desselben mit solcher Allgewalt hervortrieben, daß, wie durch einen Zauberschlag, ganze Felder, wo früher nur selten Blüthe zu sehen war, ganz vollkommen in Blüthe standen. Die darauf folgende kühlere Witterung machte jedoch, daß die durch eine so hohe Temperatur hervorgetriebene zarte Blume litt, daher auch die Blüthezeit des Getreides eben so schnell verschwand als sie erschien.»

Gerade gewachsen, schon überfallen und vernichtet! Berlin war nicht so hart vom ungeheuerlichen Wetter getroffen wie etwa Württemberg, Westfalen oder München, das den bis heute kältesten Sommer seit Beginn der Aufzeichnungen erlebte. Doch es gingen auch hier geheime Sachen vor, die Abendzeitungen waren voll davon. Der Nährboden, in den Jahn sanft seine Saat gelegt hatte, es war ihm nicht zu trauen, der erfolgreiche Turnlehrer musste mehr tun. Jahn lief über die Dächer bis zum Gendarmenmarkt, wo der verdammte Dichter E.T.A. Hoffmann wohnte, der ständig Witze über ihn machte und gerade seine Erzählung *Der Sandmann* veröffentlicht hatte, in dem es um ein Robotermädchen ging.

Von hier oben überblickte Jahn die Mitte des sich so rasch wandelnden Berlins. Preußen hatte beim Wiener Kongress gut abgeschnitten, im Königreich lebten nun doppelt so viele Einwohner wie zuvor, die Hauptstadt entwickelte sich rasend. Doch es war, meinte Jahn, ein rasender Stillstand. Er sah in die Fenster der Häuser, fast alle waren hell erleuchtet. Niemand auf der Straße, die Leute zogen sich zurück in ihre Heime, sie hielten dicke Bücher mit harmlosen Geschichten in der Hand und blätterten fleißig und still darin herum. Mit seinem tierischen Gehör meinte der Turnmeister die Kamine des aufstrebenden Bürgertums knistern zu hören. Aus den Gewinnern der verlorenen Revolution formte sich die Klasse der Bürger, der Zurückzieher und Zufriedenen. Sie erfanden in ihren vier Wänden die massenhafte private Verfeinerung. Die Leute schrieben, lasen, musizierten, lauschten, und sie wendeten sich ab von der politischen Welt, die, so waren sie plötzlich überzeugt, wohl nicht die perfekte war, aber sicher auch nicht die allerschlechteste, und die sich letzten Endes zu ihren Gunsten und nicht der irgendwelcher anderer Leute auf der Welt verändern würde. Groß in Mode kamen Zimmerbilder, in denen sie ihre Interieurs und ihre trauten Familien malen ließen. Denn seine Innenräume dekorierte man nun mit so endlosem Fleiß und harmoniesüchtiger Detailgenauigkeit, wie man die eigenen Gedankengebäude abschritt. Alles wurde ein Stillleben. Jahn spuckte aus, denn er merkte natürlich, dass diese kulturbeflissenen Biedermänner wie ein Walze über seine patriotische Befreiungsbegeisterung fuhren. Alles machten sie platt, dabei wollte er doch alle plattmachen! Jahns Bewegung war fest mit einer politischen Romantik verlötet, die er durch deutschnationale und auch antisemitische Parolen nach vorne peitschte und weiter radikalisierte. Zwei Monate später schrieb er in einem Brief an einen befreundeten Theologen: «Und darauf verlaß Dich: So wird die preußische Landwehr noch nie geklopft haben, als im Gottesgericht wider Junker, Juden, Gauner, Gaukler und Garden. Gott verläßt keinen Deutschen.» Auch gegen die Biedermänner würde er sich rüsten.

Wie im Sturz flog Jahn zur Straße hinab, bekam den Ast eines Baumes zu fassen, leinte sich daran elegant ab und lief behände über die Friedrichstraße, klopfte an die Tür eines längst nicht mehr geheimen Salons, zum Treffen der *Gesellschaft für deutsche Sprache*, zu deren Gründungsvätern er sich selbst zählte. Denn, das war doch sonnenklar, neben der körperlichen Erziehung musste das Innerste bearbeitet werden. Nichts durfte unversucht bleiben, um den sich auftürmenden Endgegner zu überwinden: «Das öde Elend wahngeschaffener Weltbürgerlichkeit». So hatte er es in der *Turnkunst* formuliert. Wenn man sich nicht permanent regte, schlief man ein. Oder man träumte sich hinfort, vom Heimischen weg ins Französisch sprechende, Ausländische, Kosmopolitische. Als hätte Jahn bei seinen Worten an die in Genf im Dunkeln Sitzenden gedacht, an den untröstlichen Polidori, den schwärmerischen Percy, die überlegte Mary, rief er, von seinen Sprachverschwörern hineingelassen, noch in der Tür stehend laut ein weiteres Zitat aus seiner *Turnkunst*: «Das Vergeuden der

Jugendkraft und Jugendzeit durch entmarkenden Zeitvertreib, faultierisches Hindämmern, brünstige Lüste, und hundswütige Ausschweifungen wird aufhören – sobald die Jugend das Vorbild männlicher Lebensfülle erkennt.»

Es gab Applaus. Wie immer waren die Mitstreiter von ihrem Jahn tief getroffen. Seit Luther hatte kein Deutscher mehr so markig gesprochen wie dieser Sohn eines gerechten Dorfpfarrers aus der brandenburgischen Prignitz. «Frisch, fromm, fröhlich, frei» war Jahns Losung, und sie tauchten hinein in das Innerste, die Grammatik der deutschen Sprache, denn wer dort herrschte, der herrschte an jedem Ort. So galt Jahns ganzer Krieg auf diesem Terrain dem Fremdwort und seiner Abwehr. Man musste die Sprache bereinigen und dies im Sinne arbeiteten die Professoren und Pädagogen hier an einem neuen Wörterbuch des Deutschen. Es sollte jede Nation das Ihrige machen, so wie die deutschen Stämme sich zurückbesannen und wieder herausbilden würden ihr Ureigentümliches. Jeder für sich, jeder aber natürlich eben dort, wo er hingehörte. Jahn wusste um «das verborgene Heiligtum des innersten deutschen Wesens». Und er wusste auch, «welcher Hort in dem Turnen verborgen war, und welcher sinnige Ernst in dem schiedlichen Spiele».

Nein, es war nicht nur ein Spiel. Und deshalb musste man es schützen. Und als sich Friedrich Jahn ein riesiges Glas spritzigen Mineralwassers eingoss, dachte er: Es braucht einen Schutzraum. Wie ein Gewächshaus, das fest neben dem freien Felde steht. Eine einfache, tadellose, allem Wetter und jeder Fremdeinwirkung trotzende Halle zum Turnen, eine Turnhalle!

24
DIODATI

«Wir reden nur über Naturphilosophie. Es beginnt mich schrecklich zu langweilen», zischte Lord Byron in die Runde und erhob sich. Er trug ein zugeknöpftes Hemd mit einem riesigen Kragen, auf dem Herzen eine runde, rot-schimmernde Brosche. Schon wieder saßen sie im Salon, hingen in ihren Sofas oder auf den dicken Teppichen und warteten darauf, dass etwas mit ihnen passierte. Percy ant-wortete: «Sie hat die Welt nun einmal übernommen, auch Hoffnung steckt in ihr.»

«Die Wissenschaft ist die Schwester der Vernunft. Sie sind beide reizend. Doch auch sehr prüde, nicht? Immer sagen sie die Wahrheit, immer wollen sie recht behalten mit ihren neuen Gesetzen. Mich erinnern sie an unseren Polidori – sie haben keine Fantasie.»

Der Arzt schaute wutentbrannt.

«Ja, John, Sie fangen gleich wieder an zu heulen, ich weiß. Und ich verstehe auch, dass der Vernunftglaube sie alle fesselt. Gewaltig ist er in der Welt erschienen, wie ein guter Sturm», Byron zeigte nach draußen, «zerstreut er die Wolken, und der Himmel scheint plötzlich offen und klar. Die Mächtigen versuchten diese Gewalt zu stoppen, natürlich vergeblich. Die, die von Geburt an herrschten, im Blutstrom und im poetischen Zeichen der Unvernunft – ihre Welten begannen zu wackeln. Die Schlauesten unter ihnen begriffen das sofort, denn auch sie waren betört, wollten den großen Idealen, der Freiheit, der Gleichheit, der Schwesterlichkeit plötzlich im Dienste stehen. Napoleon selbst, mein größter Held, der genau wie ich gerade im Exil sitzt, hat den Vernunftglauben als Virus um die Welt geschickt. Er setzte sich an seine Spitze, und man musste schon lachen darüber. Der neue Glaube und die Wissenschaft nisten in den Menschen, es lässt sich nicht mehr herauslösen. Sie ließen den König köpfen, und von dem Bild kommen sie bis heute nicht los. Dass eine Idee so groß sein kann, dass sie dem König den Kopf abschlägt.»

Percy: «So ist es, Byron!»

«Ja, aber was nun? Sie hat die Maschine gebracht, doch die bringt nur Ärger. Wohlstand und Weltherrschaft und Ärger. Auch sie hat keine Fantasie. Die Menschen verlieren an sie ihre Arbeit und beginnen zu streiten. Das Blut wird spritzen an den leuchtenden Stahl der Maschinen. Es ist leicht wieder abzuwischen. Die Menschen wollen arbeiten, nicht jeder kann ein Dichter sein, nicht wahr, Polidori?»

«Sie sind ein Schwein», entgegnete dieser schwach.

Mary rief: «Sie mit Ihrer Theatersprache malen alles schwarz und weiß. Wir wollen wissen, wo wir herkommen. Und wo wir hingehen.»

«Ja, das wollen jetzt immer alle wissen», freute sich Byron und machte sein Dämonengesicht. «Fragen Sie mal die Leute, die sagen es Ihnen: aus Gottes Schoß. Ihr wollt es nicht glauben, und das ist schön. Es wird nur nichts bringen. Wir haben mit dem Feuer gespielt und uns verzündelt.»

Percy: «Prometheus begehrte für uns gegen Zeus auf und gab den Menschen das Feuer, er legte den Fortschritt in unsere winzigen Hände. Es ist Schicksal, ob Sie wollen oder nicht.»

«Dieses Schicksal ist ihnen etwas zu groß», entgegnete Byron, «Sie wollen auch so ein Prometheus sein, nicht wahr, Shelley?»

«Vielleicht will ich das», sagte Percy schüchtern. «Aber anders, ganz anders.»

«Sie reden und reden, lieber Shelley. Sie werden noch ein richtiger Dichter! Sie sind es schon, bah! Außerdem sehen Sie immer öfter aus wie ein Gammler.»

«Dass das Wenigerwerden der evolutionstechnisch neue Schritt ist, ist schwer zu begreifen. Offenbar auch für Sie, Byron. Es geht doch womöglich genau darum: zu verschwinden. So wie wir hier in der dunklen Nacht um uns herum! In ihr werden wir alle gleich.»

«Was reden Sie denn», rief Byron laut prustend. «Die da draußen haben so wenig. Fast alle haben fast nichts. Was soll noch weniger werden? Die Leute wollen fressen!»

«Ich meine ja die Reichen», entgegnete Percy.

«Wir haben immer genommen, mit vollen Händen. Was wir Menschen kriegen konnten.» Byron stand aufrecht da: «Das war noch immer so, es gehört zu unserer Natur. Linksradikale, klerikale Träumer und Utopisten wie ihr haben verführerische Ideen, immer werdet ihr die Hälfte der Hälfte halbwegs davon überzeugen, doch nie werden eure Ideen mit der Realität eins.»

Byron machte gierig weiter: «Der Mensch muss sich bewegen, sich selbst durch Aktion mit Erfahrung füllen. Letztlich, indem er über sich hinauswächst. Seid ihr denn in England geblieben? Sind Sie, Shelley bei Ihrer Ehefrau geblieben? Sind Sie, Fräulein Godwin, bei Ihrem Vater geblieben? Wer auf der Strecke bleibt, bleibt liegen. Wie heißt sie noch, Ihre Ehefrau – Harriet? Was wird wohl aus ihr werden? Sie kann froh sein, wenn sie über ihr Sterben selbst verfügen kann!»

Byron lachte spöttisch. Percy wurde rot, stieg auf, ging auf Byron los. Der Lord flitzte überraschend schnell um den Tisch. «Was denn, mein Kleiner», rief er. «Sie wissen, dass ich recht habe, tief in Ihrem Inneren.»

Doch er biss bei Percy auf Granit. Wem Byron zu denken gab, war Mary. Ein Holzscheit im Kamin fiel in sich zusammen und ließ Funken sprühen, sie sah ihre Liebe zappeln und Byron lachen. Woran glaubte sie? Sie glaubte ganz einfach an ihr Kind, sie glaubte absurderweise noch immer an ihren Vater und dass alles einmal besser würde. Aber würde es wirklich besser? Percy erkaufte sich seinen Idealismus auch mit dem Geld seiner Eltern. Byron war Realist und ein düsterer Zyniker. Aber er kannte wie sie die Armut, sie hatten beide einmal wenig gehabt.

Percy hüpfte wieder über die Sofas, zitierte aus Miltons *Verlorenem Paradies*:

«Habe ich dich, Schöpfer, gebeten

Mir die Gestalt eines Menschen zu geben?

Mich aus dem Dunkel ans Licht zu heben?»

Dann rief er: «Es ist Zeit für seine Rückkehr!»

Byron: «Wessen Rückkehr?»

Percy: «Prometheus'.»

«Da muss ich ihm recht geben», meldete sich Polidori zu Wort. «Es ist Zeit für einen Neustart.»

«Nein», rief Mary. Alle drehten sich zu ihr.

«Wir können nicht wieder die alte Geschichte erzählen von dem revolutionären Geist, der gegen die Autorität aufbegehrt. Die haben sich meine Eltern schon erzählt!»

Byron schmunzelte.

Mary sprach weiter: «Zeus hat, als Strafe für Prometheus' Frevel, diesen an einen Felsen im Kaukasus gekettet und täglich von einem Adler dessen Leber herausreißen lassen. Zu den Menschen brachte er als Rache die Plagen. Ihr wisst, auch die Hoffnung war eine davon. Was aber, wenn das nur ein Trick war? Hat Zeus den eitlen Prometheus für sein Spiel benutzt? Ging es womöglich nur darum, den Menschen mit dem Feuer, dem Fortschritt die Waffe zu ihrem eigenen Selbstmord in die Hand zu legen?»

«Sehen Sie sich diese Mary an», sagte Byron mit übergeschlagenen Beinen, «sie ist meine Schwester. Sie glaubt wie ich an nichts. Ich wusste es von Anfang an.»

«Ich bin wohl Ihre Schwester. Doch anders als Sie kann ich lieben.»

Da stand Byron erneut auf, schwang seinen Umhang um sich selbst und rief: «Es reicht mir. Dieses ganze Gerede, jetzt machen wir doch einmal ernst. Hiermit starte ich einen Wettbewerb. Wer von uns sich die beste Gespenstergeschichte ausdenkt. Los geht es: Jetzt!»

25
WIEN

Am selben Tag in Wien verdiente der neunzehnjährige und immer etwas durchsichtige Franz Schubert zum ersten Mal im Leben Geld mit seiner Musik. Der Musik, die er so liebte und der er sich nun völlig verschrieb. In diesem Jahr hatte sich der junge Mann um eine Stelle als Kapellmeister beworben, schmiss, als das nicht klappte, aus Frust seine Lehre und zog zu einem seiner Freunde in die Studentenbude. Dort, inmitten des Lärms der österreichischen Hauptstadt, komponierte er Tag und Nacht. Nun hatte Schubert eine Cantate für die Namensfeier seines Vermieters geschrieben. Das Honorar betrug 100 Gulden, und der Stolz des jungen Mannes war 10 000 Gulden groß. Er nannte das Lied *Prometheus-Cantate*.

Schubert war in diesen Tagen im Zustand hemmungsloser Aktivität begriffen. Auch einige Vertonungen Goethes finden sich unter seinen Werken aus der Zeit, in denen sehr häufig schwermütige Wanderer durch eiskalte Landschaften ziehen. Der junge Musiker schickte sie sogar nach Weimar, ohne Antwort kamen sie zurück. Ob Goethe es sich ansah oder nicht, ist nicht belegt, es hätte ihn vom Thema her nicht sonderlich interessiert. Prometheische Schwärmereien hatte er in der Jugend selbst in Kunst verwandelt, aber aufs Eleganteste. Damals hatte die Sonne noch geschienen, er war ein Stürmer und ein Dränger und Zeus, dieser oberste Olympier, natürlich der Feind. Nun war Goethe selbst ein Gott.

Die Aufführung von Schuberts Cantate verschob man aufgrund des schrecklichen Wetters. Sein Mitbewohner fragte ihn in dieser Zeit: «Glaubst du eigentlich an den 18. Juli?»

«Was meinst du?», antwortete Schubert.

«Na, die Leute reden doch alle über die Apokalypse, das prophezeite Weltende. Auch in der *Times* steht was, die man jetzt im Café Korb lesen kann. Du gehst doch auch gern ins Café Korb?»

«Hmhm. Hmhm.» Schubert schaute schon wieder auf seine Noten.

«Auch hier in Wien gehen sie nun auf die Straße aus Angst. Es macht sie verrückt. Es soll wirklich passieren! In einem Monat geht die Welt unter, weil sie vereist.»

Schubert nahm sein silbernes, dünnes Brillengestell von der Nase, blinzelte seinen Freund an und sagte: «Das wird wohl sicherlich nicht passieren. Denn zuvor muss ich noch in den Musikhimmel empor. Also einen Moment muss die Apokalypse sich noch gedulden!»

26

STUTTGART

Der endlose Regen verbreiterte die Flüsse, Wasser trat über ihre Ufer und bildete neue Ströme und bald Sturzfluten, die besonders in Süddeutschland ganze Täler umspülten. Niemand verstand, wo das viele Wasser herkam. Der Wein konnte sich nicht entwickeln, der Ackerboden verwandelte sich in einen glitschigen Sumpf. Er wusch den Samen einfach weg, spuckte ihn wieder aus, vernichtete die Ernte. Die Rüben verrotteten schleimig auf den Feldern, die ersten Kartoffeln, die die verzweifelten Bauern aus dem Boden hoben, zerquetschten ihre Hände wie einen stinkenden Schwamm. Nichts wuchs, nichts blieb.

«Das Wetter greift uns an», flüsterte die Mutter eines Mädchens im Haus eines unscheinbaren Dorfes. Die Tochter hieß Maria, weil immer irgendwo eine Maria war. Aber Maria konnte ihrer Mutter nicht mehr trauen, sie war blödsinnig geworden. Vor den Überschwemmungen waren der Vater und die Mutter Bauern gewesen, nun war der Vater tot und die Mutter lag nächtens auf der Lauer und suchte den Himmel ab auf schnelle Körper und weiße Flecken in ihm, die auch die Tochter und die anderen dort immer öfter entdeckten. Sie erklärte es auf dem Rücken liegend ihrer Zwölfjährigen und zeigte mit dürren Fingern nach oben. Die Mutter, die wie alle in Europa seit zehn oder zwanzig oder hundert Jahren nur Krieg kannten und riesige Heere, die durch ihre Länder marschierten und ihnen alles wegnahmen, sie sprach von Uriel und dem Wind Meridies und Michael und dem Wind Oriens, und sie sagte immer wieder: «Der Himmel greift uns an.» Als sie so sprach, schimmerte ihr Haar im Mondlicht und die Tochter weinte. Sie hatte größere Angst davor, dass ihre Mutter nie wieder heile würde, als vor dem Wetterkrieg aus den Wolken.

Die Mutter konnte in hellen Momenten selbst bestimmen, wann es schiefgelaufen war. Als sie nämlich ihrer Nachbarin vor einigen Tagen sagen wollte, «Na Anmuth, wie ist das Wetter?» Es war wieder einer der bitteren Dezembertage dieses Junis gewesen, aber sie wollte trotzdem normal reden, wie sie immer schon geredet hatten. «Ja, ja, das Wetter», und sich dann beschweren oder freuen, es war ja so herrlich egal: Man sprach, aber man sagte nichts – das Wettergespräch, eine jahrtausendealte, magische Angelegenheit. Auch, weil man wusste, dass natürlich nicht sie selbst, sondern Gottes Wille und der Atem der Erzengel das Wetter machten und dennoch ihrer aller Existenz davon abhing. Marias Mutter schaute in diesem Augenblick Anmuth an, und die schaute irgendwann irritiert zurück, weil sich das Gesicht der Mutter verrenkte und verzog, sonst aber nichts herauskam. Marias Mutter spürte zuerst ein Gefühl der Scham in sich aufsteigen, und dann kam der kalte Angstschweiß über sie. Weil sie plötzlich merkte, dass die Wörter in ihrem Mund schlimm versagten. Sie versuchte sie zu ziehen, zu spucken, aber sie verhedderten sich im Kopf, weil sie gar nicht mehr wusste, welche Wörter die richtigen waren, und dann war ein Matsch aus gar nicht passenden Wörtern und Sätzen herausgekommen, und die Nachbarin war weggelaufen. Jeder hatte ständig über das Wetter geredet, der dumme Sheriff, der Müller, der zu wenig gab für das viel zu wenige Korn, der Lehrer, der mit einer glimmenden Zigarette in der Hand am Schulhaus lehnte – jeder konnte darüber reden, und das Reden über das Wetter machte die Menschen für einen Moment gleich.

Nun sprachen sie weniger darüber, denn die Wörter über das Wetter waren so aufgeladen wie die nächtliche Luft von Blitzen. Je mehr man über das Wetter sprach, dachten die Leute, desto mehr Wetter würde kommen. So etwas Ähnliches hatte der Pfarrer auch gesagt am Sonntag. Weil es zu viel und zu allseits war für die Mutter, ihre Nachbarin Anmuth, deren Mann Ferdinand. Wetter war plötzlich etwas anderes geworden, es war nicht mehr normal. Die Witterung war nicht mehr natürlich, sie würde sie alle totmachen. Auch wenn sie es nicht zu bestimmen wussten, spürten sie doch genau: Das war kein Wetter mehr, sondern Klima. Und die Gefahr nahm Gestalt an: der nasse Acker, die räudigen Kartoffeln, das überschwemmte Haus, der ausgemergelte Mensch.

So viel hatte es schon genommen. Der Vater war fort, das grüne Gras und deswegen auch die Schafe, die Maria so liebte. Die Familie brauchte die Schafe, die Schafe brauchten das Gras, sie alle brauchten die Sonne. Das Korn wurde weniger, die Preise wurden doppelt und dreifach und noch mehr. Aber niemand hatte mehr einen Pfennig. Der Weizen verteuerte sich um über 200 Prozent. Von Preisen wusste Maria nichts. Alles war ihr natürlich, sie maß den Dingen wenig Bedeutung bei, doch Maria überlegte, was die verwaschene Erde mit all den Menschenkörpern machte, die weiß und dünn in ihrem Boden schwammen.

Wenn man Glück hatte, zogen Priester über die kleinen Dörfer in Süddeutschland und der Schweiz. Sie sammelten bei den Reicheren und gaben es den Armen. Einer beschrieb es so: «Da ich in eine dieser Hütten, oder eins dieser Löcher eintrat, befiel mich in der Tat beinahe ekelndes Entsetzen. In einem kleinen Stübchen waren etwa acht Menschen in schwarzen Lumpen, die als zerrissne, zerfranste Fetzen kaum an ihnen hängen bleiben konnten, beieinander … In einer Wiege lag ein neugebornes Kind, von einem Leichnam erzeugt, und von einem Leichnam als Leichnam geboren … Wie aus Gräbern hervorgescharrt, sahen alle Anwesenden aus; am elendsten der ausgemagerte Vater des Kindes, dessen hohle Augen und eingefallene Backen und Auszehrungsbusten die Nähe des Todes verkündeten, oder den Tod selbst sichtbar machten. Tische, Bänke, Stühle waren keine vorhanden; auch nicht ein Hausgerät, nicht ein Stück Bettzeug, nicht ein Stück Kleidung.»

Weil alles schwieg, ging Maria alleine in den Wald und suchte nach Essbarem. Sie konnte den Wald nicht lesen wie ihre Mutter. Die hatte nassen Klee, Baumrinde, Flechten und manchmal sogar ein Büschel Moos oder Pilze gefunden, rieb zu Hause Holzspäne hinein und kochte daraus eine Suppe. Maria fand nichts, der Himmel schimmerte trübe, um sie herum tanzten leuchtende Hungersternchen. Waren alle Meere miteinander verbunden? Wie kommt die Augenfarbe meines Vaters in meine Augen? Sie sah einen dünnen Hund an sich vorbeiwetzen, zwei Kinder liefen mit einem Messer hinter ihm her. Da hörte sie das Geräusch! Sie sprang hinter einen Stein und schlug die Hände vors Gesicht. Maria hörte es näherkommen, die unmenschlich schnaufenden Lungen, das Keuchen und Husten ihrer Hälse, das schmatzende Glitschen und Fallen ihrer Füße. Viele waren es. Wölfe, dachte sie, böse Fresswölfe. Und dann konnte sie nicht mehr, zog die Hand von den Augen und sah sie. Es waren Menschenwölfe, Geisterwölfe, Vampire.

Ein Teil der Wölfe war Heinrich. Er sah Maria hinter dem Stein kauern, aber das Mädchen war ihm gleichgültig, man konnte sie nicht essen, er vergaß sie sofort. Schleppte sich weiter, weiter im Strom. Sie waren eine schwarze Wolke, und der Wald war ihr Himmel. Sie mussten ins nächste Dorf. Viele von ihnen waren vor Kurzem noch Soldaten gewesen, wie Heinrich, ein Deutscher, ein Franzose, ein Schweizer, ein Söldner, er war ein guter, einfacher Soldat gewesen, nichts kannte er als das Soldatenleben. Auf den Schlachtfeldern hatte er gelernt, dass Männer sich nahmen, was sie besiegt hatten. Wein, Schwein, Frau. Die Frucht ihrer Felder, die Frucht ihrer Frauen, es gehörte immer den Siegern, und deswegen musste man siegen. Als der Krieg vorbei war, gab es keine Siege mehr. Als der Krieg vorbei war, feierten sie zusammen, und dann kam der Regen. Sie sagten, Napoleon sei jetzt auf der Insel, aber er konnte nicht fort sein, denn der Krieg war noch da. Heinrich verlor nun immerzu, man konnte nicht mehr gewinnen, weil man nicht mehr wusste, wer der Gegner war. Der Meister, der ihn weggeschickt hatte? Der auch die Magd weggeschickt hatte? Die Magd hatte er geliebt. Es kamen immer mehr dazu. Es gab keine Arbeit mehr, alles war Regen und Schnee. Der feuchte Dreck drang in ihre

Poren, dunkel wurden ihre Kleider, ihre Augen, ihre Knochen. Sie hatten nicht mehr die Kraft, sich zu unterscheiden. Wie ein Schwarm nahmen sie immer mehr in sich auf, trieben über die Felder und die Städte, leicht waren ihre Körper, weil der Hunger bald leicht macht, leicht wie Luft. Sie zogen von einem Dorf zum nächsten und manchmal in die Stadt, die Zeit hatte aufgehört, sie schleppten sich weiter, hingen in den Häuserschluchten und hielten, wenn es eine Armenküche gab.

In eincm Dorf in Württemberg standen sie an für die Suppe, eine Frau mit feistem rotem Gesicht und rissigen Händen schöpfte sie. In Deutschland gab es die so genannten Rumfordsuppen, ehemals für Soldaten gemacht aus Graupen, Erbsen, Wasser und den schlechten Kartoffeln, jetzt für die weiter steigenden Zahlen von Bettlern und Armen. Plötzlich schaute die Suppenfrau den Mann vor Heinrich an und erschrak. «Du bist doch der Otto!», rief sie. Der Mann lief weg.

Er besaß noch Scham im Körper, dachte Heinrich, als er ihn weglaufen sah. Er hatte noch etwas Scham, und er starb vielleicht etwas schneller. Heinrich war an der Reihe und ließ sich die Suppe geben und hörte, wie hinter der Frau ihr Mann schimpfte: «Lass es doch, geh weg von denen. Geh!»

Der Otto war ihr bester Knecht gewesen. Ihr Mann nannte sie die Parasiten, dabei war es doch der Otto. Aber der war nicht mehr Otto, verstand sie. Er war ein Dieb, der auf dem Marktplatz bettelte. Ihr Mann kam von hinten gerannt und haute sie weg, sie fiel hin, Heinrich verschlang die dünne Suppe, die nicht schmeckte, aber in seinen Körper floss wie warmes, ätzendes Blut. Dann lebte man eben noch etwas, dann lief man weiter. Und warum nicht nach Amerika. Heinrich verstand, warum die Suppenküchenfrau erschrocken war und ihr Mann wütend. Sie hatten Angst vor den Armen, dass sie auch so eine Meute werden würden, wenn sie zu nah an sie heranrückten. Sie gruselten sich, dass sie sich anstecken würden mit dem toxischen Fluch, der Krankheit der Armut. Heinrich wusste, die Wolfsmeute war stark, sie konnte jeden verschlingen. Und nun erhob sich die Menge von Hunderten und flog weiter, Heinrich verschwand in der weichen Masse.

Seit einer Weile lief ein Mädchen neben ihm und ging nicht mehr weg. Es war Maria, auch sie war in die Menge geraten, wie an Fäden von ihr angezogen war sie hinter dem Stein hervorgekrochen, hinterhergelaufen, konnte sich nicht mehr befreien. Sie taumelte neben Heinrich, doch plötzlich hatte sie nicht mehr die Kraft und blieb in der Straße vor Stuttgart einfach sitzen. Es ging nicht mehr weiter. Heinrich und sie sahen sich nicht an, es nieselte leicht, ein Geruch von Rauch zog vorbei. Noch andere Bettler saßen da. Heinrich und Maria hatten nicht viel miteinander gesprochen, jetzt würden sie miteinander sterben. Es war ein Tag im Juni, Marias Kopf wurde schwer und langsam und hörte ein bisschen auf zu sein, sie musste nicht mehr treiben. Doch die Bettler, merkte sie, begannen sich zu regen, schafften sich hoch, denn ein Tross Reiter kam gerade angeritten, und wer in so bunten Farben von Weitem glänzte und so wohlgenährte Pferde hatte, war reich, und wer reich war, würde vielleicht etwas geben. Und sie liefen zu den in den Trab wechselnden fünf Reitern mit ihren dünnen Armen und Stimmen, nur Maria blieb sitzen, denn sie war am Ende angekommen.

Angeritten kam die junge Prinzessin Katharina von Württemberg mit einigen Begleitern. Vor einem halben Jahr hatte sie ihren Cousin Wilhelm in Petersburg geheiratet, es war Januar gewesen, kalt und genau so, wie es sein sollte für das schönste Paar des Wiener Kongresses. Ihr Mann war ein Königssohn, aber kein König, sie war mit ihm nach Stuttgart gefahren, wo die Menschen so schrecklich hungerten. Katharina war Russin, ihr Vater war der Zar, sie hatten ihren Vater umgebracht, nun war sie Prinzessin von Württemberg. Sie ritt gerne auf dem Pferd, die Achtundzwanzigjährige strotzte vor Unternehmungsgeist und Ideen, ihr Mann und sie hatten viel vor, wenn sie nur bald einmal drankämen, denn noch hatte Wilhelms Vater das Sagen.

In dem Augenblick, als Katharina an den Armen vorbeiritt, hob Maria ihren Kopf mit dem ausgehungerten Gesicht und der grauen Haube, und es passierte das, wovor die Erzieherinnen der Prinzessin immer gewarnt hatten: Es trafen sich wirklich die Augen der Prinzessin und Marias, und etwas berührte dabei beide ins Mark. In den vier Augen versammelte sich für wenige Sekunden übermächtig die selten aufscheinende reale und fantastische Möglichkeit, eine andere zu sein – dass sie sie und sie sogar auch sie sein könnte, eine verrückte Menschenidee. Katharina musste doch eine Statue sein, das hatte man ihr eingebläut am Zarenhof. Sie durfte schauen zu den Menschen, aber doch nicht in die Augen der Armen! Sie hatte es nicht gekonnt. Ihre Begleiter hatten die Pferde weitergescheucht, Katharina konnte nicht noch einmal zurücksehen, der Wind blies in ihr Gesicht.

27

DIODATI

Mary war seit dem von Byron ausgerufenen Wettbewerb völlig entzündet von der Idee, endlich zu schreiben. Sie musste ihr Schicksal in die Hand nehmen, sich in unbekanntes Gebiet vorwagen, so wie jeder Held in jeder Geschichte. Sie zog sich zurück.

Da Byron stets bis in den Morgen schrieb, frühstückten sie spät. Diener brachten Früchte, Körner und Saft. Byron und Percy besprachen vegetarische Theorien, Percy hatte vor einigen Jahren ein Buch darüber verfasst, Byron lebte vegan, sie schrien die Diener an, wenn diese das verhasste Weißbrot brachten. Mit übernächtigten, zutraulichen und ausgeflippten Augen saßen sie beieinander, bis Byron Mary fragte: «Haben Sie sich eine Spukgeschichte ausgedacht?» Mary schloss dann die Augen, schüttelte den Kopf, schlürfte ihr Müsli und ging wieder die Treppe hoch.

Wovor fürchtete sich jeder, fragte sie sich. Vor rasselnden Ketten in der Nacht, Triebtätern, kopflosen Reitern, Geheimbündlern und verführerischen Hexen? Vor anderen schaurigen Figuren aus dem Kabinett des Aberglaubens und der Wollust? Ja, schon. Wenn Byron die deutschen Spukgeschichten las, gruselte sie sich auf eine tolle Art. Richtige Angst machten sie ihr aber nicht. Mary dachte an das, was um sie herum passierte. Sie dachte an die Gespräche im Salon. An Galvani und Volta und die Experimente mit der Elektrizität. Das, was sie hier am meisten beschäftigte: Was ist der Ursprung des Lebens? Es stand ja allerorten die Frage im Raum: Können wir bald Tote erwecken und mithilfe der millionenfachen Stärke elektrischer Ströme selbst Leben erschaffen? Würden wir frei über diese Kraft verfügen, speicherbar in Batterien, sie einzusetzen nach menschlichen Ermessen – neues Sein, das wir selbst designen. Werden wir also, was denn sonst, zu Göttern? Grenzen wären nicht mehr gültig, wenn wir aus Lebensfunke, Wasser und unserem Verstand anderes formen wie Prometheus aus Lehm. Mary lag lang ausgestreckt auf ihrem Bett, sie saß gekrümmt über ihrem Schreibtisch, lehnte grübelnd an der Wand und lief in ihrem Zimmer umher. Sie schrieb kein Wort, aber ihr Kopf tat es bereits.

Eine solch unbekannte Lebensform würde wissen wollen, wer wir sind. Was den Menschen ausmacht und wo wir herkommen. Was Liebe ist, wie Liebe geht. So eine Intelligenz würde schneller lernen und besser planen als wir, sie wäre bald klüger und stärker, denn so war der Fortschritt. Nachdem wir als kleine Bakterien zu Fischen geworden, bald mit Armen und Beinen ausgestattet aus dem Wasser gekrochen sind und mit unseren Gehirnen alles untertan gemacht haben – würde nun das nächste Zeitalter anbrechen und würden Maschinen übernehmen, die uns in allen Talenten überragen? Die Maschinen sind da und werden nicht wieder gehen, sie werden mit uns leben, wie die Tiere und die Pflanzen.

Mary knetete aus dem flüssigen blauen Wachs einer Kerze kleine Kügelchen. Sie mochte es, wenn das schmerzend heiße Wachs auf ihren Fingerkuppen langsam hart und kalt wurde. Der Mensch bildete sich viel ein auf seine Gefühle. Aber haben wir überhaupt das Recht dazu? Das Zweifeln! Das Zweifeln haben wir jahrhundertelang geübt und in dekadenteste Höhen getrieben. Die totale Verfeinerung der Unsicherheit, die Übernahme gegenteiliger Meinungen, die Melancholie und Depression. Sie werden uns überholen, in Effektivität, Geradheit, Arbeitseifer und Ausdauer, das waren die Charakterzeichen von Maschinen und Automaten. Doch die Verletzlichkeit und der Zweifel – das waren unsere stärksten Eigenschaften. Die Liebe, die Zerstörung und der Zweifel, sie bedeuteten doch das Menschlichste, was es überhaupt gab.

Die Menschen begannen sich als Herrscher der Welt zu fühlen, zu ihren Idealen wurden dabei Effektivität, Geradheit, Arbeitseifer und Ausdauer. Aber sie waren nicht die Herrscher der Welt, Mary wusste es genau. Es war ein Trugschluss, man musste nur hinausschauen. Man musste nur schauen, wie das Wetter über uns ging und wir uns daraufhin in Höhlen zurückziehen müssen. Der Mensch war groß und stark und trotzdem ein Tier, ein schlaues Tier, aber es gehörte zur Natur, die so viel stärker war. Am meisten Angst habe ich vor mir selbst, verstand Mary. Am meisten Angst habe ich vor dem, was in mir versteckt liegt. Ich kann Kinder machen, sie gebären, dieser glühende Funke, der zu Materie wird. Es war eine mächtige Superkraft. Doch unter der dünnen pergamentartigen Haut des Babys liegt ein Mechanismus, dessen Pendel einfach aufhören konnte zu schlagen. Oh ja, sie wusste, wie einfach es war, Leben zu machen, aber wie schwer, es zu erhalten. Am meisten fürchtete sie sich vor dem, was aus ihr herauskam, was sie auf die Welt bringen würde, was sie dachte.

Die Gedanken, die von einem Ort in ihr kamen, den sie selbst sich nicht erklären konnte. Sie hatte wilde, andere, düstere Gedanken. Man musste so höllisch aufpassen auf die Menschen und Gedanken, denn sie waren aus Zauber. Percy hatte seine Leidenschaft aus der Gesellschaft geschleudert, ihre Mutter hatten ihre zu radikalen Vorstellungen ins Abseits der Geschichte gestürzt. Doch haben wir überhaupt eine Wahl? Mary erinnerte sich, wie sie in der Bibliothek ihres Vaters gelegen und in dem Buch eines französischen Mathematikers aus dem 17. Jahrhundert gelesen hatte. Darin stand: «Das ganze Unglück der Menschen rührt allein daher, dass sie nicht ruhig in einem Zimmer zu bleiben vermögen.» Obwohl sie noch viel zu jung war, hatte sie diesen Satz von Grund auf verstanden.

Sie ging ans Fenster und schaute nach draußen auf den See. Eine Gruppe erschien auf einem Boot und zeigte auf sie. Einer begann etwas in ein Megaphon zu plärren, eine ausgedachte Geschichte in grellen Farben, mit ein bisschen Wahrheit vermischt. Es wurden mittlerweile Touren um den See angeboten, die Byron-Shelley-Höllen-und-Sex-Tour, und im Regen standen die Leute auf dem weiß angestrichenen Schiffchen und sahen bemitleidenswert aus. Die Anwohner wollten sich über sie empören, weil sie so ein unvorstellbares Leben lebten, dachte Mary. Ein kleines Mädchen oder Junge hatte sich seine schlierigen Haare, die noch niemals gewaschen worden waren, wie Percy hochgestellt und schaute sehnsüchtig nach der Villa. «Wicked», sagte das Kind. Seine Mutter gab ihm einen kräftigen Schlag auf den Hinterkopf. «Sie sahen in mir ein menschliches Monster», schrieb Byron später. Dass das Leben ein Experiment ist, dass es sogar selbst Kunst sein kann, das würden sie nie verstehen. Wenn sie von Byrons Fitnessprogramm wüssten, dachte Mary. Und wenn sie wüssten, wie viele in den nächsten Jahren folgen würden. Großdichter wie Byron und auch Goethe inspirierten Touristenströme, die es, befördert mit der ultraschnellen Eisenbahn, nie zuvor gegeben hatte und die exakt den beschriebenen Routen folgten, an dessen Rändern die Dichter ihre romantischsten Eskapaden erlebten. Die Menschen hassten sie, und sie wollten es ihnen gleichtun. Mary zog den Samtvorhang zu. Sie ging durch die Villa und berührte mit ihren kalten Händen die Möbel, den Marmor, den Kamin, das duftende Holz, das glatte Glas der Vitrinen. Im Gang zum Salon begegnete sie Percy, und Mary meinte, sie hätten sich wochenlang nicht gesehen.

«Vielleicht haben wir schon zu lange in die Dunkelheit geschaut», sagte Percy, halb in Panik, halb lächelnd.

«Noch nicht lang genug!», antwortete ihm Mary, biss auf ihre Lippen, und sie küssten sich.

Die Blitze, die auf das Haus schlugen, erfüllten die darin Zusammengekommenen mit dunkler Energie. Die Unwetter kerkerten sie tagelang in der Villa ein und rückten sie viel zu nah aneinander. Die Spannung war zu stark, sie müsste sich entladen. An diesem Abend, so schrieb es Polidori, «they really began to talk ghostly». Byron lebte sowieso permanent in Richtung Ausbruch. Auch wenn er in diesen Tagen mehr bei sich war als überhaupt je, suchte er jedwede Stimmung weiter zu steigern. Weil er einmal selbst bis an den Rand des Wahnsinns geraten war, als ihm das Spukgedicht *Christabel* von Coleridge rezitiert wurde, wollte er dies nun mit seinen jungen Freunden unternehmen. Sie trafen sich zur Geisterstunde im Schuppen, der etwas östlich von der Villa unter Kastanien stand. Alle nahmen zuvor von Polidoris Pillen, und sofort begannen ihre Pupillen schwarz flackernd aufzureißen, der Wind wehte laut, das gestapelte Holz knarrte, ein paar Kerzen züngelten Lichtkegel auf das angelehnte schmutzige Arbeitsgerät an den Wänden. Byron stellte sich breitbeinig im kleinen Häuschen auf und begann gefühlvoll das Gedicht aufzusagen.

Als Mary noch darüber nachdachte, dass ausgerechnet ein Gedicht von Coleridge vorgetragen wurde, dem Dichter, der damals schon in ihrem Elternhaus ein- und ausgegangen war und ihr davon erzählt hatte, wie man Geschichten schrieb, da schrie Percy plötzlich hell auf und rannte mit bleichem Gesicht aus dem Schuppen. Alle ihm nach, durch den Garten, die Villa, die Zimmer. Percy war schnell, sie konnten ihn erst nicht finden, dann entdeckte Polidori ihn neben dem Billardtisch. Schweißgebadet und kalkweiß saß er an die Wand gelehnt und hatte die Kugel mit der Nummer 8 in der Hand. Er gab sie Polidori, dieser schaute sie an, die anderen kamen dazu. Polidori gab Percy ein Beruhigungsmittel, man ließ einen echten Arzt holen. Aber der fahle Shelley begann sich zu regen. «Eine Vision!», rief er aufgeregt. Beim Anblick Marys habe er ganz deutlich eine Frau mit Augen an Stelle der Brustspitzen gesehen. «Sie hatte vier Augen, und alle schauten in verschiedene Richtungen. Und alle schauten mich an!» Sie tätschelten ihm bewundernd die bleichen Wangen. Die Brüste, oha, vier Augen, oh lala. Shelley stöhnte und lächelte auch recht stolz. Man schaute sich beeindruckt nickend an: Nicht schlecht, dieser Ausbruch. Alle schauderten noch gebührend, als sie in den Salon zurück und dann bald auf ihre Zimmer gingen.

Percy schlief schnell ein, Mary hatte ihre Hand auf seiner haarlosen Brust. «Als ich mich ins Bett legte, konnte ich nicht einschlafen, aber auch von Nachdenken konnte keine Rede sein», beschrieb Mary den Zustand dieser Nacht später. «Ungebeten hatte meine Phantasie völlig Besitz von mir ergriffen und verlieh den wechselnden Bildern, die vor mir auftauchten, eine Lebendigkeit, die über die übliche Tagträumerei weit hinausging. Ich sah – zwar mit geschlossenen Augen, aber klar vor meinem geistigen Blick –, ich sah den blassen Adepten heilloser Künste neben dem Wesen knien, das er zusammengesetzt hatte. Ich sah das abscheuliche Phantom eines Mannes ausgestreckt daliegen und plötzlich mithilfe einer gewaltigen Maschine Lebenszeichen von sich geben und sich mit einer noch schwerfälligen und ungelenken Bewegung rühren.»
Mary sah in ihrem Albtraum die Kreatur, wie sie Bewegungen des Menschen nachahmte. Der Künstler und Erschaffer der neuen Lebensform, vor seinem eigenen Erfolg erschaudernd, wandte sich daraufhin von seinem Werk ab und floh. «Er schläft ein; etwas weckt ihn auf; er öffnet die Augen, und siehe, das scheußliche Wesen steht an seinem Bett, öffnet die Vorhänge und sieht ihn mit gelben, wässrigen, aber forschenden Augen an …
Entsetzt öffnete ich die Augen. Die Vorstellung nahm mich so gefangen, dass mich ein Angstschauer überlief, und mir lag daran, das grässliche Trugbild meiner Phantasie mit der mich umgebenden Wirklichkeit zu vertauschen.

Ich sehe noch alles vor mir: das Zimmer, das dunkle Parkett, die geschlossenen Fensterläden, durch die spärliches Mondlicht dringt, und das deutliche Gefühl, dass der spiegelglatte See und die hohen weißen Alpen dahinterlagen. Ich konnte das Bild meines abscheulichen Phantoms nicht so schnell loswerden; es verfolgte mich weiter. Ich musste versuchen, an etwas anderes zu denken. Ich kehrte zu meiner Gespenstergeschichte zurück – meiner lästigen, unglücklichen Gespenstergeschichte!» Und dann überkam Mary Godwin in der schweizerischen Nacht plötzlich die Erleuchtung: «Ich habe sie ja gefunden! Was mich entsetzt hat, wird auch andere entsetzen, und ich brauche nur die Erscheinung zu beschreiben, die meine nächtliche Ruhe gestört hatte.»

28

LONDON

Mary wurde im turbulenten August 1797 geboren. Zwei Wochen lang war ein Sturm über London gezogen, wie man ihn seit Jahrzehnten nicht erlebt hatte. Der Wind blies so stark, dass der Himmel plötzlich leer stand von Wolken, und dann flog ein neuer Komet mit strahlendem Schweif durch ihn durch. Gesehen hatte das die Sängerin und Astronomin Caroline Herschel. Sie stammte aus Hannover, lebte aber schon seit einigen Jahren in London, suchte hier gemeinsam mit ihrem Bruder das Firmament durch ein riesiges, selbstgebautes Teleskop ab und war völlig aus dem Häuschen über den unbekannten, weiß leuchtenden Kometen. Auch Marys Eltern, die überzeugt waren, dass Mary ein Junge würde, freuten sich über die Nachricht eines neuen Sterns. Die Geburt fand zu Hause statt, die Hebamme und die Mutter meisterten es gemeinsam. Es verlief komplikationslos, der Vater kam zurück nach Hause, er hatte Goethes *Werther* unterm Arm, den die Eltern sich am Tag zuvor vorgelesen hatten. Doch nun blutete und blutete es aus Marys Mutter heraus. Die Plazenta wollte ihren Körper nicht verlassen. Ein Arzt musste gerufen werden. Als er kam, durchfuhr die Hebamme ein böses Gefühl. Es war nicht gut, den Arzt im Haus zu haben. Dieser hier hatte im Verlauf des Tages bereits einige Menschen aufgeschlitzt, nun schabte er grob die Teile der Nachgeburt, die er mit seinem großen Löffel zu fassen bekam, aus Marys Mutters Unterleib, ohne Betäubung. Es waren höllische Schmerzen. Der Arzt, ein muskulöser und frommer Mann mit guten Absichten, wusch sich, wie all seine Kollegen, einmal morgens, mittags und abends nach dem Essen mit Wasser die Hände, er trug die ganze Woche dieselbe Kleidung. Dieser Mann machte etwas völlig Gewöhnliches, wenn er mit seinen unsauberen Pranken in die Patientinnen hineinfasste, ohne es zu wissen, durch kleinste Partikel bakterielle Infektionen übertrug und so die Mütter in ihren Betten tötete. Die Menschen kannten noch keine Keime. Das Kindbettfieber war ein Geheimnis, niemand verstand es. Es war warm und stickig im Zimmer, die dunklen Vorhänge zugezogen. Man durfte keine Ärzte an sich heranlassen, die Hebamme wusste es. Der menschliche Körper lag herum wie ein unentdecktes, mysteriöses Neuland, sie schlitzten, schraubten und berserkerten ahnungslos und amateurhaft an ihm herum. Ins Krankenhaus zu müssen, bedeutete den fast sicheren Tod.

Die nächsten Tage wich Marys Vater, der ihre Mutter sehr liebte, nicht von ihrer Seite. Er musste mit anschauen, wie das Fieber kam, das Zittern des Körpers, unaufhörlich klappernde Zähne, Marys Mutter war heiß und weiß wie die Sonne. Der Arzt ordnete stramm stehend die üblichen Therapien an: So viel Wein wie irgend möglich trinken. Da man befürchtete, dass durch das Stillen die geheimnisvolle Krankheit auf ihr Kind übertragen würde, die angeschwollenen Brüste aber nach Entlastung riefen, legte man der schlotternden Frau in ihren letzten Stunden Hundewelpen an, die gierig kläffend Milch aus ihr saugten. Einmal noch lächelte Mary Wollstonecraft das ratlose Lächeln der

Frau, die sehr vieles vom Leben wusste und doch keine Chance hatte. Das Eisenbett bebte unter ihr. Dann hörte es auf.

29
DRESDEN

Das Pfingstfest bedeutete Caspar David Friedrich viel, denn Gott schickte den Menschen seine größte Kraft. Der Heilige Geist war zu den Jüngern niedergefahren, jeder kannte die Stelle: «Vom Himmel kommt plötzlich ein Brausen, wie wenn ein heftiger Sturm daherfährt, und erfüllt das ganze Haus, in dem sie sitzen. Und es erscheinen ihnen Zungen wie von Feuer, die sich verteilen; auf jeden von ihnen lässt sich eine nieder. Und alle werden vom Heiligen Geist erfüllt und beginnen, in anderen Sprachen zu reden, wie es der Geist ihnen eingibt.»

Friedrich war bis oben voll mit Glauben an den lutherischen Gott. So viel Mut schöpfte er aus den Gebeten. So viele Zweifel nahm er ihm, doch so viele Zweifel kamen immer wieder zurück. Es war die Mitte des Jahres, und der Maler schleppte das klamme Holz zum Bollerofen. Er machte Feuer im Juni. Auf der riesig verbreiterten Elbe sah Friedrich unbemannte Schiffe vom wachsenden Wasser weggeschwemmt werden. Aus kleinen Bächen waren Sturzfluten geworden, die durchs Tal tobten. Alles war überspült. Friedrich mochte jegliche Zeichen der Natur; der Regen und die Kälte, von Gott geschickt, würden bald aufhören und die Welt wieder trocknen.

Trotz Pfingsten war Friedrich in diesen Tagen traurig, mit dem Regen hatte das nichts zu tun. Oft fühlte er sich auch melancholisch, wenn die Sonne schien. Nun lag der Maler in Qualen, denn er konnte nicht arbeiten. Es klappte einfach nicht. Friedrich wusste von fernen Gedanken, er musste nur aufstehen, den Pinsel nehmen, irgendetwas zu malen beginnen. In der Theorie einfach und doch völlig unmöglich. Auf der Staffelei stand eine Küstenlandschaft, hinter der sich ein toxisch tieforangener Sonnenuntergang erhob. Vor ein paar Tagen hatte er das Bild für seine beste Arbeit gehalten, jetzt stieg, linste er nur ein wenig hinüber, Ekel in ihm auf. Ob welcher Gründe es zu der entgegengesetzten Beurteilung gekommen war, konnte der Maler bizarrerweise selbst nicht bestimmen. Friedrich fühlte sich ungeheuer faul und merkte schmerzend: Er konnte Gott nicht Genüge tun. Es war für ihn so schwierig zu leben. Vor allem die Unergründlichkeit seines Missmuts plagte ihn. Gallig fühlte der Maler etwas durch seinen Bauch und die Adern fließen, und er wünschte mit dem Messer hineinzuschneiden und es rauszuschaffen. Einmal schon hatte er es probiert.

Die Schwester kam vorbei und machte Tee und sich Sorgen. Sie saß bei Friedrich, der das Bett nicht mehr verließ. Sie fragte: Was kann ich tun? Er sagte nichts. Schaute die Wand an und mit fahlem Gesicht auch sie. Sie mochte sein Gesicht nicht sehen. Es machte sie wütend, sie mochte ihren Bruder nicht. Er war ein Nationalmystizist, vor allem war er ein knurrender, murrender Miesmacher. Dabei lag so viel mehr in ihm. Warum zeigte er es nicht? Warum verlor er sich in dieser schwermütigen Mannhaftigkeit?

    «Was machen wir nur mit dir?», fragte sie.

Er sagte nichts.

«Soll ich dir ein Brot schmieren?»

Er sagte nichts auf seiner traurigen Liege.

«Wann willst du denn wieder loslegen?»

Friedrich drehte sich wortlos zur Wand.

Die Schwester schaute auf einige verstreut liegende Skizzen und fragte: «Warum wählst du zum Gegenstand eigentlich so oft Tod, Vergänglichkeit und Grab?»

«Um ewig einst zu leben, muss man sich oft dem Tod ergeben», reimte Friedrich matt die Wand an.

Sie verstand ihren Bruder nicht. Wollte er denn wirklich sterben? Gott war doch schön. Das sagte Friedrich selbst immer.

«Die Natur ist von Gott gemacht, du malst sie ab. Solltest du wieder etwas anderes malen? Vielleicht mal wieder Menschen?»

«Schwester, wie oft habe ich dir schon erklärt: Ich male die Natur nicht ab!», herrschte Friedrich sie an. Und mehr zu sich selbst murmelte er: «Schließe einmal dein liebliches Auge, damit du mit dem geistigen Auge zuerst siehst dein Bild. Dann fördere zutage, was du im Dunkeln gesehen, dass es zurückwirke auf andere.»

«Was?»

«Fördere zutage, was du im Dunkeln gesehen. Ich male, was hinter meinen Augen liegt, ich male Gefühle.»

Er redete wirklich wie der Pastor, dachte sie. Der Maler ächzte und sagte nichts mehr, und die Schwester ging nach Hause und sagte ihrem Mann: «Wer Friedrich noch einmal sehen will, soll sich beeilen, da er nächstens ganz zuwachsen wird.»

Was in ihm hielt ihn davon ab, seine innere Leere mit der Liebe Gottes zu füllen? Wieso begegnete er allem mit diesem peinlichen Ernst? Was hatte es auf sich mit diesem zwanghaften Nachdenken über sich selbst? Er glotzte wieder stundenlang in den Himmel, malte Wolken in seine Hefte. Die er wenig später zerstörte. Es war das Schönste und es war natürlich das Schwerste, das Flüchtende, Mannigfaltige, stets in Bewegung und niemals Feste zwischen Gott und den Menschen einzufangen. Es ließ sich nicht fangen.

Zum Ende des schrecklichen Juni ging es etwas besser. 36 Goldmünzen schickte ihm einer für zwei Bilder, dazu 20 Taler von einem Engländer und noch mal 53 Taler für andere Sachen. Er fühlte sich wie ein reicher Mann. Ein befreundeter Maler schrieb ihm, ob er nicht nach Italien kommen wolle, Friedrich antwortete, das sei eine absurde Idee. Das hieße wohl nichts anderes, als sich selbst lebendig zu begraben. Wenn schon, wolle er nach Island, in den eisigen Norden. Sein Freund, der Maler, und die Schwester schüttelten den Kopf.

Auch Goethe und seine Leute schüttelten den Kopf, als sie sich noch in derselben Woche über einige Arbeiten Friedrichs beugten. Heftig schüttelten sie den Kopf. Wenn Goethe nur ein wenig schüttelte, dann schüttelten sie umso mehr. Nur Meyer, Goethes erster Kunstberater, hielt sein Haupt etwas in eigener Regie. Finster schaute auch er. Goethe und sein Kunstmeyer waren in den Tagen, in denen Friedrich sich in Dresden für einen reichen Mann hielt, nach Jena gefahren. Sie fuhren durch gigantische Regenwände, das öde Mühltal zwischen Weimar und Jena glich einem Sumpf.

«Es ist ein böses Wetter. Kann man das so sagen, Meyer?»

«Ja, das kann man», nickte Meyer, der Schweizer war und seinen Einfluss auf den Geschmack Goethes mit jedem der fünfundzwanzig Jahre verstärkt hatte, die er nun für diesen Kunst anschaute.

Angekommen, trafen sie in Jena allerdings zuerst Louise Seidler, die hier dem Vater den Haushalt führte und seit einiger Zeit auf eine zugleich zielgerichtete, aber stets angenehm beiläufige Art an einer absoluten Außerordentlichkeit arbeitete: eine selbstständige Malerin zu sein. Im Blick der Dreißigjährigen lag eine Klarheit, die Goethe immer gemocht hatte. Die beiden kannten sich seit ihrer Geburt. Ihr Großvater war der Lehrer seines Landesfürsten Carl August, ihren Vater machte dieser später zum Universitätsstallmeister zu Jena. Schon als Kind jagte sie mit Goethes Sohn August einem Hund hinterher, dessen Gekläffe die beiden liebten und das Goethe, wie das jedes anderen Hundes auch, hasste. An einem Faden ließ er den Kindern Kuchen aus seinem Arbeitszimmer herunter, er lachte oft mit ihnen. Sie durfte früh ein Portrait des Dichterfürsten malen, was ihrer Karriere beträchtlich auf die Sprünge half. Nun war aus dem stets vergnügten Kind eine Frau geworden, sah Goethe. Und das sah Louise Seidler auch. Sie mochte sich, ihre blonden Locken, die sanften Augen, der Mund klein und rot, das Gesicht ein Mond, der Hals schön dick. Goethe entdeckte sich ein wenig selbst in ihr, kaum jemand kannte er, den schlechte Laune ebenso abstieß. In der letzten Zeit hatte sich zwar ihr Kontakt zu einer Bande junger Maler verstärkt, aus seiner Sicht ein sehr schlechter Einfluss. Nun hatte sie ihren ersten großen Auftrag für Goethe gemalt, ein Altarbild des heiligen Rochus. Sie schauten die Leinwand gemeinsam an, und zur großen Freude von Louise Seidler wurde das Bild, «von zarter Frauenzimmerhand gemalt», wie Goethe später gütig schrieb, für gut befunden.

Zwei Tage später trafen sich Goethe und Meyer mit einigen anderen, um über die Bande junger Maler zu sprechen, die aus dem rauen Osten kamen, denen allesamt das neuerliche Deutschpatriotentum zu Kopf gestiegen war und von denen Caspar David Friedrich ein ganz besonderes Exemplar schien. Es waren die Bilder zum Kopfschütteln. Goethe konnte mit dem Religiösen so wenig anfangen wie mit dem Patriotischen, zusammen war es ihm ein echter Graus. Statt sich auf die von ihm stets präferierten griechischen Vorbilder und die zeitlose Klassik zu verlegen, suchten diese jungen Leute überall Teutschland, beschäftigten sich mit abstrusen christlichen Mythen, suchten mit überambitioniertem Pathos ihre altdeutsche Identität freizuschaufeln und in verrätselte Allegorien zu gießen. Das Land hatten sie befreien wollen, nun war ihr erträumtes Deutschland nicht gekommen. Frömmelnde Bruderschaftenmalerei sollte die Antwort sein? «Das Romantische», meinte Goethe, «ist kein Natürliches, Ursprüngliches, sondern ein Gemachtes, ein Gesuchtes, Gesteigertes, Übertriebenes, Bizarres, bis ins Fratzenhafte und Karikaturartige.» Goethe und Meyer echauffierten sich herrlich. Man müsse einschreiten, auch, um die jungen Leute vor sich selbst zu retten. Irgendwo hatte man eine Pflicht und Verantwortung, für die Maler und auch dafür, wo es mit der Kunst des Landes hingehen sollte.

Als sie daraufhin erneut Louise Seidler trafen, konnte sich die gescheite Malerin vorstellen, was die Kunstfreunde zusammengebraut hatten. Aber sie wusste auch um ihre diplomatischen Fähigkeiten und kühle Frische. Sie roch nach Beeren und Myrrhe und fragte unbescholten:

«Haben Sie auch Bilder von Friedrich schauen können?»

«Doch, ja», gab Meyer zur Antwort, verzog sein Gesicht und fragte, obwohl er es genau wusste, zurück:

«Sie sind mit dem Maler bekannt, nicht wahr?»

«Er hat mir in Dresden viel beigebracht. Er kann Luft malen wie kein anderer. Das ist bekannt.»

«Das ist wohl bekannt», sagte Meyer, der nach Lavendel roch. Die überschäumende Freundlichkeit der Seidler war ihm unheimlich. Diese Frauen, wusste er, würden bald noch viel gefährlicher werden als ein paar verbrämte Deutschlandmaler.

Goethe erklärte besonnen: «Sie wissen, liebe Louise, wir schätzen den Künstler schon seit geraumer Zeit seines Talents und seiner Eigentümlichkeit wegen. Ich selbst und mein Meyer haben ihn protegiert und ihm ausgeholfen, unser Großherzog hat etwas gekauft. Dieser Freilich …»

«Friedrich.»

«Freilich. Er malt bewundernswürdig sauber getuschte Landschaften. Ich habe ihn einmal in Dresden besucht. Er hat eines meiner Gedichte gemalt, es waren nur Wolken drauf, praktisch nichts anderes, nur Gewölk. Sie wissen, ich habe durchaus ein Faible dafür, die vom Weg Abgekommenen auf die rechte Spur zurückzubringen.»

«Er bewundert Sie so sehr!»

«Er zeigt es nicht gut.»

«Es ist doch …», stieß es aus Meyer hervor, aber Goethe unterbrach ihn mit hochfahrendem Arm. Und fragte stattdessen Louise Seidler: «Vielleicht können Sie mir erklären: Warum hat dieser Friedlich immerzu so schlechte Laune?»

Louise Seidler stützte ihre schlanken Arme auf den Eichentisch. Sie kannte einen anderen Friedrich. Wenn sie beisammensaßen, das letzte Geld für einen schlechten Wein zusammengekratzt, und sich gegen die aufschwingende Restauration in Rage redeten oder für eine neue Kunst anfeuerten, dann saß dort ein aufgekratzter, ausgelassener Friedrich, der zwar niemals über sich selbst lachte, doch über vieles andere. Mit seinen blauen Augen, seinem majestätischen Backenbart und dem kräftigen Germanengesicht. Und doch, dachte sie, umhing ihn eine fast weibliche Zartheit. Lieber ein für immer verkannter Künstler, hatte er einmal gesagt, als bei den Falschen mitzumachen. Dies hier, unsere Gemeinschaft von Verbündeten und Besonderen, sie reicht doch! Es macht mich stolz, dass nur ihr mich versteht. Und sie portraitierten sich selbst, sie waren arm, doch sie freuten sich über sich, es war beinahe eine Auszeichnung. Wie schwer konnte man Goethe und erst recht Meyer das erklären.

«Es ist schon sehr finster», sagte Goethe.

«Aber sehen Sie doch mal hinaus!», sprudelte es aus Louise Seidler heraus. «Es ist etwas im Gange. Es wird nicht mehr hell.»

«Nun muss man aber nicht gerade hineinriechen in die Dunkelheit, nicht wahr? Es gibt immer ein Licht im Dunkel.»

«Aber genau das ist es doch, was Friedrich malt!»

Goethe schaute sie bemitleidend an.

«Würde er nur einmal nach Italien fahren, es wäre wie weggezaubert. Trägt er noch diesen ekelhaften Bart?»

Man sagte länger nichts mehr.

«Man versteht es auch einfach nicht», sagte dann Meyer.

«Man versteht es schlecht», stimmte Goethe zu.

Seidler schaute skeptisch.

«Man hat das Gefühl, der Maler versteht selbst nicht, was er malt. Es ist nach allen Seiten offen. Man kann es praktisch verkehrt herum anschauen!»

«Das sagen Sie, Herr Geheimrat?»

Meyer, außer sich: «Es ist ständig nur Stimmung. Alles voller Stimmung.»

Goethe: «Ich meinte immer, die Kunst solle das Leben erheitern.»

Seidler: «Sie merken doch, dass er jedem Detail eine Bedeutung verleiht, nur die Erklärung gibt er nicht gleich mit. Das ist neu!»

Goethe und Meyer schauten sich betreten an. Jetzt trieb die Seidler es recht weit. Sie merkte es selbst und tat einen vorsichtigen Schritt zurück.

Goethe wieder: «Wenn Ihre Kollegen Deutschmaler ein bisschen mehr malen würden wie Sie, wie das Rochus-Bild. Angenehm und gut gemacht. Der Heilige als Jüngling, der seinem verödeten Palast den Rücken wendet, gänzlich von der Welt abgelöst in die Wüste ziehend. Indessen der Brunnen im Hofe immerfort läuft und auf die unabgetheilte Zeit hinweist, welche fließt und fließen wird, der Mensch mag wandern oder zurückkehren, geboren werden oder sterben. In die Zukunft, unbefangen und heiter!»

Sie freute sich über das Lob und dachte an die blauen Nächte, die sie mit Stricken, Sticken und Nähen zugebracht hatte, um ihren Malunterricht zu bezahlen. Aber es brannte auch etwas in ihr. Sie mochte ihr Bild, doch sie war Portraitmalerin, in den Landschaften von Friedrich entdeckte sie etwas, das sie besonders berührte. Es lag nicht die Vergangenheit darin, und auch keine Idee von der Zukunft, sondern die Welt, wie sie da war. In der eins nicht mehr auf dem anderen stand, in der plötzlich eine Unordnung war, die sie selbst und keiner wohl noch richtig verstehen konnte. Ohne Obdach stand man in den Bildern wie in echt, und das Echt war umschattet, glatt und allumfassend wie durch ein dunkles Glas. Man konnte in die Bilder hineingehen wie in die Natur. Und dort merkte sie, dass nichts mehr hielt, einen der Schwindel überfällt und dass ich ich bin. In ihrem Rochus war nichts davon. Sie schaute Goethe an, sie verehrte ihn, aber er hatte sich anders entschieden. An dem wächsernen Priestergesicht Meyers glitt ihr Blick ab. Louise Seidler wusste wohl, dass für sie jetzt der Moment war, zu schweigen.

Auch Goethe war es durchaus unangenehm vor der Seidler. Er bewegte sein Gewicht von einem Bein aufs andere und beobachtete ein paar Vögel, die draußen aufstoben. Man wollte kein säuerlicher Patriarch sein. Doch man konnte den deutschlandbesoffenen Bartträgern nicht alles durchgehen lassen. Wenn Kunstberater Meyer nicht hier wäre, man hätte sich eleganter gemeinsam herausgewunden. Natürlich war etwas dran an diesem Friedrich. Warum sonst hatte er, der stets Beherrschte, vor einem Jahr wohl die Beherrschung verloren, zu schimpfen begonnen und Bilder von Friedrich an der Tischkante zerkloppt.

«Sie wollen wirklich ein Exempel statuieren?», fragte Seidler.

«Herr Meyer übernimmt das», murmelte Goethe. Meyer nickte gravitätisch.

«Ein Pamphlet?!», fragte Seidler erschrocken.

«Sagen Sie es ruhig so», sagte Meyer.

«Gegen die romantische Kunst?»

«Eher gegen die neudeutsch religiös-patriotische Kunst.» Meyer sah zu Goethe, Goethe sah zu Seidler, Louise Seidler sah Goethe streng und auf ihre eigentümlich selbstbewusste, eben nicht blöd anklagende Art ins Gesicht.

Es war ein toller Blick, dachte Goethe. Er mochte nun endlich los und machte entsprechende Bewegungen. Doch da plötzlich, als er eine Art Todesurteil über den Maler Friedrich und seine Leute gefällt hatte, das in den nächsten Wochen zu einem Text gereimt und somit ausgeführt würde, fiel Goethe etwas ein, was dazu genau im Gegensatz stand. Denn Johann Wolfgang von Goethe wäre wohl nicht Johann Wolfgang von Goethe, wenn er nicht noch eine weitere Idee hätte. Er hatte so viele Ideen, dass einige davon, auch wenn er sie permanent in Tagebüchern zu notieren und festzuhalten suchte, sich unter den anderen, täglich neu herübergestülpten Ideen versteckt hielten. Und hin und wieder zur rechten Zeit aus dem Wust herausschlüpften wie Sonnenstrahlen aus der Nebelei. Die Wolken, seine Wolken! Der Luftmaler Friedrich. Er sollte doch seine Wolken malen zur Vermessung des Himmels. Das wäre der perfekte Moment, um diesem Maler noch einmal, praktisch parallel zum beschlossenen Vor-den-Kopf-Schlagen, auf die Sprünge zu helfen. Goethe selbst wollte zu diesem Zwecke mit diesem persönlich natürlich nicht verkehren, das reichte fürs Leben bereits. Doch Louise Seidler war genau die Richtige. Er nahm die Seidler auf die Seite, und am 29. Juni schrieb er in sein Tagebuch: «Erster schöner Tag.»

Während der letzten zwei Tage war Polidori nicht mehr zu den gemeinsamen Italienischstunden erschienen, nicht mal, dachte Mary, zum Frühstück. Dabei liebte der Arzt das Frühstück.

«Und liebt er nicht auch», fragte Claire, «dich?»

Sie umliefen eine Pfütze im Garten.

«Ich geh auf mein Zimmer», erwiderte Mary. Claire zupfte die Blätter einer gelben, verwaschenen Blume ab. Sie fragte sich, woher Polidori den Mut nahm, überhaupt länger hier bei ihnen zu bleiben. Wahrscheinlich daher, dass er so verwöhnt und gutaussehend war und deswegen nie lernen musste, die Zuversicht zu verlieren. Und dann fragte sie sich, warum sie eigentlich selbst noch hier war.

Polidori saß derweil in seinem Zimmer. In aller Regel weinte er hier schon beim Aufstehen bitterliche Tränen über sich selbst. Aber nun hatte er sich an den Schreibtisch gesetzt und nach einiger Zeit gewundert, denn seine Gedanken kreisten nicht um die anderen. Er dachte nicht mehr an Byron, nicht mehr an Percy, nicht mal an Mary. Und vor allem: nicht an sich selbst. Verwegen hingen ihm die krausen Haare vor den Augen, ein Durcheinander an Papieren lag auf dem Tisch, und in seinem Kopf zündelte eine Idee. Die Idee war der Vampir. Der Dämon, der nachts

aus den Gräbern stieg und nach Blut dürstete, der Böseste
der Bösen, für den das nicht den Tod bedeutete. Er wollte
ihn, der seit hundert Jahren durch die Geschichte spukte,
zu neuem Leben erwecken. Und Byrons Leibarzt haute
mit der Faust auf den Holztisch und begann zu schreiben.
Er sah durch das Fenster den dunklen See und dachte an
seinen alten Vater, und dass er ihn endlich stolz machen
würde. Wenn Polidori nicht mehr weiterwusste, nahm er
Notizen von Byron, vor allem einen kleinen Text, den er für
ihn abschreiben sollte und der ihm gefiel. Polidori lachte
in seinem Zimmer wie der Vampir seiner Vorstellung, als er
den Text nahm und die schönsten Stellen einfach in sein
eigenes Werk hob. Einige traditionelle Vampir-Geschich-
ten hatte er zu Recherchezwecken auch parat, sie lagen
aufgeschlagen auf dem Tisch, die weißen Seiten wie eine
geöffnete dicke Makrele, von der man nur das Skelett ent-
fernen musste und dann die dicken, warmen Fleischstücke
auf den Teller fallen lassen. Er langte in die Bücher hinein
und nahm sich. Jeder machte es genauso. Doch Polidori
tat noch etwas anderes, er schrieb keine einfache Grusel-
geschichte über den bestialischen osteuropäischen Blutsauger und Bauernschreck, der sich wahllos und gemein
über Mensch und wenn nötig auch Tier hermacht. Polidori
verwandelte an seinem Schreibtisch sich selbst und Byron,
sein schreckliches Idol, den er am meisten liebte und vor
dem er sich am meisten fürchtete, in seinen Vampir. Ein
vornehmer Vampir, der nicht mehr Wälder, sondern die
gehobene Gesellschaft durchstreifte. «Bleiche Wangen»,
kratzte er mit der Feder aufs Papier, «sterbgraue Augen».
Wenn er nicht mehr weiterwusste, dann dachte der Arzt an
ihn und schrieb aus der Wirklichkeit in sein Werk hinein.
Er dachte an das kalte Wetter hier und den eisigen Osten

von Siebenbürgen, und er dachte daran, was sie immer redeten ohne ihn und wie sie ihm nie richtig zuhörten. Byrons Wesen, so unbändig und uneinschätzbar, einmal grausam und gefährlich und dann so zart und schön, dass man ihn lieben musste. Sein vernichtender Blick, der Polidori schon beinahe vollständig vernichtet hatte. Er schrieb und schrieb, einen Tag lang, dann ging er spazieren, ließ sich etwas Müsli bringen, trank keinen Wein und schrieb sogar in der Nacht weiter, wie er es noch nie getan hatte. Er bestellte im Buchladen, was irgendwie mit dem Thema zu tun hatte, strickte weiter, schrieb heraus, bis er vor einer Materialflut saß, die sich an manchen Stunden vor ihm aufbrauste und ein Eigenleben entwickelte. Auf seinem Schreibtisch flog alles durcheinander, und der junge Arzt griff, was kam, und wusste nicht was, hatte keine Gewalt mehr, als wäre er in einer Hexenstube, in der die Ingredienzen aus Büchern, Zetteln und alter Wirtschaft umherschwebten, und der Wind aus dem offenen Fenster trug sie einmal wirklich durch die Luft und in den Hexentopf seines Werkes. Er rührte und rührte, unter dem Topf brannte das heiße Feuer. Legenden schmierte er über Legenden, aus Mythos schuf er Mythos. Und heraus kam ein viel grauenvollerer Blutsauger. Der Vampir trank aus dem weißen Hals seiner Opfer, um ewig zu leben. Genau so lebten in Polidoris Werk, dachte er, die Ideen weiter. Auch aus seiner Riesenangst heraus, in dieser Welt nichts Eigenes schaffen zu können, erschuf er aus allem Alten und Neuen diesen Untoten. Und als er vollkommen den Überblick verloren hatte, war er plötzlich fertig.

Er wusch sich die Tinte von den langen Fingern, den schönen Händen, den dünnen Armen. Erhaben stieg er die Wendeltreppe hinab und setzte sich im großen Salon auf den schweren Sessel neben den Kamin. Seine Augen schimmerten, er fühlte sich wie ein Prinz, mit der Aura eines solchen blieb er zugewandt dort sitzen. Die Wirklichkeit umband ihn weich und klar, als käme es auf ihn an, nur auf ihn. Einmal huschte Mary vorbei, sie sah ihn nicht. Auch ihr Kopf glühte. Ihr Haar hatte sie hochgesteckt, sie trug ein weißes Hemd von Percy, weit offen, und wie von etwas angezogen lief sie in ihr Zimmer zurück.

Es war still in diesen Tagen in der Villa. Während Mary und Polidori schrieben und Claire Rollen auswendig lernte, die sie niemals spielen würde, hatten Byron und Percy den Schreibwettstreit längst vergessen. Das Wetter war einen Moment aufgeklart, und die beiden ließen ihr auf Hochglanz poliertes Schnellboot zu Wasser, um eine Segeltour zu beginnen. Im gleißenden Licht glitten sie über die Wasseroberfläche, in der sich majestätisch die umliegenden Berge spiegelten, die beiden Männer sahen sehr chic aus. Wie die perfekten Wellen plätscherte ihr Gespräch dahin, so sollte es sein, dachten sie, ohne es auszusprechen. Doch dann fragte Percy:

«Sie wissen, dass Claire schwanger ist?»

Byron sagte nichts. Er schaute grimmig aufs Wasser.

«Von Ihnen, oder?», antwortete er.

«Nein», erwiderte Percy erschrocken. «Das Kind ist von Ihnen.»

«Das würde ich an Ihrer Stelle auch sagen. Denn Kinder haben Sie schon genug, was?»

«LB», sagte Percy weich, denn so nannten sie ihn hier.

«Ich kann es nicht gebrauchen. Ich brauche es nicht.»

«Aber Sie werden dafür sorgen, oder? Claire braucht eine Hilfe.»

«Claire bräuchte so vieles. Sie wird jemanden finden, dem sie es anhängt. Wahrscheinlich, ehrlich gesagt, werden Sie es sein. Und ehrlich gesagt, zu Ihnen passt es auch besser.»

Percy sah Byron in die Augen: «Vieles geschieht hier zwischen uns. Und vieles bringen wir gemeinsam auf die Welt.»

«Hören Sie auf mit dem pikierten Geschwafel und lassen Sie uns von Anderem reden. Bitte nicht von den Problemen von Frauen.»

«Sie reden wie in der alten Epoche .»

«So jung wie Sie bin ich nicht. Wie Napoleon habe ich die Frauen immer verachtet, und diese Meinung habe ich mir nicht übereilt, sondern nach ausreichender, unglücklicher Erfahrung gebildet. Meine Ex-Frau schreibt ein Buch über mich und nimmt mir mein Kind. Nun hängt mir eine andere offenbar eines an. Ihre Freundin, Mary Shelley, Godwin – sie ist etwas Besonderes. Was macht sie gerade in ihrem Zimmer? Was schreibt sie?»

«Sie hat eine gute Idee.»

«Sie wirkt auf mich manchmal wie ein richtiger Mann. Immer hält sie an sich, immer denkt sie an etwas herum.»

«Marys Kopf ist um einiges schlauer als meiner. Hatte ich Ihnen übrigens erzählt, dass ich an einen Unterschied zwischen Mann und Frau grundsätzlich überhaupt nicht glaube?»

Der harte Byron konnte dem weichen Percy kaum zustimmen. Über Frauen und den Menschen an und für sich hatten sie andere Einstellungen. Jedenfalls taten sie so in all ihrem übertriebenen Leben und Reden. Aber Byron merkte doch: Er fühlte sich zu Percys reinem Optimismus hingezogen, er liebte den dünnen Percy.

«Denken Sie, ich werde mal ein berühmter Autor?», fragte dieser.

«Natürlich, natürlich. Aber Sie sollten es sich nicht allzu sehr wünschen. Denn es führt zu nichts.»

«Sie haben gut reden, Byron, Sie sind ein Genie.»

«Man sagt das so daher, nicht? Die Leute behaupten es. Ich bin, sagen sie, die Mensch gewordene Singularität. Und ehrlich gesagt, sie mögen sogar recht haben. Aber die Leute verstehen nicht, dass die Zeit der Individuen gerade zu Ende geht, statt zu beginnen. Es ist der letzte Traum einer gerechten Menschheit. Um ehrlich zu sein: Ich bin der Letzte meiner Art. So wie Michelangelo kann niemand mehr malen. Bald wird es ganz neue Produkte geben, andere als Bücher. Dinge, die zaubern können und Menschen zusammenbringen und was nicht alles. Man macht heute Geniales nicht mehr alleine, um Maschinen zu bauen, braucht es viele. Vor allem wird es die Maschinen selbst dazu brauchen. Die alte Welt gibt es nur noch als Illusion, mein lieber Shelley, wir sind von nun an gefangen in der Gegenwart. Feder, Pinsel und Klavier – passé!»

Percy versuchte zu verstehen, was Byron damit meinte, der sprach weiter:

«Das große Ziel meines Lebens ist das Empfinden – zu spüren, dass wir existieren – wenn auch unter Schmerzen – es ist diese sehnsuchtsvolle Leere, die uns antreibt zum Spielen – zu Schlachten – zu Reisen – zu zügellosen, aber heftig empfundenen Unternehmungen jeder Art, deren hauptsächlicher Reiz in der Erregung liegt, die mit der

Durchführung untrennbar verbunden ist. Im Großen bleibt uns nichts, als dem Niedergang zuzuschauen. Es wird nur schlechter. Grotesker, verzerrter, komplizierter, unzugänglicher. Cooler auch, das muss man schon sagen.»

«Wir werden uns etwas Neues ausdenken, ganz bestimmt», sagte Percy, dachte an das Gedicht, das er gestern zu schreiben begonnen hatte, und hielt seinen Kopf über den Rand des Bootes, um sein Spiegelbild im Wasser zu betrachten.

«Wollen wir etwas Rousseau lesen?»

«Sie sollten nicht so viele Bücher lesen. Sonst haben Sie keine eigenen Ideen mehr. Dann sind Sie irgendwann zu schlau.»

Und als Percy von der schrankenlosen menschlichen Unabhängigkeit dozierte, kam plötzlich ein Sturm auf. Der Wind peitschte drohend über die Wasseroberfläche, der Himmel verdüsterte in Sekunden, Wellen von erschreckender Höhe rammten das Boot. Ein Dummkopf von Seemann drängte, das Segel zu halten, ein anderer hatte die Hände über dem Kopf zusammengeschlagen und hämmerte seine Stirn an den hölzernen Schiffsboden, was stark platschte, da dieser bereits voll Wasser stand. Percy sah, wie Byron sich den Mantel vom Leib riss. Immer mehr Wellen kippten in ihr Boot und drohten es jeden Augenblick umzureißen.

«Retten Sie mich nicht, Byron. Retten Sie sich.»

Byron schaute den blassen Percy an.

«Warum können Sie eigentlich um Himmels Willen nicht schwimmen?! Sie lieben doch das Segeln!»

«Es ist nicht der Moment, Byron. Es ist nicht der Moment.»

Schwer gerührt sah er Percy von der Seite an, der sich an einer Kiste festhielt, aber «mit größter Coolness», wie Byron später schrieb, «nicht daran dachte, gerettet zu werden, und meinte, ich solle mir nicht so viele Sorgen machen».

Der Sturm legte sich und das Schiff hielt. Die beiden Schriftsteller überlebten, und Byron folgte Percy nun bereitwilliger auf den Fährten von Jean-Jacques Rousseau, dem Philosophen der Gegenbewegung und der Naturlehre, von dem sie überall hier Zeichen fanden. Percy las laut dessen Bestseller *Julie oder Die neue Heloise. Briefe zweier Liebender aus einer kleinen Stadt am Fuße der Alpen*, der Briefroman einer verzweifelten Liebe, ohne den Goethes *Werther* wohl nie entstanden wäre. Sie liefen durch Clarens, wo die von der Gesellschaft getrennten Helden so oft spazieren gegangen waren. Die Bewohner des Dörfchens erzählten ihnen, dass die beiden wirklich gelebt hatten, sie sprachen über Julie und St. Preux wie über echte Menschen. Als sie etwas oberhalb des Dorfes im Gras vor einer kleinen Holzhütte den herrlichsten Käse aßen und die Bienen summten, fiel Byron auf, dass ihr Sturm genau an der Stelle stattgefunden hatte, an welcher in dem Buch Julie und ihr Geliebter beinahe genauso umgekommen wären. «Wir sind wohl Geister, Wiedergänger», sagte Percy strahlend. Als sie nach Genf zurücksegelten, hielten sich die beiden Männer an Deck liegend zärtlich an der Hand. Der Wind, der durch ihr Haar fuhr, klang wie ein Saxophon.

Als Percy Mary von ihren Erlebnissen im Sturm erzählte, hatte sie die dunkel umrandeten Euphorieaugen einer Tänzerin. Sie stand unter Hochspannung. «Du stirbst nicht, Percy. Keiner stirbt mir mehr weg», flüsterte sie und umarmte ihn übermütig, ihre Finger krallten sich in seinen Rücken. Sie wollte ihm gerne erzählen, wie sie sich in den vergangenen Tagen gefühlt hatte, wie die Tragetasche einer Riesin nämlich, die auf ihrer Reise durch die Zeit alle Früchte, die an blühenden Bäumen hingen, in ihren Behälter fallen lässt, in dem sie durcheinander purzelten. Es war gut, wenn man seinen Ort gefunden hatte, wenn man wusste, wohin man gehörte. Mary konnte es plötzlich zulassen, sie verkrampfte nicht, sie erkannte sich als Gefäß, voll mit schönen Dingen, und fühlte sich dabei nicht wie eine Heldin, sondern wie ein Instrument, ein Werkzeug. Der Mensch traf ungebremst auf das dunkle Chaos in sich. Auch Mary war ihm in der Nacht begegnet, und sie hatte verstanden: Der Zweifel war die schöne Schwester der optimistischen, selbstgewissen Kritik. Es konnte nicht lange nur klar und hell sein, die Nacht kam jeden Tag, und sie sang laut ihre Lieder. Die Dämmerung trat ein, und während sich der Schleier um die Sonne legte und ihr Licht nicht mehr durchließ, legte sich ein solcher zeitgleich auch über die Seelen der Menschen. Mary federte in den Kniegelenken und hörte, wie der Wind wisperte: Mary. Sie hörte ihn und sie wollte das gerne Percy erzählen, aber sagte nur:

«Es ist alles in meiner Geschichte. Willst du sie lesen?»

«Oh ja», antwortete Percy.

«Sie ist natürlich noch nicht fertig. Aber ein Anfang!»

Er ließ sich nach oben in ihr Zimmer ziehen. Percy war überrascht, fast ein bisschen vor den Kopf gestoßen, dass sie gar nicht mehr wissen wollte über das Segelboot, den Sturm und sein beinahes Ende. Mary wirkte par excellence, fand er, meisterlich. Als wäre sie gerade aus einer mysteriösen Welt aufgetaucht, zu der sie ihm durch ihre reine Erscheinung Zutritt gewährte. Und das empfand er wirklich als eine Ehre. Auch Mary bemerkte eine Distanz zu ihm, auch die lag in der Existenz ihrer Geschichte begründet. Es war keine schlechte Distanz. Seit Byron den Wettbewerb ausgerufen und Mary die Aufgabe angenommen hatte, war zwischen Mary und Percy etwas passiert. Sie hielten einen Abstand, sie kamen sich näher, es war noch unklar, was in diesem Zwischenraum passieren würde. Mary entzündete das Petroleum, ihr Zimmer erhellte, hier hatte sie in den vergangenen Tagen zwei Dinge begriffen: Die Zukunft der Menschheit lag nicht in den Sternen, sie war in uns angelegt. Eine Idee beruhte auf einer neuen Konstellation in uns, und sie entwickelte sich in einem Zimmer. Nicht am Strand oder draußen beim Spazieren. Nicht auf Reisen, Segeltouren oder während der Entdeckung ferner Länder, sie passierte drinnen. So wie Caspar David Friedrich malte. Seine in der Natur erfahrenen Landschaften nahm er mit nach Hause, und dort schaute er in sich hinein, was in seinem Kopf und in seinem Herz davon übriggeblieben war. Gemalt hat er sie in seinem Zimmer, nur dort geschah die Reise. Und Mary fand es ganz furchtbar seltsam: Seit sie sich vorgewagt und mit dem Schreiben begonnen hatte, sah sie diesen Mann in ihrem Kopf, der am Ende ihrer Geschichte warnend die Worte sagen würde: «Suchen Sie Ihr Glück in der Ruhe und lassen Sie sich nicht vom Ehrgeiz hinreißen; sei es auch nur der harmlose Ehrgeiz, mehr zu wissen und mehr entdeckt zu haben, als andere.»

Der Tag neigte sich dem Ende zu, Mary und Percy legten sich auf das große Bett, er schloss die Augen, und Mary begann den Beginn ihrer Geschichte vorzulesen, in der ein verrückter Wissenschaftler mit einem deutschen Namen gierig auf dem Friedhof Tote ausgräbt, um aus den Leichen die besten Teile herauszuschneiden und mit Hilfe der Elektrizität eine neue, andere, nie da gewesene Lebensform zu entwickeln, die am Ende ihn und alle, die er liebt, vernichtet. Weil er nicht in seinem Zimmer bleiben kann. Weil er nicht lieben kann. Der Mann hieß Viktor Frankenstein.

31

MAURETANIEN

Einen Tag später lief vor der westafrikanischen Küste ein Schiff auf Grund. Die stattliche Fregatte Méduse war von Frankreich aus auf den Weg in den Senegal, um Kolonial- gebiet auszukundschaften. Aufgrund der Fehler eines narzisstischen unfähigen Kommandanten, der seit zwan- zig Jahren nicht mehr und im Grunde nie wirklich gese- gelt war, strandete das Schiff auf einer Sandbank. In heller Panik kletterten daraufhin die reichsten Menschen der Méduse in die zwei kleinen Rettungsboote. Zuvor hatte man eilig ein enormes Floß zusammenzimmern lassen, auf dem 147 Männer und eine Frau Schutz suchten, vor al- lem Soldaten und Söldner aus aller Herren Länder. Einige Verzweifelte ließ man an Bord der Méduse, es war kein Platz.

Der Plan: Die Rettungsboote zogen das Floß hinter sich her, dessen viel zu schwere Menschenfracht mit angstver- zerrten Gesichtern bis zur Hüfte im kalten Wasser stand. Dicht an dicht standen sie, bis zum Rand. Ein paar Stun- den später kappten die Insassen des Beibootes das graue Schlepptau zum Floß. Es wog zu viel, man kam nicht vor- wärts. Mitsamt seiner verstörten Besatzung trieb es nun steuerlos im Ozean, ohne Chance, aus eigener Kraft das rettende afrikanische Festland zu erreichen. Verlassen auf dem Meer hin- und herschaukelnd, diente ihnen als einziger Proviant ein ziemlicher Vorrat an Wein, den sie in schweren Fässern am Holz festgebunden hatten.

Bereits in der ersten Nacht wütete ein Sturm, und die Wellen nahmen einen großen Teil der Schwächsten ins Meer. Am zweiten Tag begann der Hunger, der Wahnsinn und der Krieg. Immer wieder versuchten Soldaten gegen die Offiziere zu meutern, mit Messern und Säbeln gingen sie aufeinander los, zerhackt lagen sie später auf den nassen Balken. Ein zweiundzwanzigjähriger französischer Schiffsarzt mit Namen Jean-Baptiste Savigny, der aus Ehrgefühl aufs Floß gestiegen war, obwohl ihm ein Platz in einem der Rettungsboote sicher war, versuchte das Kommando über den hoffnungslosen Haufen zu übernehmen, der betrunken über die Bretterbohlen glitt.

Am vierten Morgen nach den sinnlosen Nächten des Kampfes lagen erneut unzählige Leichen auf dem Floß. Und dann passierte, was der Schiffsarzt später so schilderte: «Diejenigen, die der Tod verschont hatte, stürzten sich gierig auf die Toten, schnitten sie in Stücke, und einige verzehrten sie sogleich. Ein großer Teil von uns lehnte es ab, diese entsetzliche Nahrung zu berühren. Aber schließlich gaben wir einem Bedürfnis nach, das stärker war als jegliche Menschlichkeit.» Sie zerstückelten die Körper, tranken das Blut, lutschten an den Innereien und kauten die Haut vom Knochen. Es gab ihnen Kraft, das Floß war danach ein anderes. Kurz darauf ging ein bibelgroßer Fischschwarm über sie hinweg, abertausende glänzende Fische schlug das Meer ihnen in die Hände. Einige Ausgezehrte rissen einfach ihre erschlafften Münder auf, in die die frische Nahrung flog wie im Traum. Die Fische waren gut, aber klein, voller Ekel aßen sie erneut von den Menschen.

Am sechsten Tag befanden sich noch dreißig Personen an Bord.

Als kaum noch Wein da war, tranken sie ihren Urin, den sie auf einer Holzkonstruktion oberhalb des Floßes zu kühlen suchten. Er schmeckte sehr unterschiedlich, bemerkte Jean-Baptiste Savigny: mancher dickflüssig und ekelhaft, mancher klar und gut. Einige Matrosen versuchten ihren Kot zu essen, schafften es aber nicht. «Durch das Meerwasser», schrieb Savigny, «hatte sich die Haut an Füßen und Beinen ganz abgelöst.» Er fand es unerklärlich, wie es trotz ihrer Lage zu Situationen kam, in der die über das Floß verteilt Liegenden sich Witze erzählten und lachten. Unter ihnen schwammen Herden von Haien, über ihnen regierte die Sonne der Sahara, der brennende Durst, furchtbare Halluzinationen und die Wellen, die nachts über sie wegstürzten. Einer erhob sich einmal wie von unbekannten Lebensgeistern geweckt und sprang mit Anlauf in den Ozean. Weder Kopf noch Körper des Soldaten tauchten je wieder auf. Dann der Entschluss, die krank, verletzt und bereits halbtot Dahinsiechenden ins Meer zu rollen, damit der letzte Wein für die Gesunden blieb. Ein grässlicher, aber letztlich doch vernünftiger Entschluss, dachten die Gesunden. Drei Matrosen und ein Soldat gingen ans scheußliche Werk. Zwei Wochen nachdem sie das Floß bestiegen hatten, sahen die verbliebenen Männer plötzlich aus dem Nichts ein rettendes Schiff auf sie zusteuern.

Am 18. Juli 1816 ging also nicht, wie allerorten prophezeit wurde, die Welt unter. Es geschah bereits einen Tag zuvor. Als die Besatzung des lebensrettenden Schiffes um kurz vor sieben am Morgen auf das Floß stieß, bekam der noch junge Gedanke der Verstandesherrschaft und ihrer neuen

idealen Menschen einen Knacks. Fünfzehn kaum beklei-
dete Männer wimmerten auf dem Brettergestell, an den
Seilen des Segelstamms hingen Fetzen, die die Besatzung
der Brigg zuerst für Kleider hielt. Als sie näher heranfuhren,
begannen die ersten Matrosen sich zu übergeben, denn an
den Seilen hing zum Dörren aufgehängtes weißrotes Men-
schenfleisch. Blödsinnig, ekstatisch und schuldig sahen
die Überlebenden sie an. Was waren dies für Kreaturen?
Der Schiffsarzt Savigny schrieb einen aufsehenerregenden
Bericht über das, was auf dem Floß geschehen war, später
wurde er Chirurg.

32

GENF, WEIMAR

«Goethe ist im Gespräch ein Mann von außerordentlichem Geist, und man kann sagen, was man will, der Mann von Geist muss plaudern können.»

Germaine de Staël freute sich über ihren Satz. Weil er von Goethe handelte, weil sie selbst so hervorragend plaudern konnte und weil sie ihn in ihrem Genfer Schloss in Richtung Byron sprach, der in einem viel zu weichen Sofa versank und plötzlich den Mund hielt. Germaine de Staël, die eigentlich Anne-Louise-Germaine Baronin von Staël-Holstein hieß und die jeder nur Madame de Staël nannte, war eine extrem schnell sprechende Schriftstellerin, die gerade eben 50 Jahre alt geworden war, aus der Schweiz stammte und nach langer Zeit in Paris wieder dorthin geflohen war, um im Schloss ihrer Familie einen Salon zu führen. Sie war der einzige Mensch, den Lord Byron während seiner Zeit am Genfer See regelmäßig besuchte. Er bewunderte die kräftige und geistreiche Frau, auch dafür, dass er praktisch gar nicht dazwischen kam, wenn sie sprach.

Wenn er bei seiner Freundin saß, erzählte sie Byron laut lachend sehr, sehr viel, vor allem auch von den verrückten Deutschen, über die sie ein Aufsehen erregendes Buch geschrieben hatte, das zuerst verboten und nun endlich erschienen war. Mehrere Winterreisen hatte sie durch das Land gemacht, das man außerhalb seiner Grenzen bis dato kaum wahrnahm, als ziemlich absurd empfand und in dem alles herrschte, aber sicher nicht der gute Geschmack. «Sie möchten», erzählte sie über die Bewohner, «daß ihnen in ihrem Verhalten jeder einzelne Punkt vorgeschrieben wird.» Aber nicht nur das, und sie beugte sich verschwörerisch zu Byron, denn sie hatte dort noch etwas anderes mit eigenen Augen gesehen, nämlich eine neue kulturelle Bewegung. In den drei einflussreichen Bänden *Über Deutschland* berichtet Madame de Staël von erdigen, phlegmatischen Künstlern, die sich einsiedlerisch in verwunschenen Wäldern und Burgruinen zusammenrotteten und, völlig im Gegensatz zu den affektierten, gesellschaftssüchtigen Franzosen, den Mond anbeteten und nur ihren Gefühlen verpflichtet Werke herstellten, die tief berührten. Am stärksten hatte jedoch Goethe auf sie gewirkt.

«Wie Sie, er ist wie Sie!», rief Madame de Staël Byron zu. Dabei wippte der weinrote Turban, den sie um ihren Kopf geschlungen trug.

Eine Tür ging auf und Friedrich Schlegel, der Jenas berühmtester und frühester Theoretiker des Romantischen war, die progressive Universalpoesie erfunden hatte und mittlerweile zum Katholizismus konvertiert war, brachte Byron ein Glas Rotwein. Schlegel war bis zu seinem Lebensende furchtbar in Madame de Staël verliebt, und bis zu ihrem Lebensende führten die beiden eine so aufregende wie platonische Beziehung. Der stets spöttische Byron bedankte sich beinahe artig.

«Nur eben viel älter», meditierte die Staël weiter, «und auch steifer. Doch Sie beide verbindet eine gewisse Kälte,

Ihr Witz ist anmutig und philosophisch, in Goethe lebt eine Kraft, die nicht durch seine Empfindsamkeit leidet.»

Byron war sehr angetan, er wollte unbedingt diesen *Faust* lesen, aus dem seine Gastgeberin einiges zusammengefasst hatte. Vor allem der faustische Pakt faszinierte ihn, den der verdrossene Wissenschaftler mit dem Teufel eingeht, um das wahre Leben zu führen. Durch das er nicht mehr getrennt von der Welt auf diese blicke, sondern, statt sie immerfort zu durchschauen, sich endlich in ihr auflöse.

Doch all das Salongeplauder wäre nicht einmal besonders der Rede wert, wenn nicht zur selben Zeit, in der Byron im de Staëlschen Schloss von Schlegel Rotwein eingeschenkt bekam, Goethe ebenjenen Byron entdeckt hätte. Vor acht Wochen waren dessen zwei Jahre alten Vers-Erzählungen *The Corsair* und *Lara* zu ihm nach Weimar gekommen, seitdem suchte der alte Meister alles über Byron zu erfahren. Dieser war mit seinem Debüt exakt so blutjung wie er selbst mit seinem *Werther* zum größten Dichter seines Landes avanciert. Ein ebensolches, erstmaliges Exemplar des Celebrity: «Ich erwachte eines Morgens – und fand mich berühmt», so hatte Byron es aufgeschrieben, und so hatte ja auch Goethe es empfunden. Was würde, fragte er sich, aus diesem jungen Mann werden, wie würde er Kunst und Leben, Schreiben und Lieben in einer neuen Form zusammenbringen? In seinem Werk sah er eine irritierende Zügellosigkeit, Feinheit und eine absolute, unangefochtene Überlegenheit, die er von sich selbst kannte. Er ließ sich Gedichte schicken, übersetzte sogar einige davon ins Deutsche. Später sollte er Byron ein Gedicht schreiben, später dann sogar noch eines, und dann setzte Goethe diesem in seinem *Faust II* in der Figur des Euphorion ein Denkmal. «Byron ist nicht antik und nicht romantisch, sondern er ist wie der gegenwärtige Tag selbst.» So sprühend hatte man den deutschen Dichter lange nicht erlebt, er war hingerissen. «Ich folgte ihm in Gedanken gern auf den Irrwegen seines Lebens.» Doch zuerst einmal wollte Goethe sich in diesem Juli einmal wieder selbst auf den Weg machen.

Er packte die Koffer, draußen stießen für Momente wirklich mikroskopische Sonnenstrahlen durch die Wolkendecke. Der Plan war gefasst: Es ging endlich in den Urlaub. Raus aus dem Regen, wieder eine ausgedehnte Reise machen, Richtung «Mutterland», zum Main, bis nach Baden-Baden sollte es gehen. Zwei Tage nachdem das Floß der Méduse gesichtet wurde, morgens früh um sieben, fuhren Goethe und Meyer in der eigenen Kutsche von Weimar ab. Es war eine Höllenfahrt, das böse Wetter hatte das gute wieder verdrängt, das Gefährt glitschte über die Erde, bis das rechte vordere Rad tief in einer durch Wasser unsichtbar gemachten Kuhle versank. Zwei Stunden nach Reisebeginn lag der Dichter im nassen Gras. Neben Goethe stöhnte sein Kunstberater, Blut spritzte aus der hohen Stirn.

Einige Stunden später kam Hilfe, und Goethe beschloss bitter: Zurück nach Weimar. Man kann es sich kaum vorstellen, doch am Abend nach dem Unfall traf der nimmermüde Mittsechziger zum Essen noch Ernst Florenz Friedrich Chladni, seines Zeichens Klangforscher und Begründer der experimentellen Akustik. Ein selbstständig wirkender Freigeist, der durch die Welt wirbelte, sogar Napoleon hatte er seine Experimente vorgeführt. Seit einiger Zeit arbeitete er an der Erforschung von Himmelskörpern. Es wurde Sardellen-Salat aufgetischt, was Goethe milde stimmte. An diesem Abend kamen die beiden gut zusammen bei allem, was Töne angeht, nur im Himmel, da gingen ihre Meinungen auseinander. Chladni war völlig euphorisiert von seinen Meteoren. Er war überzeugt, dass die Brocken und Strahlen, die man seit einiger Zeit durch neueste Technik im Himmel herumfliegen sah, riesige Felsen seien, die aus Vulkanen auf dem Mond geschleudert kämen. Er sei mit dieser Meinung weiß Gott nicht allein, das würden ja praktisch alle auf dem Gebiet genauso sehen.

Goethe stieß sich heftigst allein an dem Wort Vulkan. Mit miesen Kratern wollte er seinen Himmel nicht verunreinigt sehen.

«Herr Chladni, Sie wissen ja sicher, Meteore nehmen die unterschiedlichsten Formen an: Gewitter, Schnee, Graupeln, Hagel, Nebel, Reif, Regenbögen. Und all das gehört letztlich zum großen Phänomen Wetter. Vom Weltraum wissen wir hier wenig. Hatten Sie mal ein Barometer in der Hand? Ein faszinierendes Objekt. Das Wasser darin steigt und fällt, ganz im Einklang mit beziehungsweise abhängig vom schönen und schlechten Wetter. Wir wollen heute schon wissen, welches Wetter morgen ist.»

«Was meinen Sie denn?», fragte Chladni.

Zeit seines Lebens war Goethe überzeugt davon, dass der Erdball ein lebendiges Wesen sei, im ständigen Ein- und Ausatmen begriffen, er erklärte Chladni: «Atmet die Erde ein, so zieht sie den Dunstkreis an sich und verdichtet ihn zu Wolken und Regen. Diesen Zustand nenne ich die Wasser-Bejahung; dauerte er über alle Ordnung fort, so würde er die Erde ersäufen. Dies aber gibt sie nicht zu; sie atmet wieder aus und entläßt die Wasserdünste nach oben, wo sie sich dergestalt verdünnen, daß nicht allein die Sonne glänzend herdurchgeht, sondern auch die ewige Finsternis des unendlichen Raumes als frisches Blau herdurch gesehen wird.»

Chladni schaute fragend. Wie schön dieser Goethe formulieren konnte.

«Ich zeige Ihnen bald einmal mein neues Barometer», meinte Goethe. Er war plötzlich sehr müde. Er dachte an den heutigen Tag. Die Auswirkungen des Wetters hatten ihn und vor allem den Meyer beinahe für immer zu Fall gebracht. Zügig verabschiedete er sich.

Chladni sollte drei Jahre später als einer der wenigen Zeitgenossen wissenschaftliche Überlegungen zur Ursache des elenden Wetters veröffentlichen. Er schrieb: «Die nasskalte Witterung, welche im Sommer 1816 und im Anfang des Sommers 1817 einem großen Teil von Europa so lästig und nachteilig gewesen ist, hat ihren Grund höchstwahrscheinlich in dem Auftauen der vielen großen, durch ein unbekanntes Naturereignis von den Nordpolgegenden losgerissenen Eismassen.» Damit lag er falsch. Doch nimmt er fantastischerweise den heutigen Klimawandel vorweg, handelt es sich bei dem «unbekannten Naturereignis» doch um nichts anderes als die Auswirkungen des menschlichen Eingriffs in die Natur. Goethes Meyer sollte derweil genesen, doch den Unfall nahm Goethe als höheres Zeichen. Seit diesem regennassen Juli sollte er sich nie mehr weiter von Weimar fortbewegen. Vier Tage später fuhr er für ein wenig Ruhe und Abwechslung in ein Schwefelbad in Thüringen. Doch es war nicht weit genug, man konnte auch dort praktisch nicht vor die Tür gehen.

33

NEW LANARK

Es war die Zeit, als die Menschen von der Natur abhingen. Wenn sie nicht gab, gab es nichts. Die Menschen liebten damals den Sommer noch nicht, er glühte heiß und trocken, man war froh, wenn er vorbeiging. Den Winter mochten sie, denn es gab weniger Arbeit. Nun war Sommer, aber es war Winter und das Wetter hatte alles still und gleich gemacht. Der Hufschmied hatte so wenig wie der Färber, Kerzenzieher, Branntweinbrenner, Köhler und erst recht der Metzger. Der Bäcker hatte noch ein bisschen mehr gehabt, weil er machte, was jeder wollte, Brot. Dazu brauchte er das Mehl vom Müller. Je schlechter das Wetter, desto teurer das Brot. Jeder schaute auf sich, es gab nur die eigene Familie und Gott, aber das war ja viel. Leicht waren ihre Körper, durchsichtig ihre Gesichter, fahl alles um die Augen, sie sagten nichts und bewegten sich kaum. Einmal klatschte ein Kind in die Hände, das Geräusch hallte durch die Zimmer und wirkte hart im Ohr.

Man sah schon immer in den Himmel, um zu träumen. Nun entdeckte man dort ein neues, ein anderes, das menschengemachte Dunkel. Nicht mehr der kleine Rauch aus dem Schornstein, der schnell verfliegende Schmauch des Lagerfeuers, man bemerkte den ununterbrochen dampfenden Qualm der Fabriken. Die Dampfmaschine war erfunden! Lange hatte man die Erzeugung von Kraft aus dem Wasser und den riesigen Rädern gewonnen, die man in die Flüsse hineingebaut hatte und so deren Energie natürlich abschöpfen konnte. Das Wasser und der Wind brachten die Dinge in Bewegung, doch nicht mehr schnell genug. Also verbrannte man Holz. Doch die Wälder gaben zu wenig. Es war ein verwirrender, weltumstürzender Gedanke, als Leute wie Emil André, ein Forstmann, der zum ersten Mal das Wort Nachhaltigkeit benutzen sollte, in seiner unermesslichen Umfasstheit verstand, dass es so nicht weitergehen konnte, dass die Wälder, wenn man sie immerfort rodete, das Land veränderten. Und dass auf den Eingriff des Menschen in die Natur Unwetter und Katastrophen folgten. Dann kam die Steinkohle. Und sie war ein Wunder, denn sie erzeugte eine unvergleichbare Energie. Diese Kohle konnte Feuer machen, das nie endete. Das Feuer des Stahls und des Eisens, das die neuen Maschinen benötigten, es lag unter der Erde. Dass das Wunder der Steinkohle für die nun beginnende stärkste Klimaveränderung der Erdatmosphäre verantwortlich werden würde, weil sich durch das CO_2, das bei der Verbrennung entsteht, der Lebensraum wie unter einer Glasglocke zerstörerisch aufheizt, das konnte sich in diesem Augenblick keiner vorstellen.

Von England aus entwickelte sich eine nie dagewesene Industrie. Männer tauchten tief in den Boden, in Schächten und Stollen kloppten sie die Kohle und fuhren sie heraus, denn sie war so wertvoll wie Gold. Wenn sie nach sechzehn Stunden wieder auftauchten, dann war es ihnen wie vor Tausenden Jahren, als sie gemeinsam Mammuts gejagt hatten. Sie erzählten die gefährlichen Abenteuer von unter der Erde den anderen Männern in der Kneipe und ihren Frauen und Kindern zu Hause. Doch die Geschichten waren nicht mehr so gut wie früher. Während damals die Frauen Beeren pflückten und Kinder hüteten, und es schien, als hätten sie keine Geschichten, die so gewaltig, ergreifend und spannend waren wie die Suche nach dem Mammutfleisch, arbeiteten heute die Frauen und Kinder genauso erbarmungswürdig. Ihre Geschichten fielen in sich zusammen, und die Finsternis und die Kohle drangen unter die Haut, man konnte sie nicht mehr abwaschen. Die Frauen und Kinder arbeiteten auch sechzehn Stunden, die meisten von ihnen gingen in die Textilfabriken. Das automatische Spinnrad war die größte Maschine, die erfunden worden war, sie veränderte alles, sie war so mächtig und groß wie der ganze Raum. Nur die Kinder konnten unter sie kriechen mit ihren kleinen Körpern und die verlorenen Fäden wieder zusammenführen. Sie hatten graue Augen, auch solche Kinder hatte es noch nie gegeben.

Der Mensch war schon immer angezogen von Energie, er will bei ihr sein. Die ersten Wesen scharwenzelten um die Unterwasservulkane der Vorzeit herum, weil sich im Einflussgebiet der gewaltigen Explosionen das Leben neu zusammensetzte. So siedeln die Menschen, obwohl in höchster Gefahr, bis heute an den Hängen aktiver Vulkane, denn die Erde ist so fruchtbar wie keine andere. Und so versammelten sich die Zeitgenossen auch um die übernatürliche Kraft der Maschinen, die produzierten, produzierten, produzierten. Sie spürten sofort, diese Energie war wohl gefährlich, aber auch revolutionär, sie warf die Verhältnisse um, sie konnte auf einen Schlag alles verwandeln.

Ein Mann durchblickte das, er hieß Robert Owen und besaß eine der größten Fabriken in ganz England. Sie hieß New Lanark, und es handelte sich dabei nicht nur um eine Baumwollfabrik, sondern eine völlig neue Art der Siedlung, mit einem Friedhof, einer Kirche, Geschäften – fast eine kleine Stadt, in der die 2500 Fabrikarbeiter mit ihren Familien wohnten.

Im Alter von dreißig Jahren hatte Owen die Fabrik im Hobbit-grünen Süden von Glasgow übernommen, bis dahin hatten seine Arbeiter ein elendes Dasein gefristet. Robert Owen aber glaubte, Kinder sollten erst ab zehn Jahren arbeiten, niemals vorher! Seine Arbeiter müssten gut zu essen bekommen und einen fairen Lohn. Er ließ die Gründung einer Gewerkschaft zu, verringerte die Stunden, sorgte für saubere Arbeitsplätze und die Abschaffung vieler ungerechter Strafen. Stattdessen ließ er über jedem Arbeitsplatz kleine, bunt angestrichene Holzblöcke anbringen, deren Farbe die Leistung und also den Wert des Arbeiters dokumentierte: von weiß (ausgezeichnet), über blau, gelb bis schwarz (miserabel). Es war eine leise, aber sehr gute Motivation, viel effektiver als Schläge und Schreie. «Eigenverantwortung, Management, Kontrolle, Supervision», sagte Owen, wenn er durch die Gänge ging, und jeder Mann in England hielt ihn für verrückt. Dabei war er nur durchdrungen von Vernunft. Owen war überzeugt: Die Arbeit würde so eine angenehmere, und daraufhin auch eine effizientere und am Ende für alle lohnendere Arbeit werden. Weil der Fabrikant so viele Ideen für Reformen hatte, so viel Energie, diese umzusetzen, und vor allem wohl, weil all das wirklich gelang, kamen täglich Leute aus aller Welt zu ihm in die Experimentierfabrik: der russische Kaisersohn Nikolaus I, die Prinzessin Katharina von Württemberg, Reformer, Humanisten, Gesandte von weit her. Sie alle wollten so produktive Arbeiter haben. Nachdem der preußische König New Lanark besichtigt hatte, befahl er seinem Innenminister 1816, die Sache mit den Kindern unbedingt auch in sein eigenes anvisiertes Bildungssystem einzuspeisen. Der König hatte in Schottland etwas Einmaliges erlebt.

Denn in diesem Sommer war Robert Owen 46 Jahre alt und besonders stolz. Und auch seine neueste Mitarbeiterin Molly Young war stolz. Seit Beginn des Jahres gab es in der Fabrikstadt den ersten Kindergarten der Welt. Dieser Ort hieß *Institute for the Formation of Character* und war, fragte man Molly, schlicht und einfach ein Paradies. Sie war neben einem Mann namens Buchanan ausgewählt worden, die ersten Kinder zu unterrichten. Owen hatte ihn eingestellt, weil dieser so gutherzig, langsam und friedlich war. «Der beste, den ich finden konnte», schrieb er, «war ein armer, einfältiger Weber namens James Buchanan, von seiner Frau zur vollkommenen Unterwerfung unter ihren Willen erzogen.»

Die siebzehnjährige Molly Young sollte sein weibliches Pendant bilden. Beide hatten nichts gelernt, und das war Owen gerade recht, denn so hatten sie vor allem auch nichts Falsches gelernt. Sie waren seinem Gehorsam absolut ergeben. Die beiden zeigten den Kindern bunte Bilder von Tieren, sie sangen und tanzten gemeinsam. Es gab einen riesigen runden Globus und draußen einen Garten, in dem die Kinder natürliche Objekte zusammensammelten, um damit ihre eigenen Welten zu bauen. Sie lernten Zahlen und Buchstaben, überall war Licht, das durch die riesigen Fenster hineinschien, die weit geschnittene, weiße Leinenkleidung der Kinder ließ jede Bewegung zu und war stets sauber. Ihre Eltern waren so froh, dass sie ihre Kinder während der Arbeit abgeben konnten, einige weinten jeden Tag erneut, als sie ihre Kleinen in die Arme schlossen. Oft kam Robert Owen persönlich vorbei, er hatte ganz schmale Augen und komischerweise das fiese Gesicht des Teufels, fand Molly, obwohl er doch der großzügigste von allen Menschen war.

Molly wusste wohl, fast alle Familien hatten noch vor ein paar Jahren in verzottelten Dorfgemeinschaften über die Landschaft verteilt gelebt, der eine hatte Tische gebaut, der andere war Schäfer gewesen, die meisten hatten als Bauern ihr Land beackert, viele zu Hause gesponnen. Es war beileibe kein einfaches Leben, erinnerte sich Molly, am Abend waren die Freunde der Heranwachsenden zu Besuch gekommen, während im schwachen Schein der Talgkerzen die Familie um das Spinnrad saß. Kaum sehen konnten sie sich, aber der Raum, gerade weil er in der Dunkelheit lag, behütete sie. Den Menschen wurde ihr Land genommen, ihnen blieb nichts übrig, als in die Fabriken zu gehen und jeden Tag den riesigen Maschinen dabei zu helfen, die Wolle zu verarbeiten. Molly Young liebte die Kinder und sie liebte ihre Arbeit, und wenn sie die Kinder beobachtete, in ihren weißen Kleidchen, dem gemeinsamen Tanz hingegeben, der manchmal, wenn die Besucher zur Vorführung kamen, auch wie eine Militärparade sein sollte, dann strahlte sie über das ganze Gesicht.

Genau in der Mitte des Jahres besuchte Robert Owen die Familie Godwin in der Skinner Street. Vater Godwin hatte eine Dinnerparty veranstaltet, und Owen war ein regelmäßiger Gast des Hauses. Im Verlauf des Abends saßen er und Marys Schwester Fanny nebeneinander und diskutierten über Kindererziehung. Der nüchterne Owen hatte schon einige Gläser getrunken und malte am Familientisch seine Utopien in bunten Farben. In einigen Jahren schon würden alle Menschen höchstens noch zwei oder drei Stunden am Tag arbeiten müssen, im Einklang mit den schnellen Maschinen. So wie man an den Maschinen immer wieder schrauben musste, damit sie reibungslos funktionierten, so müsse man auch an den Menschen hier und dort ein wenig drehen, bevor sie perfekt eingestellt seien. Fanny beharrte vor Owen auf den Schriften ihrer Mutter, die dieser wiederum sehr genau gelesen hatte. Bald werde es Schulen für alle geben, rief er, es gehe nur darum, die Arbeiter zu motivieren und Anreize zu schaffen. Diese würden neue Menschen werden, und die würden sie auch brauchen für die Zukunft.

«Ich finde Ihre Ideen etwas zu romantisch», erwiderte Fanny nach einem dieser visionären und selbstverliebten Monologe des berühmten Fabrikbesitzers.

«Ich dachte, wir wären einer Meinung!», rief Owen brüskiert.

«Im Grunde sind wir das auch», antwortete Fanny. «Aber nie und nimmer werden die Reichen ihr Vermögen aufgeben oder mit den Besitzlosen teilen.» Materielle Gleichheit interessiere diese nicht, erklärte die junge Frau dem großen Chef, und das würde es auch nie.

«Zu romantisch?» Owen ging kurz in sich. Seine Ideen, zu romantisch? Sie sollte mal diesen Deutschen sehen, dem er kürzlich eine Führung gegeben hatte. Mit den langen Haaren und der riesigen krummen Nase. Ewig hatte dieser Friedrich Fröbel über seine Gefühle gesprochen und wie er mit, seiner Erzählung nach allesamt schwarz gekleideten, Samtbarett tragenden Soldaten im heiligen deutschen Krieg Napoleon besiegt hatte und wie er nun den ersten Kindergarten in Deutschland eröffnen wolle.

«Sie funktionieren doch, die Ideen!», rief er laut. 500 Kinder gebe es bei ihm, sie würden alle lernen, kostenlos, ganz frank und frei und ohne Geschimpfe und Bücher, es würde alles gut ausgehen.

Und damit drehte sich Owen zu seinem anderen, weniger nörgeligen Tischnachbarn, um diesem von seinem Gesellschaftsexperiment zu erzählen. Als wären Haken in ihr, dachte er noch über Fanny Imlay, die sich in allem verfingen. Ein trauriges Herz. Fanny wiederum war sehr böse auf sich. Klug hatte sie wirken wollen und zeigen, was sie über Erziehung wusste. Im Übrigen hatte sie ja völlig recht gehabt mit ihrer Entgegnung. Doch wenn sie eins gelernt hatte in ihrem Leben, dann, dass es nicht darauf ankam, an einem Abendgesellschaftstisch recht zu behalten. Wie gerne hätte sie in Owens Kindergarten gearbeitet, es wäre der Ort, an dem sie das pädagogische Ideal ihrer Mutter in die Tat umsetzen könnte. Aber sie hatte es wieder geschafft, alles falsch zu machen. Fanny nahm ihr Glas Rotwein, spitzte nervös ihren Mund und nahm einen sehr kleinen Schluck. Sie würde Mary einen Brief schreiben.

34

MONT BLANC

Als er in Genf ankam, lasen Mary und Percy ihn mit Be-
sorgnis. Beinahe gebrochen wirkte die zwei Jahre ältere
Halbschwester. Ausweglos schilderte sie ihr Dasein in der
Familie, und sie machte ihnen Vorwürfe.

«Sie glaubt die Lügen der Stiefmutter», sagte Mary beklommen.

«Offenbar hat sie niemanden sonst», meinte Percy.

«Wie kann sie denken, dass wir uns hier über sie lustig
machen. Sollten wir wirklich eine Mitschuld an ihrem Unglück tragen?»

«Ich wollte sie immer mitnehmen.»

«Wir müssen uns mit ihr treffen, wir müssen sowieso
bald nach England. Dann kümmern wir uns um sie.»

«Ja, dann kümmern wir uns.»

Der Brief war lang, die Zeit knapp, der Berg war hoch
und die Aussicht auf seine Besteigung so übermächtig,
dass sie schnellstens ihre Sachen packten. Mary, Percy und
Claire hatten sich Ende Juli zum Ziel gesetzt, den Mont
Blanc, den weißen Berg, die mächtigste Erhebung Europas,
zu bewandern. Byron wollte nicht teilnehmen, Polidori
fragten sie nicht. Der Lord las noch ein Gedicht vor, das er
in der Nacht des heftigsten Unwetters fertiggestellt hatte.
Er nannte es *Dunkelheit*, es begann so:

Ich hatte einen Traum, der nicht ganz Traum:
   Das Licht der Sonne war verlöscht, die Sterne
Im Dunkel durch die ew'gen Räume zogen,
   Strahllos und pfadlos, und die kalte Erde
Hing schwarz und blind im mondlos trüben Äther.
   Der Morgen kam und ging und kam und brachte
Doch keinen Tag, und in dem öden Graus
   Vergaßen ihre Leidenschaften die Menschen,
Und aller Herzen flehten bang um Licht.

Diese Verse im Kopf, durch eine völlig überschwemmte Landschaft fahrend, schauten sie kurz darauf aus dem schlierigen Kutschfenster nach oben, wo im Himmel die schneeweiße Spitze des Mont Blanc vor dem plötzlich azurblauen Himmel blitzte. Die Alpen erschienen ihnen noch furchteinflößender als gedacht. Oft stiegen sie schweigend bergan, Claire auf einem Esel, Mary von Männern getragen, Percy marschierte, alle drei trugen sehr schöne Bärenfellmützen. «Nie zuvor wusste ich, nie zuvor erahnte ich, was Berge sind», sagte Percy.

Sie waren wieder zu dritt. Nur schweiften sie nicht wie 1814 auf ihrer ersten Reise durch den frühlingshaften, hoffnungsvollen Neubeginn Europas, sondern entdeckten das erkaltete Ende der Welt. Neben ihnen stoben Lawinen talwärts, in unerträglicher Helle standen sie umgeben von glitzerndem Weiß. Ihre Tagebücher und Briefe strotzen vor begeisterter Überwältigung: «Die Ungeheuerlichkeit dieser luftigen Gipfel erregten, als ihr Anblick unvermittelt das Auge traf, ein Gefühl verzückten Erstaunens, dem Wahnsinn nicht unverwandt.» Sie sahen «Paläste aus Tod und Eis», spürten «furchtbare Herrlichkeit und Donnerschläge», die kolossale Natur machte die drei ehrfürchtig.

Dann saßen sie ganz oben auf einer Wiese. Die Luft war klar, sie hatten einige Kleidung abgelegt, so warm war es in der Nähe des Himmels, um sie herum blühte rosa Rhododendron und sie redeten darüber, wie nicht einmal im Angesicht dieser Erhabenheit die reine Ästhetik der Existenz von den allermeisten Menschen als solche erkannt werden konnte. Dass sie daraus eben nichts machten: vollständig degeneriert, unsensibel, Kopfschütteln.

«Was wird nur in London?»

Keiner wusste eine Antwort.

«Wollen wir nicht das Neue wagen?», fragte Percy hochgestimmt in die Weite des Schnees hinein.

Das wollten sie, nickten die beiden Frauen. Sie sahen sich um, außer ihnen war wirklich niemand da.

«Percy», sagte Mary, «begreifst du, warum ich den Prometheus in meiner Geschichte so ändere?»

«Ich brauchte lange, um es zu verstehen, denn es ist so traurig und pessimistisch.»

«Es ist eben eine andere Zeit.»

Claire schaute Mary verblüfft an. Ihre Schwester hatte sich verändert.

Abends ging Mary allein an reißenden Flüssen spazieren, danach schrieb sie. Sie sah anders, denn ein schöner Schleier hatte sich über alles gelegt. Sie sah das endlose Eis und dachte an ihr Buch und die Polarexpedition ihres Helden Walton, des Forschers, der im Eis stecken bleibt und den besessenen Viktor Frankenstein auf sein Schiff aufnimmt. Sie sah Percy und dachte an seinen und Byrons Größenwahn, an all die neuen Männer in ihren schwarzen Anzügen, die, zerfressen von Ehrgeiz, an nichts mehr glaubten außer an sich selbst und den Fortschritt. Mary sah Claire, und sie dachte womöglich an ihre Mutter. So wie sie wurde auch Mary als Mätresse eines verheirateten Mannes von der Gesellschaft geächtet. Womöglich dachte sie an die Sklaven an den Piers, die keine Chance hatten, weil sie anders aussahen und die Menschen sie nicht als Menschen anerkannten. Möglicherweise dachte sie an ihren Vater, der ihre Liebe aufs Spiel setzte, und wie es war, verstoßen durch die Welt zu wandern und so gerne davon erzählen zu wollen, dass man etwas gefunden hatte. Vielleicht dachte Mary auch nichts von all dem. Aber sie sah plötzlich Dinge. Und ja, es war wohl traurig, doch in ihr lachte es, denn sie schrieb es auf.

«Am Fuße des Gletschers», inmitten des Eises, ließ Mary es später zu der berühmten Aussprache kommen. Genau in der Mitte des *Frankenstein* trifft der Schöpfer auf seine Kreatur. Diese hatte bereits Frankensteins kleinen Bruder getötet und Irrsinn in dessen Leben gebracht. Das zweieinhalb Meter große Monster erzählt Frankenstein in einer langen Passage, was es bisher erlebt hat. Wie es versuchte, die Menschen zu verstehen, doch aufgrund seiner Missgestalt von diesen mit Fackeln, Heugabeln und Flinten gejagt und geprügelt wurde. Es berichtet, wie es sich ausschließlich vegetarisch ernährt und nicht «von Natur aus» böse, sondern von ihnen dazu gemacht wurde. In dem Moment, in dem der Wissenschaftler es zum Leben erweckte, hatte es dieser mit der Angst zu tun bekommen, die hässliche Kreatur vertrieben, statt ihm einen Namen zu geben und wie einem Kind durch Liebe und Bildung zu einer würdigen Existenz zu verhelfen. So war es alleine, ohne Mutter, ohne Erinnerung und Identität durch die Welt gezogen. In einem Stall neben einer Hütte hatte es durch ein Guckloch heimlich eine am Rande der Gesellschaft lebende glückliche Familie beobachtet und sich selbst das Lesen und Schreiben beigebracht, begeistert unter anderem Goethes *Werther* verschlungen. Daraufhin mit Empathie, Sensibilität und Wissen ausgestattet, begannen jedoch Fragen in ihm zu brennen: «Waren denn die Menschen wirklich zugleich so mächtig, tugendhaft und groß und doch dabei so lasterhaft und schlecht? Der Mensch erschien mir einmal als der Repräsentant des bösen Prinzips und dann ein andermal wieder als der Inbegriff des Edlen und Göttlichen.» Kurz darauf ging auch die Hütte und seine friedliche Welt in Feuer auf. Das Monster klagt Frankenstein an, die Rede der Kreatur dauert einen Tag lang und ist von Vernunft und Logik durchdrungen. Frankenstein müsse nun endlich seiner Verantwortung nachkommen, es bittet seinen Schöpfer um eine zweite Kreatur, ein Wesen wie ihn, eine Gefährtin, nur so könne auch das Monster das Glück der Gemeinschaft erleben. So kehrt der im Höchstgrad verwirrte Viktor Frankenstein nach Genf zurück, kann auch dort seine moralische Pflicht nicht er füllen, und so müssen alle, die ihm lieb sind, sterben. Ganz am Ende rast das Monster noch einmal auf einem von Hunden gezogenen Schlitten durch das ewige Eis, «bis er in der Dämmerung verschwand».

Mary, Percy und Claire fuhren zurück ins Tal. Ihre Körper randvoll mit zartem Pathos, kamen sie heim zu Byron. Sie verbrachten die schönsten Tage mit Lesen, Reden, Studieren und Spaßen. Immer hatten sie Bücher unterm Arm, manchmal balancierten sie sogar feixend einige auf dem Kopf durch die Gänge der Villa. Es waren die Klassiker, die Antike, die ganze Welt in Büchern. Sie verschlangen sie, spielten mit ihnen herum, verwandelten sie in ihre eigenen Worte. Im September kam der Schriftsteller Matthew «Monk» Lewis zu Besuch, der einer der wenigen großen Bewunderer deutscher Literatur war und mit neunzehn den extrem erfolgreichen Schauerroman *Der Mönch* geschrieben hatte, der ihm fortan auch seinen Namen gab. Nach Genf kam er mit einem ganzen Tross jamaikanischer Diener. Er unterhielt selbst Sklavenplantagen auf Jamaika, auf denen er aber nach eigener Aussage keine der Grausamkeiten duldete, die den Menschen dort angetan wurden. Er hatte Zahnpasta mitgebracht und endlich das Buch: *Faust.* Weil sie alle kaum Deutsch lasen, performte Monk im Schein des offenen Kamins eine Live-Übersetzung des Buches. Sie waren begeistert und schauten staunend Byron an, weil er Mephisto glich wie ein Spiegelbild. Goethe schlug in der Villa Diodati ein wie eine Bombe, Byron zog sich bald zurück und wollte mit einem eigenen Werk darauf reagieren. Monk las noch weitere Spukgeschichten. Sie waren ausgeklügelt komponiert, und Mary erkannte, dass sie ihre Geistergeschichte ausbauen würde, dass sie einen Roman schreiben würde. Keine Erzählung und auch keine Versgedichte, wie Byron und Percy. Sie würde einen Roman schreiben, und er würde nicht wie die Geschichten Monks von der Vergangenheit handeln, sondern von der Zukunft.

35

LONDON

Und dann fuhren sie einfach ab. Man weiß nicht, wo sie das herhatten, aber diese jungen Leute, die das Kino Hollywoods nicht kannten, zelebrierten den Abschied ohne viele Worte, sondern durch minimale, beherrschte und dadurch ikonische Gesten. Percy und Byron umarmten sich lange und küssten sich kurz, aber intensiv auf den Mund. Mary und Byron standen sich gegenüber und sahen sich an wie Blutsschwestern. Sie lächelten, als hätten sie einen Pakt geschlossen. Polidori hatte sich gekränkt auf sein Zimmer verzogen und kam nicht mehr heraus. Nur Claire schluchzte vor der weißen Villa. Voller stiller Heiligkeit saßen Mary und Percy danach in der Kutsche, und Claire winkte halb aus ihr heraushängend mit einem schneeweißen Taschentuch, einige Tränen wischte der Wind durch die Luft, bald ununterscheidbar von den grauen runden Regentropfen. Sie schluchzte, und Byron ging in die Villa zurück. Die Schweiz war zu Ende, die Villa, die Blitze, die glitzernde Dunkelheit. Man wollte sich schon bald wiedersehen. Bald, irgendwo, wahrscheinlich in Italien.

Anfang September landeten sie in der Heimat. Sobald sie englischen Boden betraten, überfiel Mary eine fahle Schwere. Da Claires Umstände rund und sichtbar wurden, entschieden sie sich, nicht nach London zu gehen, wo,

käme dieser nächste Dichterbastard dort an die Oberfläche, das Schlimmste an Skandal zu befürchten stand. Sie
bestimmten als Versteck die kleine Stadt Bath, die, in der
Sommersaison von Touristen wimmelnd, sich im September zu leeren begann. Es gab auf der Welt wenig Tristeres als
ein Touristenstädtchen ohne Touristen, als Unterschlupf
eignete es sich aber vorzüglich. Sie kannten niemanden,
niemand kannte sie, Mary fühlte sich wie in einem Loop:
In einer temporär angemieteten Wohnung saß sie alleine
mit ihrer Schwester, Percy fuhr hin und her zwischen London und Bath. Es gab offenbar kein Entkommen, das war
ihr Leben. Die vergangenen drei Monate waren ein Traum
gewesen, ein Traum, der vielleicht noch nicht einmal einer
gewesen war.

Als sie eines Abends ein paar Möbel gerückt hatte und
müde *Das verlorene Paradies* von Milton las, wurde ihr
entsetzlich kalt. Sie spürte plötzlich einen eiskalten Wind
durch die Küche gehen und schaute sich um, als wäre
etwas hinter ihr. Vor dem inneren Auge stieg übergangs-
los der Gletscher vom Mont Blanc auf und legte sich als
Bild über die Einrichtung ihrer Küche. Lawinen schickte
er die Schluchten ihres Spülbeckens hinunter, und sie
hatte die Stimme ihres Bergführers im Ohr, der ihnen erklärte, dass die weiße Kälte sich immer weiter ins Tal schob,
jedes Jahr, jederzeit, mit der Geschwindigkeit von einem
Fuß pro Tag. Er habe es selbst beobachtet und gemessen.
«Die Gletscher bewegen sich unablässig vorwärts», hatte
er gesagt, «Von den Regionen, in denen ihr Ursprung liegt,
schleppen sie all die Trümmer des Berges, gigantische
Felsen und enorme Ansammlungen von Sand und Geröll,
mit sich.» Wälder würden sie in ihrem langsamen, aber un-
aufhaltsamen Streben verwüsten und ein Werk der Zerstö-

rung vollbringen, das ein Lavastrom in einer Stunde, doch nicht so unwiederbringlich bewerkstelligen könne, denn: «Wo ein einziges Mal das Eis gewandert sei, kann selbst die unempfindlichste Pflanze nicht mehr wachsen.» Die Erde würde langsam rundum vereisen, eine Theorie, an die Goethe übrigens auch glaubte. Mary bibberte in ihrem grünen Sessel und roch die Kälte.

Aber es hatte sich doch etwas grundlegend geändert in Marys Leben. Jeden Tag flüchtete sie vor der Wirklichkeit in Bath und verschwand mit der kratzigen Feder in ihr Buch. Sie ging in die Bibliotheken der Stadt und lieh sich Aufsätze über arktische Reisen und galvanische Experimente, sie war ziemlich glücklich, wenn sie allein war. Percy konnte es nicht erwarten, zu ihr zurückzukehren, sie beugten sich gemeinsam über ihre Geschichte. Was Mary tat, machte ihm großen Eindruck. Er schaute sie anders an als zuvor, und auch sie sah ihn anders an. Sie sprachen lange, und sie sprachen nur über ihr Buch. Percy schaffte es endlich, seinen Theorien eine Praxis zu geben, und wurde zum stolzen, fürsorglichen Geburtshelfer. Denn er wollte, anders als der Rest der Gesellschaft, wirklich eine Frau, die schrieb. Und Mary schrieb gut! Je trauriger und pessimistischer ihre Geschichte wurde, desto glücklicher wurden die beiden miteinander. Manchmal saßen sie auch nur gemeinsam in ihrem Zimmer und schrieben, denn auch Percy hatte einige seiner schönsten Gedichte, *Mont Blanc* und *Hymn To Intellectual Beauty*, vom Genfer See mitgebracht.

So verging der September. Claire zog in ihre eigene Wohnung und schrieb unzählige Briefe an Byron, er beantwortete keinen einzigen. Dem Star war es in der Schweiz zu langweilig geworden. Er schrieb an einem Drama, das *Manfred* heißen würde und verblüffende Ähnlichkeiten mit dem *Faust* offenbarte. Goethe sollte sich später darüber freuen: «Dieser seltsame geistreiche Dichter hat meinen *Faust* in sich aufgenommen und, hychochondrisch, die seltsamste Nahrung daraus gesogen.» Byron verlegte seinen Wohnsitz nach Venedig. Dort begann er unzählige Affären und gelangte auf der so erhaben verrottenden Insel zu Bekanntheit, auch, weil er es sich zur Gewohnheit machte, nach maßlosen Feiern in prächtigen Palazzi in den Canal Grande zu springen und nach Hause zu schwimmen.

Auch Percy schrieb Byron einen Brief, in dem er schilderte, wie sich in London die hungernden Bauern neu formierten. Der Ernteausfall, die Massenarbeitslosigkeit und gleichzeitige Teuerung, die als Effekte aus dem Ausbruch des Tambora folgten, schwemmten die Armen in die Städte, wo sie noch mehr hungerten. Massen liefen plötzlich durch die Straßen, Massen, so gewaltig, wie man sie in England nie zuvor gesehen hatte. Ein ehemaliger Weber und einige junge Reformer versammelten sich auf eine gewaltlose Art und Weise. Sie rissen ihre Hände in den Himmel, sie zeigten auf die Wolken, auf die Äcker, auf die Paläste, sie demonstrierten! Es gab doch Hoffnung, aber nicht in den Augen von Fanny Imlay. Marys Schwester traf Percy zwei Mal heimlich, er erzählte ihr von der gelebten Utopie des Zusammenlebens in der Genfer Villa: vegetarisch, kosmopolitisch, und gar nicht monogam. Wie traurig Fanny dabei geschaut hatte. Dann sagte sie: Ich möchte auch dabei sein. Auch sie wollte endlich gerettet fliehen und das gute, andere Leben leben. Und Percy hätte sagen wollen, dass sie nicht nach Bath kommen konnte, weil Claire schwanger war und niemand davon erfahren durfte, nicht einmal sie. Aber er durfte es ihr nicht sagen, und so sagten sie bald nichts mehr, denn sie merkten, dass es zu nichts führte. Fanny fühlte sich danach überflüssig, und Percy fühlte sich erwachsen. Er erzählte Mary davon und der Ofen bollerte und die Blätter fielen rotgelbblassgrün von den Bäumen vor dem Fenster. Er hatte ein düsteres Bild von William Blake aus London mitgebracht und an die Wand gepinnt.

«Wir können ihr nicht vertrauen?», fragte Mary leise.

«Wir können ihr nicht vertrauen.»

Mary hatte eine Wut auf Fanny, weil sie es nicht schaffte, ihr Leben in die Hand zu nehmen. Dabei war sie eigentlich wütend auf sich selbst, weil sie es nicht schaffte, Fanny zu helfen, und vor allem, weil es ihr selbst ebenso wenig gelang, endgültig zufrieden zu sein, und sie doch nur etwas mehr Glück hatte und Talent, klassische Schönheit und Percy. Und jetzt endlich ein Buch. Und trotz alledem schaffte Mary es nicht, ein glückliches Leben zu führen. Wenn sie das alles nicht hätte, dachte sie voller nichtsnutzigem Grimm, dann würde sie noch immer genauso in der heruntergekommenen Vaterwohnung sitzen wie Fanny. Nur eben, und das war die Überraschung, saß ihre Schwester in diesem Augenblick gar nicht mehr in der Skinner Street.

Anfang Oktober erreichte sowohl das Paar in Bath als auch den alten Godwin ein Brief. Sie lasen ihn, und schon während sie lasen, sprangen die beiden Männer aus ihren Sesseln auf, der eine fiel über die schlafende Katze, die laut aufjaulte, der andere, ältere schaffte es nicht weniger konsterniert, aber doch schneller in seine karierte Tweedjacke. Sie stürmten los, um Fanny Imlay zu suchen, die weder des einen Schwägerin war noch des anderen leibliche Tochter, doch auf jeden Fall die Briefschreiberin. Mary blieb zurück und las mit offenem Mund erneut die wenigen Zeilen auf dem leicht gelblichen Papier. Der knappe, überaus verstörende Inhalt ließ keinen anderen Schluss zu: Fanny Imlay wollte sich umbringen.

Godwin fuhr zuerst nach Bath, denn dort, das hatte er schon herausgefunden, wohnte aktuell das Unheil. Kontakt nahm er zu Mary nicht auf. Percy suchte Fanny in Bristol, wo der Brief frankiert worden war. Aber als die beiden Männer nach stundenlanger Suche bedrückt wieder heimfahren mussten, hatte die immer unterschätzte Fanny Imlay sie alle wenigstens einmal im Leben ausgetrickst. Zwei Tage zuvor, an einem kühlen Spätsommermorgen, hatte sie sich aus dem Haus in der Skinner Street geschlichen. Alle schliefen noch, sie trug ihr schlichtes braunes Lieblingskleid und eine kleine Reisetasche. Sie nahm eine Kutsche, fuhr zum Postbahnhof, nahm eine größere Kutsche, fuhr sieben Stunden nach Bristol, gab dort die zwei Briefe auf und fuhr noch einige Stunden weiter nach Swansea an der Südküste von Wales. Niemand würde je herausfinden, warum gerade nach Swansea.

Dort nahm sie sich ein Zimmer in dem eher höherklassigen Mackworth Arms Hotel. Sie trank einen schwarzen Tee mit Milch und Honig in der Lobby, die geschmackvoll eingerichtet war und in der außer ihr nur zwei Männer mit dünnen Zylindern auf dem Kopf saßen, die abweisend in ihren Tees rührten und die seltsam strahlende Frau keines Blickes würdigten. An der Rezeption gab Fanny an, dass sie nicht gestört werden wolle. Bereits am nächsten Morgen fand das Zimmermädchen die junge Frau, die weder im Hotel noch woanders in Swansea ihren Namen hinterlassen hatte, tot neben ihrem Bett liegend. Ein kleines Glas Gift, das noch einen Schluck des aus den Kapseln des Schlafmohns extrahierten Saftes der Opiumtinktur Laudanum enthielt, stand auf ihrem Nachttisch. Daneben die goldene Schweizer Uhr, die Mary ihr als Geschenk aus Genf geschickt hatte. Das Zimmermädchen schätzte sie auf fünfundzwanzig, Fanny hatte schon immer etwas älter ausgesehen.

Zwei Tage darauf, als alles schon längst zu spät war, liefen Godwin und Percy noch immer durch die Städte und suchten sie. Sie waren den Fährten gefolgt und liefen mittlerweile durch Swansea, ohne sich dabei zu begegnen, aber erst als *The Cambrian* die neben Fannys Bett gefundene Abschiedsnotiz druckte, hatten die beiden Männer finstere Gewissheit. Fanny, die in der Stadt und in den Medien eine mysteriöse Unbekannte blieb, wie so viele andere Selbstmörderfrauen dieser Zeit, hatte man aufgrund der wenigen Dinge, die man bei ihr fand, zwar nicht für arm gehalten, aber aufgrund des Fehlens jeder weiteren Anhaltspunkte bereits in einem namenlosen Paupergrab verbuddelt. Godwin schrieb zum ersten Mal nach zweieinhalb Jahren zwei gehetzte Nachrichten an Mary: Niemand dürfe davon erfahren, es sei das Ende der Familie. Selbstmord durfte nicht geschehen, Fanny habe alles richtig gemacht, bis auf den Selbstmord an sich natürlich. Auch ihr zuliebe müssten Percy und sie Swansea fernbleiben, es müsse alles so bleiben, wie es war. In der Zeitung wurden ihre letzten Worte veröffentlicht: «Die Nachricht von meinem Tod mag Euch vielleicht schmerzen, aber bald wird

Euch der Segen ereilen, zu vergessen, dass es so ein Wesen jemals gegeben hat.»

Fanny war immer da gewesen, Mary hatte als Vierjährige mit ihr gespielt, sie waren später gemeinsam durch die ländlichen Flächen ihres ersten Zuhauses gestromert, hatten stundenlang nebeneinander Bilder gemalt, jahrelang in einem Bett geschlafen, waren ins lärmende London gezogen, als Vierzehnjährige hatte Mary sich langsam von Fanny abgenabelt, und doch war sie immer da gewesen. Fanny und Claire waren gleichermaßen an den hohen Ansprüchen der Familie Wollstonecraft Godwin gescheitert. Fanny, Mary, Claire, sie waren so lange zu dritt gewesen. Dann hatten Mary und Percy sich für Claire entschieden und waren gerannt. Einmal, zweimal, es war keine bewusste Entscheidung gewesen, es war, wie es gekommen war. Sie war zurückgeblieben. In dem Haus, in dem der zweite Mann ihrer Mutter lebte mit seiner zweiten Frau, die Fanny nicht mochte. Fanny wusste nicht, was sie tun sollte. Zwei Schwestern ihrer Mutter, die in Schottland eine Schule gründen wollten, hatten ihr in Aussicht gestellt, dort als Erzieherin zu arbeiten, auch das hatte am Ende nicht geklappt. Alle waren verschwunden, und sie wollte auch verschwinden. Tage-, wochen-, jahrelang hatte sie versucht, sich in Luft aufzulösen, es hatte nicht geklappt. Nun doch, die zerstrittenen Godwins hielten dicht. Sie lebe gerade bei Verwandten, habe eine neue Arbeit, weg war sie, diese Fanny. Es gehe ihr gut, doch, jaja. Die Fragen wurden weniger. Auch ein Jahr nach dem Selbstmord wusste ihr Stiefbruder nicht, dass sie tot war. Eine Zeit lang hatte Fanny sich wirklich aufgelöst, irgendwo zwischen Tod und noch lebend. Sie war nicht mehr da.

Es gab im Grunde nichts, über das Percy nicht sprechen wollte, außer darüber. Stumm wurden Mary und er, ihre Haare ungewaschen, die Köpfe blutleer. Sie saßen dicht beisammen, die Kälte hatte sie erwischt. Es wurde Herbst, es wurde Winter.

36
WEIMAR

An dem Tag, als sich Fanny aus dem Haus schlich, gab
Louise Seidler einen Brief in die Post. Auch dieser enthielt
keine gute Nachricht. Die Beunruhigung, die die von ihr
geschriebenen Zeilen ausstrahlten, tangierten ihren so
entschiedenen wie schwebenden Gang allerdings nicht,
genau so stimmig und glatt, wie sie auf die Jenaer Post-
stelle lief, war auch ihre Depesche verfasst. Es ist nun einmal, wie es nun einmal ist, sagte Louise Seidler sich leise,
warf den Brief ein und ging schnurstracks zurück nach
Hause.

So dachte sich Goethe die Senderin, als er einige Tage
später nach dem ersten Überfliegen die Mitteilung hoch
in der Hand hielt und die schöne Schrift bewunderte. Er
las den Brief zum zweiten Mal. Natürlich hatte er nach den
ersten Worten begriffen, in welch betrübliche Richtung der
Inhalt führen würde, doch Louise Seidler war eine fabel-
hafte Autorin, die einiges genussreich zwischen den Zeilen
verstecken konnte. Die Seidler würde ihren Weg gehen,
diese Frau umspielte die Aura eines Glückskindes. Wie
ausgewogen balancierend sie sich zwischen den Welten
bewegte, hier und dort einmal notwendig und interessant
anstoßend, wusste sie durch ihre Art Unüberwindlich-
keiten doch stets angemessen wendig abzufedern. In so
einem Charakter lag die Zukunft. Von oben aus der Dach-

geschosswohnung hörte er seinen Sohn August und dessen Frau Ottilie heftig streiten, Goethe hielt sich die Ohren zu. Er konnte Gehader und erst recht lärmendes Gezänk nicht aushalten. Was also schrieb die Seidler?

«Ja, teuerster Freund, mit Friedrich war … nichts wegen der Wolken anzufangen. – Viele Vorstellungen, Bitten, süße Worte waren diesmal verschwendet, der Mensch ist wirklich in den zwei Jahren, da ich ihn nicht gesehen, eingedorrt und etwas steinern geworden. Denn nur weil er alles etwas zu ernst und bedenklich nimmt, habe ich diese Antwort, die ich nun recht schön einkleiden soll – wozu ich aber wenig Lust und deswegen auch kein Talent in mir fühle, sodass ich es kaum versuchen möchte! Sollten Sie glauben, dass er gleich einen Umsturz der Landschaftsmalerei in diesem System sah, dass er fürchtet, künftig müssten nun die leichten Wolken sklavisch in diese Ordnung eingezwängt werden. – ‹Und wie kann man dann nach diesen Gesetzen›, fuhr er dann fort, ‹dies sogleich aufzeichnen, dazu gehört ja jahrelange Beobachtung und Studien! Ich wollte es ja gern, aber wenn ich nichts tüchtiges in dieser Art leisten kann, dürfte ich es ja nicht unternehmen und dies könnte ich nicht, so leicht wie Sie (der Unartige meint nach meiner Art) nehmen und genommen haben wollen!› – Damit war's ein Ende, um mich zu versöhnen, hat er mir an 2 großen Bildern die Luft gemalt – was hilft aber das alles, der größte Wunsch den Auftrag des teuersten Freundes erfüllen zu können, blieb unerreicht! – Und doch muss ich Friedrich auch wieder bedauern, geht er nicht schon am Greisenstock, und so verdüstert und freudenarm durch seinen Eigensinn! Ich habe recht angelegentlich und ernst darüber gesprochen, er möchte mir auch recht geben, er bat mich sogar, ihn doch aufzurütteln, aber das muss wohl ein Mensch selbst, von außen wird's nicht viel fruchten ...»

Der Dresdner Maler sagte also wirklich ab, dem Dichtergroßfürsten seine notwendigen Wolken zu illustrieren, Goethe war durchaus erstaunt. Es war natürlich eine Frechheit. Friedrich blieb die beste Wahl, niemand in Deutschland konnte solche Himmel malen. Für ein paar Sekunden stieg Ärger auf im undurchdringlichen, unverwundbaren Körper Goethes. Absagen war er selbstverständlich nicht gewohnt, zumal, wenn man so wohltätig einen kreativen Rahmen anbot. Aufrütteln also sollen die anderen ihn, dachte Goethe. Dieser arme Friedrich. In dem Augenblick, in dem die Seidler und als Auftraggeber Goethe selbst ihn aufzurütteln versuchten, bat dieser darum, aufgerüttelt zu werden. Der verwirrte Dresdner und sein Bart, lächelte Goethe schon wieder vor sich hin. Solange er seinen Bart anbehielt, würde es mit all der Aufrüttelung sowieso nichts werden. Vielleicht hatte Friedrich damit seine letzte Chance vertan. Er ist und bleibt eben ein Untergeher, dachte Goethe, einer, der es nie anders haben kann, weil er es im Grunde nicht anders haben will.

So stellte sich die ernste, aber nichtsdestotrotz muntere Lage in Weimar dar, während man die selbst zugeführte Niederlage in Dresden tragischer spürte. Der Maler wendete seit den Tagen der wütenden Explosion das längst Geschehene immer wieder von rechts nach links. Als könnte er es noch einmal ändern. Er konnte eben nicht anders. Aber hätte er nicht doch müssen? In dem Auftrag lag nicht das ganze Unglück der Welt verborgen, in Goethes System der Wolken musste man nicht zwingend den kompletten

Niedergang der Landschaftsmalerei sehen. Friedrich saß auf seinem Schemel, er trug wie immer im Atelier nur seinen grauen, abgenutzten Reisemantel, darunter nichts. Er spielte mit seinen Pinseln, machte ein paar Striche, legte den Pinsel weg, und unter einigen Schichten von Erinnerung kam dann wieder zum Vorschein, was ihm einige junge Frauen wie etwa Louise Seidler oder die Bardua früher schon zum Vorwurf gemacht hatten, dass er nämlich Goethe heimlich viel zu sehr vergötterte. Und weil er ihn so sehr vergötterte, musste er ihm absagen. Nur das Wahrhaftigste hätte er liefern dürfen. Und die Wahrheit war, dass er die Wolken nicht malen konnte, weil im Grunde niemand die Wolken malen konnte. Und erst recht nicht in dieser unpoetischen Art.

Vor genau fünf Jahren hatten der Maler und der Dichter zum letzten und überhaupt erst zweiten Mal von Angesicht zu Angesicht gesprochen. Es war auf einer gemeinsamen Wanderung mit einigen anderen in Jena, Goethe monierte damals, Friedrich habe keinen rechten Lebensstil. Friedrich hatte so etwas befürchtet, es traf ihn dennoch hart. Was wäre wohl gewesen, wenn die beiden sich noch einmal unterhielten. Wahrscheinlich hätten sie sich wieder nicht verstanden. Wahrscheinlich. Vielleicht. Denkbar wäre aber auch, dass, wenn sie gesprochen hätten, Folgendes geschehen wäre:

Goethe: «Sie müssen mir nicht sagen, was Ihnen die Wolke ist.»

Friedrich: «Ich will es auch nicht sagen.»

«Sie können es am Ende gar nicht sagen!»

«Das ewig Formlose passt für mich in keine Systematik. Ich muss, und vor allem muss die Wolke frei sein.»

«Das haben Sie ja nun schon gesagt, Friedrich. Wir müssen es aber systematisieren, um das Amorphe sichtbar zu machen. Ohne Ordnung erkennen wir auch das Flüchtige nicht. Das verstehen Sie offensichtlich nicht. Und das müssen Sie auch gar nicht, Sie müssen eigentlich nur malen. Warum denken Sie so viel, malen Sie doch.»

«Ich würde Ihnen so gerne etwas malen.»

«Machen Sie es einfach!»

«Ihre Wolken sind mir zu groß. Und gleichzeitig zu klein! Es geht nicht. Ihr Prinzip versperrt den Zugang zum Gefühl», würde Friedrich sagen.

«Wir haben einen Wolkenkonflikt. Man braucht einen Rahmen, um gut schauen zu können, mein Angebot liegt vor.»

Und da hätten sie beinahe wieder zu streiten begonnen. Doch Friedrich würde die so stürmisch aufkommende Wut mit großen Schlucken herunterwürgen und entgegnen:

«Wissen Sie, was Kleist über meinen *Mönch am Meer* geschrieben hat, als er vor ihm stand? Dass das Bild mit einem macht, wenn man es anschaut, als wären einem die Augenlider weggeschnitten.»

«Kleist …», würde Goethe stöhnen. «Da sind Sie nämlich ganz auf dem Holzweg. Kleist ist tot. Er hat sich umgebracht. Er hatte keinen Rahmen. Er hat sich nicht aushalten können. Er war von allem zu viel. Er konnte nicht leben.»

«Aber sehen Sie doch nach draußen, Herr Geheimrat!»

«Das hat unsere gemeinsame Freundin Louise Seidler mir schon einmal geraten.»

«Und was haben Sie ihr geantwortet?»

«Dass man nicht gerade hineinriechen muss in die Dunkelheit. Auch wenn sie sich vor einem ausbreitet.»

«Nur im Dunkel sieht man die Sterne.»

«Das haben Sie jetzt schön gesagt, Friedrich.»

«Dunkel.»

«Ja doch, ja doch.»

«Ich werfe immer alles hinein.»

«Und ich sage Ihnen: Passen Sie auf, denn das kann verrückt machen. Auch die Wolken können einen verrückt machen. Ich persönlich habe kein Interesse, mich im Elementarischen zu verlieren, Herr Maler. Glauben Sie mir, ich kenne den Abgrund wohl, Interesse spüre ich allerdings keines, mich hineinzustürzen. Ich möchte einfach gerne die Wolken ergründen.»

«Man muss es doch bannen!»

«Man muss erst einmal gar nichts.»

«Man muss …»

«Herr Friedrich. Ich bin Naturforscher, nicht wahr? Und ich bin Deutschlands größte geistige Größe. In meinem Leben bin ich von der Morphologie, den Steinen und Mineralien über Bergwerke und die Beschäftigung mit Pflanzen, Tieren und Farben jetzt in den Himmel gelangt. Ich beginne das Klima in Tabellen zu überführen, was dort oben passiert, wird die Krönung meiner Naturgeschichte bilden. Bald können wir die Sprache der Wolken entziffern.» Friedrich würde Goethe fragend anschauen.

«Ich stehe in diesem Augenblick», erklärte dieser weiter, «und das sage ich nur Ihnen, in den Wolken. Und nichts ist dort fest, es wandelt und wandelt um mich herum. Schon als sie mich vor fast 40 Jahren als junger Mann einmal hoch auf den Schweizer Bergen plötzlich in ihren weißen Nebel einwickelten, durfte ich dem Wesen der Wolken eine Weile zusehen. Es herrschte eine unaussprechliche Einsamkeit. Doch ich spürte dort die ewige innerliche Kraft der Natur sich ahnungsvoll durch jede Nerven bewegen.»

«Ja», würde Friedrich in höchster Verwunderung stammeln. «Das ist es eben.»

«Letztlich herrscht da oben natürlich das Übergängliche, der Unzusammenhang, die Atmosphäre.»

Friedrich würde es nicht für möglich halten, der strenge Goethe.

«Natürlich können die Wolken im Grunde nicht erfasst werden.»

Sie würden gemeinsam in den Himmel schauen. Nach oben, zu ihren Wolken. Sehen sie erscheinen, sich bilden und verdichten, vergehen und wieder werden.

Friedrich: «Hätten wir nicht jemand anders sein können? Wenigstens heute?»

«Nun, da das hier eine Fantasie ist, wäre es an sich wohl möglich. Zu fassen allerdings sind wir auch in der Wirklichkeit so wenig wie die Wolken. Wir sind diese Wolken, Friedrich. Wir leben in diesen Wolken. Unsere Biografien haben vielleicht eine Ordnung, auch eine erzählerische Ordnung. Und es ist eine Erzählung, die immer die verschiedenen widersprüchlichsten Ereignisse in einen Augenblick paart. Wir sind die Täter, aber gleichzeitig auch die Opfer. Wir sind existent, aber vielleicht auch inexistent. Wir existieren vielleicht noch nicht und vielleicht auch nicht mehr.»

«Ist das jetzt nicht von Joseph Vogl?»

«Ja, genau. Sehr richtig, das ist ausnahmsweise von Joseph Vogl. Aber es passt gut, nicht wahr?»

«Doch, doch», würde Friedrich murmeln. Und er würde weiter aus dem Staunen nicht herauskommen, weil er nie gedacht hätte, dass seine Wolken auch die Wolken Goethes sind.

«Wir sind uns nicht fern.»

«Und wir sind uns nicht nah», würde Goethe abschließend ergänzen, weil er immer das letzte Wort haben muss-te, und er würde wohl gedämpft lachen und Friedrich würde einmal freundlich lachen, und sie würden sich ver-stehen.

Aber so ist es nicht gekommen. Goethe legte den Brief weg und dachte keine zwei Sekunden mehr darüber nach, ar-beitete weiter an seiner *Italienischen Reise* und gründete endlich eine Zeitschrift, in der seine Schriften zur Natur-wissenschaft erscheinen sollten. Er schrieb 1000 Briefe, traf 100 Leute, fuhr mit seinem Sohn August um die Stadt. In Weimar sollte gerade ein Gespenst erscheinen. Char-lotte Kestner, die vor über 40 Jahren der Lotte als Vorbild diente, in die sich sein Werther so schonungslos verliebte, sie war plötzlich eingefahren und wollte ihn wiedersehen. Goethe passte das überhaupt nicht. Er hatte in seinen Er-innerungen gerade mit der *Werther*-Zeit abgeschlossen, es war schlichtweg nichts mehr zu ergänzen.

37

Nun durften sie endlich die Gegenwart verändern und die Zukunft planen! Wilhelm I. hatte eine schwere goldene Krone auf dem Kopf und Katharina, geborene Pawlowna Romanowa, eine etwas schlankere. Sie gaben eine Party, weil sie es so wollten. Denn die beiden waren, nachdem Wilhelms Vater, der alte Fürst, gestorben und seine mittelalterlichen Vorstellungen endlich begraben waren, die Herrscher von Württemberg. Und sie hatten eine Tochter bekommen, am selben Tag des Todes! Sie nannten sie Marie, nun war November.

König Wilhelm I. ging zu einigen Prinzen, sie rauchten Zigarren und machten Witze. Hochgewachsen war er, gut sah er aus. Das fanden alle. Die achtundzwanzigjährige Königin war nicht ganz so beliebt, seit sie vor kaum sechs Monaten hier in Stuttgart angekommen war und einen ordentlichen Wirbel machte.

«Sehen Sie», sagte eine hübsche Baronin mit maliziösem Mund zu ihrer Cousine, «jetzt schreitet sie schon wieder von einem zum anderen und fragt nach Geld!»

Die Königin wandelte plaudernd durch den erleuchteten Thronsaal, ein Streichkonzert wurde gegeben.

«Viel zu weltmännisch, wenn Sie mich fragen. Und zu wohltätig. Überhaupt so … politisch. Aber das ist jetzt wohl die neueste Mode.»

«Sie hat gute Ideen, das müssen Sie zugeben», erwiderte ihre Cousine.

«Vor allem viele. Haben Sie gehört, dass Sie nun einen Ort für die verwahrlosten Kinder eröffnen will?»

«Das Geld, das sie hier sammelt, benutzt sie für die Suppenküchen, nicht wahr?»

«Überall gibt es jetzt Armenküchen.»

«Weil es auch so viele Arme gibt. Sie fliehen ja zu Tausenden aus unserem schönen Württemberg. Können Sie sich das vorstellen?»

«Ich verstehe es nicht. Wo wollen die nur alle hin?»

«Einige wohl nach Amerika. Und nach Russland, dort soll Christus auf dem Berg Ararat auferstehen. Das sagte die Krüdener, als sie hier herumzog. Die Leute glauben es. Weil sie ja nichts mehr haben, nicht wahr? Der Regen.»

«Ja, ja, der Regen. So langsam kann ich es auch nicht mehr hören. Kürzlich erzählte man mir, sie würden Baumrinde essen, bah!»

«Selbst unsere Gärtner verspeisen Ratten, ihre Hunde und Katzen. Der Bobo bellt nicht mehr, stellen Sie sich das vor!»

«Ich mag mir das nicht vorstellen. Dass wir jetzt für die Armen spenden sollen. Hier? Im Thronsaal! Darum kümmert sich doch der Sterzenmeister, der ist doch angestellt, um die streunenden Bettler, die von allerorten einmarschieren, wieder aus der Stadt zu manövrieren.»

«Sind Sie denn gar nicht fromm?»

«Ich bin vor allem modern, Frau Cousine! Oh Gott, gleich ist die Königin bei uns. Wie viel spendieren Sie denn?»

«30 Taler?»

«30 Taler ist zu machen. So etwas hat man wirklich noch nicht gesehen. Wenn wir nicht genug geben, dann reden übermorgen alle. Dieser Trick der Königin, das, was wir geben, hier zum Thema zu machen – unerhört. Dieses blaue Buch, in das sie alle Zahlen und Namen notiert!»

Die Königin hatte wirklich ein kleines blaues Büchlein in der Hand, das sie nach wenigen Minuten des Plauschs stets sehr galant aus ihrer Handtasche zog und etwas hineinnotierte.

«Katharina ist wohl sehr fromm. Aber sie kennt auch Goethe.»

«Alle hier sind fromm, und ihr Bruder Alexander, der Zar von Russland, hat doch gerade Getreide geschickt. Wo soll denn das hinführen, wenn die Königin nach Geld fragt. Das ist doch kein Wohltätigkeitsverein.»

«Wie reden Sie denn über unsere Königin?!»

«Ich bin schon still.»

«Ich finde ihren Blick sehr rein, sie ist doch wirklich hübsch.»

«Hübsch ist sie schon, zum Glück. Nur ihre Haltung: so agil, selbstsicher, sehr unschick.»

«Sie hat ihrem Ex-Mann, dem verstorbenen Prinzen von Oldenburg, zwei Söhne geboren, und auch hier geht es mit der ersten Tochter gut los!»

«Hmmm … Dieses Büchlein.»

«Dieses Büchlein wird noch die Welt verändern», sagte ihre Cousine triumphierend und nahm ein Glas Champagner.

Die Königin von Württemberg kam angerauscht.

«Das ist ja ganz hervorragend, was Sie hier veranstalten», log die moderne Baronin und machte einen Knicks. «Darf ich Ihnen 30 Taler geben?»

«Gut», sagte Katharina.

«Wie viel hat denn die Baronin von Hirschhausen gegeben?»

«100 Taler.»

«Oh, dann gebe ich Ihnen auch 100 Taler», sagte sie stirnrunzelnd. «Es ist ja für die Armen, nicht wahr?»

«Richtig. Ich möchte allerdings auch eine Schule gründen, eine Mädchenschule.»

« Aha, aha.»

«Und eine Sparkasse.»

«Eine Sparkasse?» Die moderne Cousine verstand kein Wort. «Das klingt aber nicht sehr hübsch.»

«Die Württemberger müssen lernen, sich selbst zu helfen. Jeder Groschen ist etwas wert, wenn man versteht, damit umzugehen, und langfristig ein Polster schafft.»

«Darf ich Sie etwas fragen, Eure Hoheit? Was bringt denn das eigentlich?»

«Wie meinen Sie, Baronin?»

«Ja, was bringt das ein, diese ganzen Neuorganisationen?»

«Ehrlich gesagt bin ich nicht ganz sicher, ob Sie so mit mir sprechen dürfen, Frau Baronin von Waldtstetten. Aber es sind eben andere Zeiten, nicht? Ich verfüge über einen neuen Beraterstab, Pestalozzi, der große Pädagoge, ist auch dabei. Da sollten Sie mal dazukommen, in den Vorstand des Fördervereins. Lesen Sie denn keine Zeitung, wissen Sie nicht, was in England geschieht? Plünderungen sind an der Tagesordnung. Wenn die Leute nichts zu essen haben, gehen sie auf die Straße und stürzen die Regierung. Denken Sie mal drüber nach.»

«Das mache ich. Aber machen Sie auch bald mal wieder eine richtige Party?»

38

LONDON

An einem klirrend kalten Morgen Mitte Dezember lief Harriet Shelley hinüber zum fast vollständig vereisten Serpentine River, atmete tief aus und warf sich in den Tod.

Als Mary in Bath die Nachricht über Percys Ehefrau und Mutter zweier seiner Kinder las, schaute sie auf ihre Schuhe, deren Leder schwarz und deren hölzernen Hacken weiß waren, und ihre Gedanken beschäftigten sich wenige aufgebrachte Sekunden lang mit der Frage, warum sie so viele Kleidungsstücke und auch Möbel und ein paar andere Gegenstände hatte, die schwarz und weiß waren. Es hing vielleicht mit einem Schrank zusammen, der in ihrem Vaterhaus stand, als sie klein war, dessen Türen und metallenen Griffe schwarz und weiß angestrichen waren, auf dessen Regalen stets grau der Staub gestanden, an dem sie sich womöglich zum allerersten Mal hochgezogen hatte, um aufrecht zu stehen. Und der sich ihr aus einem Grund, den sie in diesem Augenblick nicht gänzlich enträtselte, tief eingeprägt hatte. In ihm befand sich ihrer Erinnerung nach allerlei, nichts Besonderes, nichts, was ihr etwas bedeutete. Lag es daran, wie er im Zimmer platziert stand, wie sich das Schwarz und Weiß miteinander begrenzten, sie wusste es, wie gesagt, selbst nicht. Ob sie jedoch wollte oder nicht, immer wieder kaufte sie sich anscheinend schwarze und weiße Sachen, und … Harriet war tot.

Längere Zeit hatte Mary nicht mehr an sie gedacht. Nachdem sie sich für Percy entschieden hatte und er sich für sie, sah Percy seine Frau noch ein ums andere Mal, und sie schliefen dabei wohl auch miteinander. Er hätte sie gerne dabeigehabt, er wollte immer so viel. Harriet war zurückgeblieben, doch die junge Frau hatte natürlich trotzdem ein Leben. Sie wachte morgens auf, ging abends zu Bett und lebte irgendwann nur noch in ihren Träumen. Ihr Leben, in dem sie immer mehr verarmte, hielt sie eines Tages nicht mehr aus. Man sagte, sie habe zuletzt als Prostituierte gearbeitet. Es war, meinte Harriet, ein Leben zum Kaputtmachen.

Fanny war tot und Harriet war tot, und «Du bist als Nächstes dran», sagte die hochschwangere Claire mit grau unterlaufenen Augen, nachdem die beiden Schwestern einige Zeit miteinander geweint hatten. Claire hatte sich schnell den Mund zugehalten, und Mary war erschaudert, aber nicht, weil sie glaubte, dass ein Spuk auf Percy lag, sondern vor der reinen kühlen Wahrscheinlichkeit, die hinter den Worten verborgen lag. Ihre Schwester und ihr neun Monate großer Bauch waren gegangen, Mary hatte sich ein schwarzes Seidenkleid angezogen und Blumen gekauft. Sie stellte sie in eine Vase und versuchte zu lesen. Harriet, stand in dem Brief, hatte noch ein drittes Kind erwartet, als sie sich in die Fluten stürzte. Mary merkte mit leiser Gewalt, es gab keine Unschuld mehr. Zu leben bedeutete, seine Unschuld zu verlieren. Je mehr man lebte, desto mehr Schuld häufte sich an.

Sie schaute in die Tasse Kaffee, die vor ihr stand, und beobachtete, wie sich auf der Oberfläche der Flüssigkeit Formen bildeten, die sie mit dem Rühren ihres Löffels angestoßen hatte. Es drehte und drehte sich, ein unvorhersehbarer Wirrwarr, ein Unsinn und zugleich wunderschön. In der Kaffeetasse das Universum. Mein Löffel hat das gemacht, meine Hand, mein Kopf und meine Augen, ich drehe ja die Welt, es scheint, als würde ich sie in Bewegung halten. Und Mary lachte bitter über ihre haarsträubende Kitschgedanken. Ich mache weiter, und Fanny ist tot. Ich mache weiter, und Harriet ist tot. Die Menschen verschwanden aus ihrem Leben. Dann kam Percy, sie ließ sich tief in den Arm fallen, und es wurde besser. Percy, der dumme kleine Baronensohn, dieser komische, große, dünne, liebe Percy.

Sie saßen wieder trauernd beisammen, sprachen leise miteinander und am Morgen lauter, sie stritten sich und wussten später nicht, worüber. Es gab keine Unschuld mehr, das Leben mörderte in die beiden jungen Leute hinein. Mary holte plötzlich ihren Koffer hervor und legte Sachen hinein.

«Sollen wir wieder fort?», fragte er.

«Ja», sagte sie, aber sie wollte auch Nein sagen.

«Was können wir tun?»

Und Mary hörte auf, ihre Kleider in den Koffer zu stopfen, schloss ihn, schaute Percy ins Gesicht und sagte:

«Wir wollen heiraten.»

Percy setzte sich aufs Bett, strich über den weißen Bezug, lange sagten sie beide kein Wort und wussten, dass es die Wahrheit war.

Mary war mit ihrem Buch schon weit gekommen, Percy hatte in den letzten zwei Wochen einen vielversprechenden Verleger gefunden. Erst vorgestern hatte er mit Keats und anderen bis weit in die Nacht geredet, zum ersten Mal begann es zu funktionieren. Die Wahrheit war, dass eine Heirat die beiden in die Gesellschaft zurückkatapultieren würde. Aus Geächteten würden wieder Gerechte. Würde Percy Mary heiraten, wäre es wahrscheinlicher, das Sorgerecht für die beiden Kinder zu bekommen, die nun keine Mutter mehr hatten. Das wollte er unbedingt, Mary wollte es auch. Die Wahrheit war, dass eine Heirat für Mary enormen Schutz und die einzig gültige Absicherung für die Zukunft bot. Für beide bedeutete es Verrat an vielem, woran sie glaubten, aber sie schafften es nur noch schwer, sich zu widersetzen. Unendlich viele Wahrheiten gab es, diese war so einfach.

Mary verstand in diesem Augenblick auch etwas anderes. In größter Finsternis war das Buch zu ihr gekommen und hatte die Verbindung zu ihrer Mutter hergestellt. So hatte sie nicht nur die Kraft, den Optimismus und den Glauben ihrer Mutter erfahren, sie hatte auch verstanden, dass nach dem zerplatzten Traum der Französischen Revolution und den eingerissenen Ideen der Vernunftlehre, an die ihre Mutter so fest geglaubt hatte, es nun darum gehen musste, die Fragilität und den Zweifel nicht zu bekämpfen, sondern anzuerkennen und sogar mitten in ihn hineinzulaufen wie in ein Feuer. Mary gelang es plötzlich, ihr Bild über das ihrer Mutter zu legen, und es passte. Auch sie hatte ein uneheliches Kind, lebte mit einem radikalen Autor, und vor allem schrieb sie ein Buch. Sie fühlte, dass sie nun wirklich bereit war, das Erbe ihrer Mutter anzutreten, und nur deshalb konnte sie Percy heiraten, obwohl sie eigentlich dagegen war. Ihre Mutter hatte sich allerdings auch zwei Mal umbringen wollen, und das natürlich nicht wegen eines blöden Amerikaners, sondern weil sie nicht mehr konnte. So wie Fanny und Harriet nicht mehr konnten. Es war leicht, nicht mehr zu können. Es war nicht leicht, etwas Schönes in etwas Dunklem zu finden. Es war in der Welt noch lange nicht vorgesehen, dass man als junge Frau Mutter war und auch neue Ideen auf die Welt brachte. Manchmal war es gar nicht so schlecht, eine Romantikerin zu sein.

So standen sie am zweitletzten Tag dieses Jahres vor dem Traualtar. In manchen Gegenden der Welt nannte man 1816 bereits «Eighteen hundred and froze to death», in Deutschland wurde es wenig später «Achtzehnhundertunderfroren» genannt und dann noch etwas später «Jahr ohne Sommer». Schmiede schmiedeten Münzen und prägten hungernde Miniaturmenschenkörper darauf und verquollene Ähren, auf dass man sich ewig daran erinnerte, was war. In London fiel Schnee in dichten Flocken, Vater Godwin verlor ganz leicht die Balance, als er die grauen Steintreppen der St. Mildred's Church hochstieg. «Elendes Jahr», murmelte auch er und lächelte, denn es hatte diese überraschende Wendung parat. Seit seine Tochter vor zweieinhalb Jahren weggelaufen war und er sie daraufhin verbannte, hatten Vater und Tochter nicht mehr miteinander gesprochen. Auch ihrem Vater zuliebe wollten sie in London heiraten. Gestern Abend hatte er Mary und Percy zum Essen eingeladen. Geschwiegen hatten sie anfangs, am Ende sogar miteinander gelacht.

Sie hatten sich nicht besonders zurechtgemacht. Mary trug ein Kleid, Percy einen Anzug und weite Hosen. Er flüsterte ihr beim Gehen ins Ohr: «Das ist wirklich total phantasmagorianisch.» Claire war in Bath geblieben, ihr Bauch war zu groß, zu viel für all das, die Situation konnte diesen Bauch nicht aushalten. Man sah Marys Atem in der bitterkalten Kirche und hörte jedes Geräusch mit Hall. Es ging bei dieser Heirat auch darum, die Gemüter zu beruhigen, die Welt, sie sich viel zu schnell drehte, ein bisschen abzubremsen, die Lage zu beruhigen, die Leute zufrieden zu stellen. Es ging um all die Dinge, in denen Braut und Bräutigam nicht besonders gut waren. Natürlich würden sie ihr freies Leben weiterführen und Unruhe stiften. Godwin nahm all das mit einem heiligen Ernst und einem falschen Stolz, er hatte sich in den letzten Jahren zu einem ängstlicheren Mann entwickelt, hier in der Kirche konnte der alte Atheist verzeihen. Er hatte bereits einige Briefe geschrieben, in denen er mit großer Geste die Heirat seiner Tochter mit einem Baron verkündete.

Als Mary das liturgische Besteck auf dem Altar sah und wie der Priester damit hantierte, dachte sie an Genf, wo die Dunkelheit sich vor ihr ausgebreitet hatte und sie mit ihr etwas anfangen konnte. Das Brautpaar hielt sich fest an den kalten Händen, an deren Fingern kurz darauf silberne Ringe steckten.

Mary war in diesem Augenblick erneut schwanger. Ihr Buch würde *Frankenstein* heißen, gerade hatte sie das Kapitel geschrieben, in dem das Monster seinem Erschaffer droht: «Ich werde in deiner Hochzeitsnacht bei dir sein.» Sie war nicht mehr Mary Godwin, von diesem Tag an lautete ihr Name Mary Wollstonecraft Shelley. Sie freute sich über das Shelley ganz am Ende, aber vor allem wurde sie eine Mary Wollstonecraft, sie hatte sich selbst einen Namen gegeben. Als die Gäste gegangen waren und Percy bereits schlief, stand Mary noch einmal auf, ging in ihr Zimmer, wo der Mond den schmalen Schreibtisch anstrahlte, und sagte, mehr zu sich als zu den Geistern, dass sie sich entschieden hatte: Sie wollte leben.

Frankenstein

Am ersten Tag des Jahres 1818 erschien *Frankenstein oder der moderne Prometheus* in einer Auflage von 500, die Autorin blieb vorerst anonym. Da das Vorwort von einem gewissen Percy B. Shelley unterzeichnet war, nahm die Öffentlichkeit an, er habe das Buch geschrieben. Jahrzehntelang war *Frankenstein* kein Erfolg beschieden, heute gehört das Buch zum Kanon der Weltliteratur und gilt als der erste Science-Fiction-Roman. Mary hat von dem Ruhm nichts mehr mitbekommen.

Katharina von Württemberg

Die Königin gründete 1817 die erste Württembergische Spar-Casse, errichtete Stuttgarts erstes Krankenhaus, die besagte Mädchenschule, und rief gemeinsam mit Wilhelm I. das bis heute stattfindende Cannstatter Volksfest ins Leben, das den Bauern Mut geben sollte. Als sie nur zwei Jahre später ihren Mann mit einer Liaison verfolgte und dabei nicht warm genug angezogen war, erwischte sie das Liebespaar, daraufhin starb sie an Verkühlung.

Thomas Stamford Raffles

Im selben Jahr entdeckte Raffles eine unbekannte Riesenblüte auf Sumatra, sie wog elf Kilo und roch nach verwesendem Fleisch. Die «Rafflesia» ernährt sich als Parasit von anderen. Er machte eine Grand Tour durch Europa, beschrieb die unter der Vulkanwolke leidenden Länder, doch er konnte den Zusammenhang zum Tambora nicht herstellen. 1819 kaufte er im Auftrag der Ostindischen Kompanie ein kleines Fischerdorf, das heute als Singapur bekannt ist. Später gründete Raffles den Londoner Zoo.

Napoleon Bonaparte
Als er am 5. April 1821 mit einundfünfzig auf Sankt Helena starb, begann seine Legende zu leben. Viele glaubten nicht, dass Napoleon überhaupt sterben könne, doch es war passiert, und jeder wollte ein Stück von ihm. Am Tag darauf öffnete man Napoleons Körper, ein Arzt versuchte sein Herz zu stehlen, ein anderer etwas Bauchwand und einen Fuß. Einem gelang es, seinen Penis abzulösen und von der Insel zu schmuggeln.

John Polidori
Nachdem der Leibarzt von Byron entlassen worden war, zog er mit hängendem Kopf durch Italien. Zurück in London erschien plötzlich sein *Vampyr*, er hatte nichts davon gewusst. Man nahm an, die Geschichte stamme von Byron, vor allem, weil sie mit «Eine Erzählung von Lord Byron» überschrieben war. Byron wütete, Polidori ebenfalls. Der Arzt verkaufte für viel zu wenig Geld seine Rechte an der Erzählung, die dann ein Riesenerfolg wurde. Sie setzte eine Vampir-Leidenschaft in Gang, die bis heute anhält, auch Goethe äußerte sich: Beim *Vampyr* handele es sich um «Byrons bestes Produkt». Der glücklose Polidori brachte sich 1821 um.

Percy Bysshe Shelley

Die Shelleys waren bald nach ihrer Hochzeit zusammen mit Claire Byron gen Italien gefolgt, um sie entstand eine interessante Clique von Auswanderern. Kurz vor seinem dreißigsten Geburtstag geriet er vor La Spezia in einen Sturm, das Boot kenterte, er und die gesamte Besatzung ertranken. Percy hatte über Vegetarismus geschrieben, Tierrechte gefordert, mit freier Liebe und offenen Familienmodellen experimentiert und Religion abgelehnt. Bis zu seinem Tod verkaufte er kaum ein Buch, heute gilt er als einer der großen Dichter Englands.

Lord Byron

Er wollte, wie Goethe, mit dem er eine Brieffreundschaft etablierte, nie nur über das Leben schreiben, sondern hineingreifen und es verändern. 1823 schloss er sich dem Unabhängigkeitskampf der Griechen an, er übernahm das Kommando über 2500 Mann. Für sich und die Seinen ließ er extra Kriegshelme nach Homers Beschreibung anfertigen. Doch der Dichter zog sich ein Fieber zu, die Ärzte ließen ihn zur Ader und zapften ihm so viel Blut ab, dass er starb. Sein Herz vergruben sie in Griechenland, den toten Körper schickten sie nach England.

Johann Wolfgang von Goethe

1818 veröffentlichte er Wolkengedichte zu Ehren des Himmelsvermessers Luke Howard. Posthum erschien Goethes umfassendste meteorologische Arbeit *Versuch einer Witterungslehre*, doch sie misslang. Es begann die Zeit, in der die Naturwissenschaften in eigene Disziplinen aufgefächert und als Physik, Chemie und Biologie von jeder Poesie und auch Goethes Ideal einer Verschmelzung von Kunst und

Wissenschaft befreit wurden. Mit über 80 Jahren starb er in Weimar, seine letzten Worte waren: «Mehr Licht!»

Louise Seidler

Mit Goethes Fürsprache reiste sie nach München, um Kunst zu studieren, verbrachte eine Weile in Rom und kehrte als viel gebuchte Portraitmalerin nach Deutschland zurück. Man berief sie als erste Frau überhaupt zur Museumsdirektorin der Großherzoglichen Gemäldegalerie. Die längste Zeit galt sie in der Kunstgeschichte als «Goethes Mädchen», seit einigen Jahren nimmt man die selbstbewussten Frauen in den Blick, die sie malte. Seidler erblindete früh und diktierte ihre Memoiren, die sich wie ein Poproman lesen.

Caspar David Friedrich

Wie wäre sein weiteres Leben verlaufen, hätte er Goethe nicht enttäuscht? Friedrich malte dickköpfig an seiner Sache weiter und starb 1840 verarmt, verwirrt und weitgehend vergessen. «Den Tag, wo er Luft malt, da darf man nicht mit ihm reden», sagte seine Frau. Wiederentdeckt wurde der Dresdner erst im 20. Jahrhundert. Seitdem gilt er als Deutschlands sehnsüchtigster, rätselhaftester und romantischster Maler.

Mary Shelley

«Es war finster, als ich erwachte. Ich fror und hatte ein drückendes Gefühl des Alleinseins.» So beschreibt Frankensteins Monster seinem Erschaffer einmal sein Leben. Als Mary in Genf die Idee zu ihrem Debüt hatte, fühlte sie sich nicht allein, ihre «Erwählten» waren mit ihr. Die Klimakatastrophe, die für die meisten nur das grimmige Gesicht der

Apokalypse trug, brachte Mary genau das, was das Wort ursprünglich bedeutet, aber wir völlig vergessen haben: die «Enthüllung» und «Entschleierung». Die Aufklärung steckt schon in der Apokalypse.

Doch kurz darauf war sie so vollkommen allein auf der Welt wie ihr Geschöpf. In nur drei Jahren schnappte der Tod nach Percy, Byron und Polidori. Davor war es nicht besser gewesen. In Italien starb 1818 ihre gerade geborene Tochter Clara an einem Hitzschlag, kurz darauf ihr dreijähriger Sohn William an Malaria. Mary zog wieder nach England, und für die damals kaum bekannte Mittzwanzigerin begann ein stilles Leben nach der Geschichte. Stets war sie davon überzeugt gewesen, dass sie zu spät geboren war, nun verstand sie, dass sie auch zu früh dran war. Die künstlerischen und politischen Aufbrüche, die sie und ihre Freunde sich in der Fantasie ausgemalt und im Dunkeln vorbereitet hatten, drängten erst am Ende ihres Lebens in die Welt. Ein Sohn war ihr geblieben, mit ihm reiste die Schriftstellerin noch einmal durch Europa. Sie schrieb weitere, über die Maßen gebildete und elegante Romane, Erzählungen, Reiseberichte und Biografien berühmter Menschen. Nichts davon bewegte ihre Zeitgenossen außerordentlich. Eines ihrer Bücher ist genauso hellseherisch wie ihr Debüt: *Der letzte Mensch* spielt im Jahr 2092, in dem sich eine Seuche auf der Erde ausbreitet. Wirtschaft, Politik, jeder Einzelne ist betroffen. Schon damals fiel auf, dass die zwei Protagonisten, an denen sie die Geschichte vom Verschwinden der Menschheit erzählt, aufs Haar Byron und Percy gleichen.

Mit dreiundfünfzig Jahren starb Mary Shelley mutmaßlich an einem Gehirntumor. Ein Jahr darauf öffneten ihr verbliebener Sohn und seine Frau die Schreibtischschublade, die Mary stets verschlossen hielt. Sie fanden darin ihr Tagebuch und Percy Shelleys Herz. Das, was nach seiner Einäscherung davon übrig geblieben war, hatte Mary in die Seiten eines seiner Gedichte gefaltet.

Ada Lovelace

Lord Byrons Tochter spielt in dieser Geschichte nur eine kleine Nebenrolle. Sie war 1816 ein Jahr alt. Im Austausch mit einem Mathematiker, der eine Rechenmaschine erfunden hatte, realisierte sie später, dass diese nicht nur Zahlen addieren, sondern die Welt verändern kann. Ada Lovelace, die als Frau weder studieren durfte noch alleine eine Bibliothek betreten, schrieb das erste Computerprogramm, eine Maschinensprache, ihre Buchstaben waren 0 und 1. Sie entwarf 1843 die Grundlagen der Informatik.

Friedrich Ludwig Jahn

1817 versammelten sich Studenten und Burschenschafter auf der Wartburg bei Eisenach, hielten nationalistische Reden und verbrannten Bücher, deren Liste von Jahn stammte. Zwei Jahre später brachte einer seiner fanatischsten Turner den Schriftsteller Kotzebue um. Jahn kam ins Gefängnis, und das Turnen wurde für zweiundzwanzig Jahre verboten. Richter in einem Prozess war damals E. T. A. Hoffmann. Im Berliner Volkspark Hasenheide steht noch immer eine Jahn-Statue.

Claire Clairmont

Ihre Halbschwester überlebte Mary um dreißig Jahre, sie arbeitete als Gouvernante, Erzieherin, Gefährtin reicher Frauen, reiste von Wien und Russland über England, Paris, Dresden nach Pisa und Florenz, wo sie endgültig zum

Katholizismus konvertierte. Als sie dort Ende der 1870er Jahre mit achtzig für immer die Augen schloss, war eine andere Zeit angebrochen. Man telefonierte, machte Fotos, fuhr selbstverständlich mit der Eisenbahn und in Kürze mit dem Auto. Im Jahr ihres Todes brannte Edisons erste Glühbirne.

Tambora

In vielen Teilen der Welt gilt das «Jahr ohne Sommer» bis heute als das kälteste, seit man das Wetter messen kann. Der Historiker Wolfgang Behringer vermutet, dass die direkten Auswirkungen des Vulkanausbruchs, die Hungersnöte, sozialen Krisen und die sich daraus entwickelnde Cholera weltweit mehr Opfer forderten als der Erste und Zweite Weltkrieg zusammen: «Kein anderes rekonstruierbares Ereignis in der Geschichte der Menschheit hatte ähnlich entsetzliche Folgen.» Der Tambora ist weiterhin aktiv, manchmal dampft es warm aus ihm heraus.

DANK

Für die Gespräche und Gedanken: Jakob Haupt, Dietmar Dath, Johannes Grave, Barbara Sichtermann, Gustav Seibt, Jan Joswig, Christa Lichtenstern, Eva Gesine Baur, Alex Wissel, Ricarda Messner, Katja Eichinger, Michael Angele, Christian Werner, Alex Hunter, Philipp Stepnicka, Birgit Verwiebe, Lina Muzur, Holger Liebs, Petra Borchers, Tom Plawecki, Till Wiedeck für das Cover, Bettina Werche von der Klassik Stiftung Weimar, der Agentur Landwehr und Clara Polley vom Rowohlt Verlag. Für den großzügigen Aufenthalt im Rahmen einer Schreibresidenz danke ich den Institutionen Los Angeles in Günsterode und Callie's in Berlin.

Ganz besonderer Dank gilt meinem Lektor Moritz Schuller für die Hingabe und die Vernunft, meinem klugen Agenten Alfio Furnari, Florian Illies für die brillanten Ratschläge und die Unterstützung, meinen Eltern Rudolf und Christel Feldhaus für das Vertrauen und meiner Frau Maurin Dietrich für ihre zauberische Kraft und die Liebe, ohne die dieses Buch niemals entstanden wäre.

QUELLEN

Das vor Ihnen liegende Buch ist eines, das vielen folgt. Es greift auf die Arbeit zahlreicher Autorinnen und Autoren zurück, besonderer Dank gilt hier Berenice De Jong Boers, Wolfgang Behringer und Gillen D'Arcy Wood für ihre beeindruckenden wissenschaftlichen Arbeiten zum «Jahr ohne Sommer». Die Dialoge und innere Rede der Figuren fußen auf Originalzitaten sowie Fiktionalisierungen. Nur auf Grundlage der Fakten, Gedanken, Geschichten und Übersetzungen der Quellenwerke konnte dieses Buch entstehen. Und aus der Freiheit, die sich der Autor genommen hat, um die Bilder der historischen Personen nachzuzeichnen und lebendig zu machen. Der Autor hofft, er konnte etwas beisteuern.

Ahlheim, Hannah: «Ex Machina. Die Gestaltung der Utopie in der Arbeitswelt des britischen Frühsozialisten Robert Owen», in: Historische Zeitschrift, Band 311, Heft 1 (2020), S. 37–69.

Aischylos: Der gefesselte Prometheus, Stuttgart 2020.

Ariès, Philippe; Duby, Georges (Hrsg.): Geschichte des privaten Lebens, Band 4, Von der Revolution zum Großen Krieg, Frankfurt am Main 1995.

Barbey d'Aurevilly, Jules: Über das Dandytum. Berlin 2006.

Barley, Nigel: Der Löwe von Singapur. Eine fernöstliche Reise auf den Spuren von Thomas Stamford Raffles, Stuttgart 1996.

Behringer, Wolfgang: Tambora und das Jahr ohne Sommer, München 2015.

Bennett, Betty T. (Hrsg.): Selected Letters of Mary Wollstonecraft Shelley, Baltimore 1994.

Benz, Richard: Goethe und die romantische Kunst, München 1940.

Bernhardt, Karl-Heinz: «Johann Wolfgang von Goethes Beziehungen zu Luke Howard und sein Wirken auf dem Gebiet der Meteorologie», in: Proceedings of the International Commission on History of Meteorology 1.1. (2004), S. 1–13.

Bisky, Jens: Berlin. Biografie einer großen Stadt, Berlin 2019.

Bridle, James: New Dark Age, München 2019.

Brody, Judit: The Enigma of Sunspots, Edinburgh 2002.

Brönnimann, Stefan; Krämer, Daniel: Tambora und das «Jahr ohne Sommer» 1816. Klima, Mensch und Gesellschaft, Bern 2016.

Börsch-Supan, Helmut: Caspar David Friedrich. Gefühl als Gesetz, München 2008.

Börsch-Supan, Helmut (Hrsg.): Caspar David Friedrich. Landschaft als Sprache, Frankfurt am Main 1980.

Börsch-Supan, Helmut; Jähnig, Karl Wilhelm: Caspar David Friedrich. Gemälde, Druckgraphik und bildmäßige Zeichnungen, München 1973.

Brunschwig, Henri: Gesellschaft und Romantik in Preußen im 18. Jahrhundert, Berlin 1976.

Busch, Werner: Caspar David Friedrich. Ästhetik und Religion, München 2003.

Busch, Werner: «Friedrichs Bildverständnis», in: Caspar David Friedrich. Die Erfindung der Romantik, hrsg. von Hubertus Gaßner, München 2006, S. 32–47.

Byron, George Gordon (Lord Byron): The Major Works, Oxford 2008.

Lord Byron: The Major Works, Oxford 2008.

Cameron, Kenneth Neill (Hrsg.): Shelley and His Circle, 1773–1822, Cambridge 1970.

Carroll, Siobhan: «Crusades Against Frost: Frankenstein, Polar Ice, and Climate Change in 1818», in: European Romantic Review, Band 24, Nr. 2 (2013), S. 211–230.

Chladni, Ernst Florens Friedrich: Ueber Feuer-Meteore, und über die mit denselben herabgefallenen Massen, Wien 1820.

Clark, Christopher: Preußen. Aufstieg und Niedergang 1600–1947, München 2007.

Corbin, Alain: Pesthauch und Blütenduft. Eine Geschichte des Geruchs, Berlin 1984.

Crawfurd, John: A Descriptive Dictionary of the Indian Islands and Adjacent Countries, London 1856.

D'Arcy Wood, Gillen: Vulkanwinter 1816. Die Welt im Schatten des Tambora, Stuttgart 2015.

Damm, Sigrid: Christiane und Goethe. Eine Recherche, Frankfurt am Main 1998

Dannowski, Ralf; Dalchow, Claus; Sell, Hermine: «Das ‹Jahr ohne Sommer› 1816 im Spiegel Möglinscher Publikationen – Lokales Echo einer globalen Witterungsanomalie», in: Thaer Heute, Die Agrarregion um Möglin, Band 6, hrsg. von Claus Dalchow, Reichenow-Möglin 2009.

Dath, Dietmar: Niegeschichte, Berlin 2019.

Davey, Moyra: The Wet and the Dry. The Social Life of the Book, Paris 2015.

De Boer, Jelle Zeilinga; Sanders, Donald Theodore: Das Jahr ohne Sommer – Die großen Vulkanausbrüche der Menschheitsgeschichte und ihre Folgen, Essen 2004.

De Jong Boers, Bernice: «Mount Tambora in 1815: A Volcanic Eruption in Indonesia and its Aftermath», in: Indonesia, Band 60, Cornell University Southeast Asia Program (1995), S. 37–59.

De Staël, Germaine: Über Deutschland, Berlin 1989.

Detering, Heinrich: Menschen im Weltgarten. Die Entdeckung der Ökologie in der Literatur von Haller bis Humboldt, Göttingen 2020.

Dufraisse, Roger: Napoleon. Revolutionär und Monarch. Eine Biographie, München 2005.

Elias, Otto-Heinrich: «Württemberg, Katharina Pawlowna, Königin», in: Lexikon Haus Württemberg, hrsg. von Sönke Lorenz, Stuttgart / Berlin / Köln 1997, S. 308–310.

Ellenberger, Michel; Marignier, Jean-Louis: Nicéphore Niépce und die Erfindung der Photographie, 1. 2. 1997, spektrum.de, (aufgerufen am 22. 1. 2022).

Elsässer, Markus: «Soziale Intentionen und Reformen des Robert Owen in der Frühzeit der Industrialisierung», in: Schriften zum Genossenschaftswesen und zur Öffentlichen Wirtschaft, Band 11, hrsg. von W. W. Engelhardt und Th. Thiemeyer, Berlin 1984.

Földényi, László F.: Caspar David Friedrich. Die Nachtseite der Malerei, Berlin 1993.

Friedenthal, Richard: Goethe. Sein Leben und seine Zeit, München 1982.

Gaßner, Hubertus (Hrsg.): Caspar David Friedrich. Die Erfindung der Romantik, München 2006.

Genge, Matthew J.: «Electrostatic Levitation of Volcanic

Ash into the Ionosphere and Its Abrupt Effect on Climate», in: Geology, Vol. 46, Nr. 10 (2018), S. 835–38.

Goethe, Johann Wolfgang von: Sämtliche Werke nach
Epochen seines Schaffens (Münchner Ausgabe),
München 1985.

Goettle, Gabriele: «Frisch, frei, fröhlich, fromm. Kurzer
Klimmzug am Turnvater Jahn», in: die tageszeitung,
Ausgabe 5214, 28. 4. 1997 (aufgerufen am 22. 1. 2022).

Gordon, Charlotte: Romantic Outlaws: The Extraordinary
Lives of Mary Wollstonecraft and her Daughter Mary
Shelley, London 2015.

Gordon, Jane Anna: Of Woman Born: Mary's Monster, The
Common Reader 2018.

Gourgaud, Gaspard: Napoleons Gedanken und Erinnerungen. St. Helena 1815–1818, Stuttgart 1904.

Grave, Johannes: Caspar David Friedrich, München
2017.

Grave, Johannes: «Amor als romantischer Landschaftsmaler? Nebel und Schleier bei Goethe und Caspar
David Friedrich», in: Zeitschrift für Kunstgeschichte 69
(2006), S. 393–401.

Grave, Johannes: «Illusion und Bildbewusstsein. Über-
raschende Konvergenzen zwischen Goethe und Caspar
David Friedrich», in: Goethe-Jahrbuch 128 (2011),
S. 107–126.

Grave, Johannes: «Ästhetische Opposition gegen Napoleon. Caspar David Friedrich, der Dresdner Roman-
tiker-Kreis und der Weimarer Hof», in: Napoleon und
die Romantik – Impulse und Wirkungen, hrsg. vom
Magistrat der Brüder-Grimm-Stadt Hanau, Historische
Kommission für Hessen (2016), S. 37–57.

Haeseler, Susanne: Der Ausbruch des Vulkans Tambora

in Indonesien im Jahr 1815 und seine weltweiten Folgen, insbesondere das ‹Jahr ohne Sommer› 1816, Deutscher Wetterdienst 2016 (https://www.dwd.de/DE/ leistungen/besondereereignisse/verschiedenes/ 20170727_tambora_1816_global.pdf?__blob=publica tionFile&v=5)

Hamblyn, Richard: Die Erfindung der Wolken. Wie ein englischer Apotheker die moderne Wettervorhersage begründete, Frankfurt am Main 2001.

Härtling, Peter: Schubert, München 1995.

Hay, Daisy: Young Romantics: The Shelleys, Byron, and Other Tangled Lives, London 2010.

Herder, Johann Gottfried: «Ideen zu einer Philosophie der Geschichte der Menschheit», in: Werke, Band III / 1 u. 2, hrsg. v. Wolfgang Proß, München 2002.

Herkle, Senta; Holtz, Sabine; Kollmer-von Oheimb-Loup, Gert (Hrsg.): 1816 – Das Jahr ohne Sommer. Krisenwahr-nehmung und Krisenbewältigung im deutschen Süd-westen, Stuttgart 2019.

Herrad, Imogen Rhia: Die radikalen Marys. Die eng-lischen Feministinnen Mary Wollstonecraft und Mary Shelley, Hörspiel auf SWR2 Wissen, gesendet am 6.10.2016.

Herzog, Werner (Regie): In den Tiefen des Infernos, Dokumentarfilm, Netflix, 2016.

Hinz, Sigrid (Hrsg.): Caspar David Friedrich in Briefen und Bekenntnissen, Leipzig 1984.

Hofmann, Werner: Caspar David Friedrich. Naturwirk-lichkeit und Kunstwahrheit, München 2000.

Holmes, Richard: Shelley: The Pursuit. New York 2003.

Horn, Eva; Schnyder, Peter: «Klimatologie um 1800. Zur Genealogie des Anthropozäns», in: Zeitschrift für

Kulturwissenschaften. Romantische Klimatologie, Jhrg. 10 (2016), S. 87–102.

Howard, Luke: «On the Modifications of Clouds, and on the Principles of their Production, Suspension, and Destruction (1803)», in: Gustav Hellmann, Neudrucke von Schriften und Karten über Meteorologie und Erdmagnetismus, No. 3, Berlin 1884, S. 3- 32.

Howard, Luke: The Climate Of London (https://www.urban-climate.org/documents/LukeHoward_Climate-of-London-V1.pdf)

Hubbard, Zachary: «Paintings in the Year Without a Summer», in: Philologia, 11.1 (2019), S. 17–33.

Illies, Florian: Gerade war der Himmel noch blau. Texte zur Kunst, Frankfurt am Main 2017.

Jahn, Friedrich Ludwig: Die deutsche Turnkunst, Berlin 1979.

Jena, Detlef: Katharina Pawlowna. Großfürstin von Russland. Königin von Württemberg, Regensburg 2003.

Kaiser, Reinhard: Der Vampir. Eine Erzählung von John William Polidori / George Gordon Lord Byron, München 2014.

Klingaman, William K.; Klingaman, Nicolas P.: The Year Without Summer: 1816 and the Volcano That Darkened the World and Changed History, New York 2013.

Kluge, Alexander: Napoleon Kommentar. Ein Mensch aus Trümmern gegossen. Leipzig 2021.

Knecht, Susanne: Lady Sophia Raffles auf Sumatra: Ein wagemutiges Leben, München 2005.

Krämer, Daniel: «‹Menschen grasten nun mit dem Vieh›: Die letzte grosse Hungerkrise der Schweiz 1816/17», in: Wirtschafts-, Sozial- und Umweltgeschichte, Band 4, hrsg. von Christian Rohr und Chantal Camenisch, Basel 2015.

Las Cases, Emmanuel Auguste Dieudonné Comte de: Denkwürdigkeiten von Sanct-Helena, oder Tagebuch, in welchem alles, was Napoleon in einem Zeitraume von achtzehn Monaten gesprochen und gethan hat, Tag für Tag aufgezeichnet ist, Tübingen 1823.

Lefebvre, Georges: Napoleon, Stuttgart 2003.

Lichtenstern, Christa: «Beobachtungen zum Dialog Goethe – Caspar David Friedrich», in: Baltische Studien, Bd. 60, hrsg. von der Gesellschaft für Pommersche Geschichte, Altertumskunde und Kunst (1974), S. 75–100.

Lord Byron's sämtliche Werke, übersetzt von Alexander Neidhardt, Berlin 1865.

Loschek, Ingrid: Reclams Mode- und Kostümlexikon, Stuttgart 2011.

Matthiesen, Stephan: Klima und Geschichte: Der Ausbruch des Tambora 1815 und das Jahr ohne Sommer 1816 (Vortrag und PDF auf www.klima-und-geschichte.de).

Matuschek, Stefan: Der gedichtete Himmel. Eine Geschichte der Romantik, München 2021.

Maurois, André: Lord Byron. Don Juan oder Das Leben Byrons. Eine Biographie, München 1930.

Mielsch, Hans-Ulrich: Sommer 1816. Lord Byron und die Shelleys am Genfer See, Zürich 1998.

Milton, John: Das verlorene Paradies, Potsdam 1984.

Müller, Thomas: Imaginierter Westen. Das Konzept des «deutschen Westraums» im völkischen Diskurs zwischen Politischer Romantik und Nationalsozialismus, Bielefeld 2009.

Neumann, Stan (Regie): Nicht länger nichts. Geschichte

der Arbeiterbewegung. Dokumentation, Arte, Deutsche
Erstausstrahlung: 28. 4. 2020.

O'Meara, Barry Edward: Napoleon in der Verbannung,
oder eine Stimme aus St. Helena, Leipzig 1902.

Oelkers, Jürgen, «Aufklärung, Bildung und Öffentlichkeit», Vorlesungsreihe an der Universität Zürich,
Herbstsemester 2007 (www.ife.uzh.ch/dam/jcr:ffffffff-
ddf6-e1f2-ffff-ffffeaf25ac6/009_Gesamt0405.pdf).

Opitz, Claudia; Weckel, Ulrike; Kleinau, Elke (Hrsg.):
Tugend, Vernunft und Gefühl. Geschlechterdiskurse
der Aufklärung und weibliche Lebenswelten, Münster
2000.

Oppenheimer, Clive: Eruptions that Shook the World,
Cambridge 2011.

Owen, Robert: The Life of Robert Owen Written by
Himself: With Selections from His Writings and Correspondence, London 1857.

Pfister, Christian: Wetternachhersage – 500 Jahre Klima-
variationen und Naturkatastrophen, Bern 1999.

Preisendörfer, Bruno: Als Deutschland noch nicht
Deutschland war. Eine Reise in die Goethezeit, Köln
2017.

Priester, Karin: Mary Shelley: Die Frau, die Frankenstein
erfand, München 2001.

Popova, Maria: Findungen, Zürich 2020.

Raffles, Lady Sophia (Hrsg): Memoir of the life and public
services of Sir Thomas Stamford Raffles: particularly
in the government of Java, 1811–1816, Bencoolen and its
dependencies, 1817–1824: with details of the commerce
and resources of the eastern Archipelago, and selections from his correspondence. By his Widow, London
1834.

Raffles, Sir Thomas Stamford: The History of Java, London 1830.

Richter, Erhard: «Die ‹Erweckungstätigkeit› der Baronin Juliane von Krüdener in Basel und am Grenzacher Horn in den Jahren 1816 und 1817», in: Das Markgräflerland: Beiträge zu seiner Geschichte und Kultur, Heft 1 (1999), S. 64–76.

Robert, Jason Scott; Finn, Ed; Guston, David H. (Hrsg.): Frankenstein von Mary Shelley: Annotated for Scientists, Engineers, and Creators of All Kinds, Cambridge 2017.

Ross, J.T.: «Narrative of the Effects of the Eruption from the Tomboro Mountain in the Island of Sumbawa on the 11th and 12th of April 1815», in: Verhandelingen van het Bataviaasch Genootschap VIII 3–4 (1816), S. 12–13.

Rossetti, William Michael: The Diary of Dr. John William Polidori 1816. Relating to Byron, Shelley, Etc., Cirencester 2017.

Rößler, Johannes: «Annäherung in der Entfremdung. Caspar David Friedrich und die Weimarischen Kunstfreunde in neuen Quellen», in: Jahrbuch des Freien Deutschen Hochstifts (2013), S. 250–307.

Roth, Joseph: Die hundert Tage, Amsterdam 1936.

Safranski, Rüdiger: Goethe. Kunstwerk des Lebens, Frankfurt am Main 2015.

Savigny, Jean Baptiste Henri, Corréard, Alexandre: Der Schiffbruch der Fregatte Medusa. Berlin 2018.

Scheitlin, Peter: Meine Armenreisen in den Kanton Glarus und in die Umgebungen der Stadt St. Gallen in den Jahren 1816 und 1817, St. Gallen 1820.

Scherr, Johannes: Größenwahn. Vier Kapitel aus der Geschichte menschlicher Narrheit, Leipzig 1876.

Schmid, Hans: «It's alive! und doch vergriffen»: Frankenstein, Dracula und die Tücken des Urheberrechts,
in: Telepolis, 31.10.2010 (online aufgerufen am
22.1.2022).

Schmid, Susanne: Byron – Shelley – Keats. Ein biographi-
sches Lesebuch. München 1999.

Schöne, Albrecht: «Über Goethes Wolkenlehre», in: Jahrbuch der Akademie der Wissenschaften in Göttingen
(1969), S. 26–54.

Seibt, Gustav: Goethe und Napoleon. Eine historische
Begegnung, München 2008.

Seifert, Siegfried (Hrsg.): Goethes Leben von Tag zu Tag.
Eine dokumentarische Chronik, Band 6 (1814–1820), be-
arb. von Robert Steiger und Angelika Reimann, Zürich
1993.

Seymour, Miranda: Mary Shelley, London 2000.

Shelley, Mary: Frankenstein oder Der moderne Prome-
theus, aus dem Englischen übersetzt von Ursula und
Christian Grawe, Anmerkungen und Nachwort von
Christian Grawe, Ditzingen 1986.

Shelley, Mary: Frankenstein oder Der moderne Prometheus, Frankfurt am Main 2011.

Shelley, Mary: Der letzte Mensch, Stuttgart 2021.

Shelley, Mary: The Journals of Mary Shelley, 1814–1844
(Band 1: 1814–1822), hrsg. von Paula R. Feldman und
Diana Scott-Kilvert, Oxford 1987.

Shelley, Mary, Shelley Percy B. (urspr. anonym): History of
a Six Weeks' Tour through a part of France, Switzerland,
Germany, and Holland; with Letters Descriptive of a
Sail Round the Lake of Geneva and of the Glaciers of
Chamouni, London 1817.

Shelley, Mary, Shelley, Percy B.: Flucht aus England. Rei-

seerinnerungen und Briefe 1814–1816, hrsg. und übersetzt von Alexander Pechmann, Butjadingen 2002.

Shelley, Percy B.: Ausgewählte Werke. Dichtung und
Prosa, hrsg. von Horst Höhne, Frankfurt am Main
1990.

Sichtermann, Barbara: Mary Shelley: Leben und Leidenschaften der Schöpferin des «Frankenstein», Freiburg
2017.

Singer, Lea: Anatomie der Wolken, Hamburg 2015.

Sinzheimer, Siegfried: Goethe und Byron: eine Darstel-
lung des persönlichen und litterarischen Verhältnisses
mit besonderer Berücksichtigung des «Faust» und
«Manfred», München 1894.

Sontag, Susan: Der Liebhaber des Vulkans, Frankfurt am
Main 1996.

Spitzer, Carsten: «Zur operationaliserten Diagnostik der
Melancholie Caspar David Friedrichs. Ein Werkstatt-
bericht», in: Kunst und Krankheit. Studien zur Patho-
graphie, hrsg. von Matthias Bormuth, Klaus Podoll,
Carsten Spitzer, Göttingen 2003.

Stegmann, Bernhard, Truscheit, Torsten (Regie): «Das Jahr
ohne Sommer – wie das Cannstatter Volksfest entstand», Doku-Spielfilm, SWR, 2018.

Stommel, Elisabeth, Stommel, Henry: Volcano Weather.
The Story of the Year Without a Summer: 1816, Newport
1983.

Sunstein, Emily W.: Mary Shelley: Romance and Reality,
Boston 1989.

Todd, Janet: Death & the Maidens. Fanny Wollstonecraft
and the Shelley Circle, London 2013.

Todd, Janet; Butler, Marilyn: The Works of Mary Wollstonecraft, London 1989.

Ueding, Gert (Hrsg.): Lord Byron: Ein Lesebuch, Frankfurt am Main 1988.

Uhde, Hermann (Hrsg.): Erinnerungen der Malerin Louise Seidler, Berlin 1922.

Varnhagen von Ense, Karl August: Denkwürdigkeiten des eigenen Lebens, Frankfurt am Main 1987.

Vincent, Patrick H.: «‹Truth of Soul's Life› or ‹Distorted Optics›?: A Historiography of the Genevan Summer of 1816», in: The Keats-Shelley Review, Vol. 30 (2016), S. 122–141

Vogl, Joseph: «Wolkenbotschaft», in: Wolken, hrsg. von Lorenz Engell, Bernhard Siegert, Joseph Vogl, Weimar 2005.

Vogl, Joseph: Wolken (Videostatement zum Begriff «Identität»), Datum unbekannt, https://www.youtube.com/watch?v=Qq-UuGdXV60

Wehle, Winfried: «Kinästhetik. Schreiben im Bilde des Vesuv – Goethe / Chateaubriand», in: Räume des Subjekts um 1800, hrsg. von Kirsten Dickhaut, Jörn Steigerwald, Leipzig 2010.

Wenzel, Manfred: Goethe Handbuch, Band 2: Naturwissenschaften, Stuttgart 2012.

Willms, Johannes: Napoleon. Verbannung und Verklärung, München 2000.

www.frankensteindiaries.com

www.goethezeitportal.de

www.preussenchronik.de/episode_jsp/key=chronologie_005060.html (Begleitangebot zur sechsteiligen ARD-Serie, die 2000/2001 ausgestrahlt wurde.)

www.wikipedia.de

Zemanek, Evi: «‹Falsche Spiegelung?› Spekulation, Projektion und Identifikation. Goethes Übertragungen

aus Byrons Manfred und Don Juan», in: Annäherung,
Anverwandlung, Aneignung. Goethes Übersetzungen
in poetologischer und interkultureller Perspektive, hrsg.
von Markus May und Evi Zemanek, Würzburg 2013,
S. 163–186.

Zerefos, C.S.; Gerogiannis,V.T.; Balis, D.; Zerefos, S.C.;
Kazantzidis, A.: «Atmospheric Effects of Volcanic Erup-
tion as Seen by Famous Artists and Depicted in Their
Paintings», in: Atmospheric Chemistry and Physics 7,
Nr. 15 (2007), S. 4027–4042.

Zollikofer, Ruprecht: Das Hungerjahr 1817, der Osten
meines Vaterlandes, oder die Kantone St. Gallen und
Appenzell im Hungerjahre 1817: ein Denkmal jener
Schreckens-Epoche, St. Gallen 1818.

Zollinger, Heinrich: Besteigung des Vulkanes Tambora
auf der Insel Sumbawa und Schilderung der Erupzion
desselben im Jahr 1815, Winterthur 1855.

Zschoche, Herrmann: Caspar David Friedrich. Die Briefe,
Hamburg 2006.